Gradias
Webdesign
mit Dreamweaver & Fireworks

Professional Series

Michael Gradias

Webdesign
mit Dreamweaver & Fireworks

Das Praxisbuch in Farbe

Mit 618 Abbildungen

FRANZIS

Bibliografische Information Der Deutschen Bibliothek
Die Deutsche Bibliothek verzeichnet diese Publikation in der Deutschen Nationalbibliografie; detaillierte Daten sind im Internet über **http://dnb.ddb.de** abrufbar

Wichtiger Hinweis

Alle Angaben in diesem Buch wurden vom Autor mit größter Sorgfalt erarbeitet bzw. zusammengestellt und unter Einschaltung wirksamer Kontrollmaßnahmen reproduziert. Trotzdem sind Fehler nicht ganz auszuschließen. Der Verlag und der Autor sehen sich deshalb gezwungen, darauf hinzuweisen, daß sie weder eine Garantie noch die juristische Verantwortung oder irgendeine Haftung für Folgen, die auf fehlerhafte Angaben zurückgehen, übernehmen können. Für die Mitteilung etwaiger Fehler sind Verlag und Autor jederzeit dankbar.
Internet-Adressen oder Versionsnummern stellen den bei Redaktionsschluss verfügbaren Informationsstand dar. Verlag und Autor übernehmen keinerlei Verantwortung oder Haftung für Veränderungen, die sich aus nicht von ihnen zu vertretenden Umständen ergeben.
Evtl. beigefügte oder zum Download angebotene Dateien und Informationen dienen ausschließlich der nichtgewerblichen Nutzung. Eine gewerbliche Nutzung ist nur mit Zustimmung des Lizenzinhabers möglich.

© **2004 Franzis Verlag GmbH, 85586 Poing**

Alle Rechte vorbehalten, auch die der fotomechanischen Wiedergabe und der Speicherung in elektronischen Medien. Das Erstellen und Verbreiten von Kopien auf Papier, auf Datenträger oder im Internet, insbesondere als .pdf, ist nur mit ausdrücklicher Genehmigung des Verlages gestattet und wird widrigenfalls strafrechtlich verfolgt.

Die meisten Produktbezeichnungen von Hard- und Software sowie Firmennamen und Firmenlogos, die in diesem Werk genannt werden, sind in der Regel gleichzeitig auch eingetragene Warenzeichen und sollten als solche betrachtet werden. Der Verlag folgt bei den Produktbezeichnungen im wesentlichen den Schreibweisen der Hersteller.

Satz: Michael Gradias (www.gradias.de)
art & design: www.ideehoch2.de
Druck: Bercker, 47623 Kevelaer
Printed in Germany

ISBN 3-7723-**6169-2**

Inhaltsverzeichnis

1 Der Auftakt – ein Rundgang durch Fireworks & Dreamweaver 9

1.1 Die Arbeitsumgebung kennen lernen 11
1.2 Die Elemente des Arbeitsbereichs 12
1.3 Dremweaver kennen lernen 36

2 Die ersten Arbeiten: Eine Homepage auf die Schnelle 55

2.1 Die Aufgabenstellung 57
2.2 Eine Beispieldatei öffnen 57
2.3 Anpassen des Dokuments 63
2.4 Exportieren des Ergebnisses 67
2.5 Das Dokument in Dreamweaver öffnen 69

3 Tabellen verwenden: Eine Portalseite gestalten 79

3.1 Moderne Webseitengestaltung 81
3.2 Tabellen als Gestaltungselemente 86

4 Frames: Eine Fotoseite entwerfen 119

4.1 Die Aufgabenstellung 121
4.2 Fotos in Fireworks vorbereiten 121
4.3 Einen Webseitentitel gestalten 126
4.4 Segmentieren des Ergebnisses 137
4.5 Eine Navigationsleiste erstellen 138
4.6 Eine Frameseite in Dreamweaver aufbauen 143

5 Ebenen:
Eine Familienseite erstellen 157

5.1 Das erfahren Sie in diesem Kapitel 159
5.2 Rollover-Schaltflächen erstellen 159
5.3 Textelemente erstellen und formatieren 171
5.4 Die Seite in Dreamweaver aufbauen 176
5.5 Vorlagen erstellen 187
5.6 Ebenen erstellen 191

6 CSS:
Eine Gartenwebseite gestalten 203

6.1 Was Sie in diesem Kapitel kennen lernen 205
6.2 Grafiken in Fireworks vorbereiten 205
6.3 Das Tabellengerüst aufbauen 209
6.4 Mit CSS-Stilen formatieren 214
6.5 Das Ergebnis überprüfen 234

7 Dynamische Webseiten:
Einen Buchkatalog erstellen 237

7.1 Die Vorbereitungen 239
7.2 Eine Datenbank erstellen 244
7.3 Die Datenbankverbindung einrichten 250
7.4 Dynamische Seiten einrichten 256
7.5 Gestaltung der Seite 259

8 Formulare:
Den Katalog erweitern 271

8.1 Was Sie erfahren werden 273
8.2 Neue Datensatzgruppen definieren 273
8.3 Eine Navigation erstellen 278
8.4 Datensätze per Webseite verändern 284
8.5 Weitere interessante Funktionen 298

Stichwortverzeichnis 309

Vorwort

Mit dem Programmpaket Studio MX 2004 von Macromedia erhalten Sie leistungsstarke Programme für perfektes Webdesign. Die Programme bieten allerdings unzählige Funktionen an. Einige Funktionen sind hochinteressant – andere eher weniger. Die richtigen und wichtigen Funktionen zu wählen und aufzufinden, ist nicht immer leicht.

Sie erfahren in diesem Buch, wie optimal die Programme Fireworks und Dreamweaver zusammenarbeiten. Fireworks liefert dabei die Bilder, die dann in Dreamweaver zu einer Webseite zusammengestellt werden können.

In diesem Buch werde ich Ihnen anhand vieler praktischer Arbeitsbeispiele die Funktionen vorstellen, die Sie für die Webseitengestaltung benötigen. Die Bedienung der Programme erlernen Sie dabei ganz nebenbei.

In einem Buch mit 320 Seiten können unmöglich alle Funktionen von Fireworks oder Dreamweaver beschrieben werden. Da der Schwerpunkt in diesem Buch beim Webdesign liegt, widmen wir uns nur den Programmbereichen, die für die Webseitengestaltung benötigt werden – für die Quellcodebearbeitung oder Scriptprogrammierung gibt es andere Literatur. Darüber erfahren Sie in diesem Buch nur wenig.

In jedem Workshop wird schwerpunktmäßig ein anderer Funktionsbereich des Programms vorgestellt. So haben Sie nach dem Durcharbeiten aller Workshops alle wichtigen Bereiche des Programms kennen gelernt, die Sie für die Gestaltung interessanter und anschaulicher Webseiten benötigen. Alle Beispieldateien, die in den Workshops verwendet werden, finden Sie auf der Buch-CD.

Ich hoffe, es bleiben nach der Lektüre dieses Buchs keine Fragen offen. Und wenn doch, können Sie sich gerne über meine E-Mail-Adresse GRADIAS@T-ONLINE.DE an mich wenden. Oder schauen Sie einmal auf meiner Webseite HTTP://WWW.GRADIAS.DE vorbei. Dort erfahren Sie, was ich sonst noch so tue oder bisher getan habe.

Ich wünsche Ihnen viel Spaß mit den Programmen des Studio MX 2004-Paketes und mit diesem Buch!

MICHAEL GRADIAS
im Mai 2004

Kapitel 1

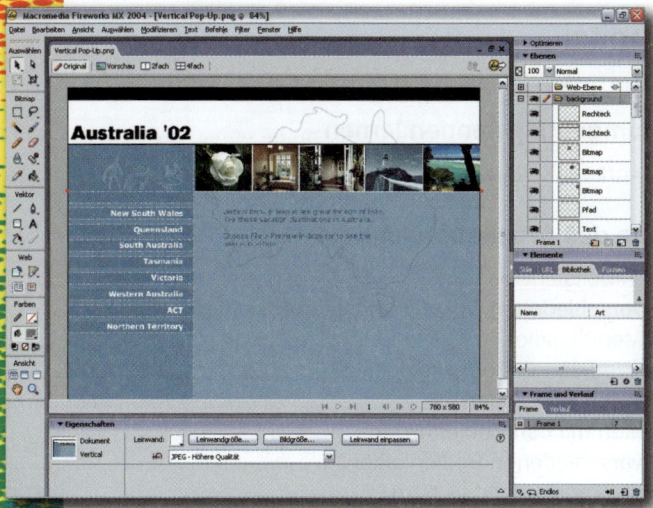

**Der Auftakt –
ein Rundgang durch
Fireworks & Dreamweaver**

In diesem Kapitel ...

1.1 Die Arbeitsumgebung kennen lernen 11
    1.1.1 Fireworks MX starten 11

1.2 Die Elemente des Arbeitsbereichs 12
    1.2.1 Das Arbeitsfenster 12
    1.2.2 Die verschiedenen Dokumentfenster-Ansichten 13
    1.2.3 Die Menüfunktionen 17
    1.2.4 Das Werkzeuge-Bedienfeld 18
    1.2.5 Hilfslinien verwenden 21
    1.2.6 Arbeiten mit den Bedienfeldern 22
    1.2.7 Die verschiedenen Bedienfelder 25
    1.2.8 Arbeitsumgebungen sichern 35

1.3 Dremweaver kennen lernen 36
    1.3.1 Das Arbeitsfenster 38
    1.3.2 Arbeiten mit den Menüs 41
    1.3.3 Der Einfügen-Bereich 42
    1.3.4 Die Bedienfelder in Dreamweaver 43

1.1 Die Arbeitsumgebung kennen lernen

Studio MX 2004 bietet eine Menge Funktionen in den verschiedenen Programmen an. Teilweise ist die Bedienung etwas gewöhnungsbedürftig. Daher werden wir Ihnen in diesem Kapitel erst einmal die grundsätzliche Bedienung von Fireworks und Dreamweaver vorstellen. Sie lernen die verschiedenen Bereiche der Arbeitsoberfläche und deren Funktionen kennen. Dieses Kapitel dient als Überblick – in die Tiefe gehen wir dann in den Workshops der nächsten Kapitel.

1.1.1 Fireworks MX starten

Beginnen wollen wir mit Fireworks MX 2004, das Sie für die Bildbearbeitung und die Webseitengestaltung benötigen. Nach dem Start wird im Arbeitsbereich zunächst ein Startbildschirm angezeigt. Hier können Sie wählen, wie Sie beginnen wollen. Über die ÖFFNEN-Funktion können Sie eine bestehende Datei laden.

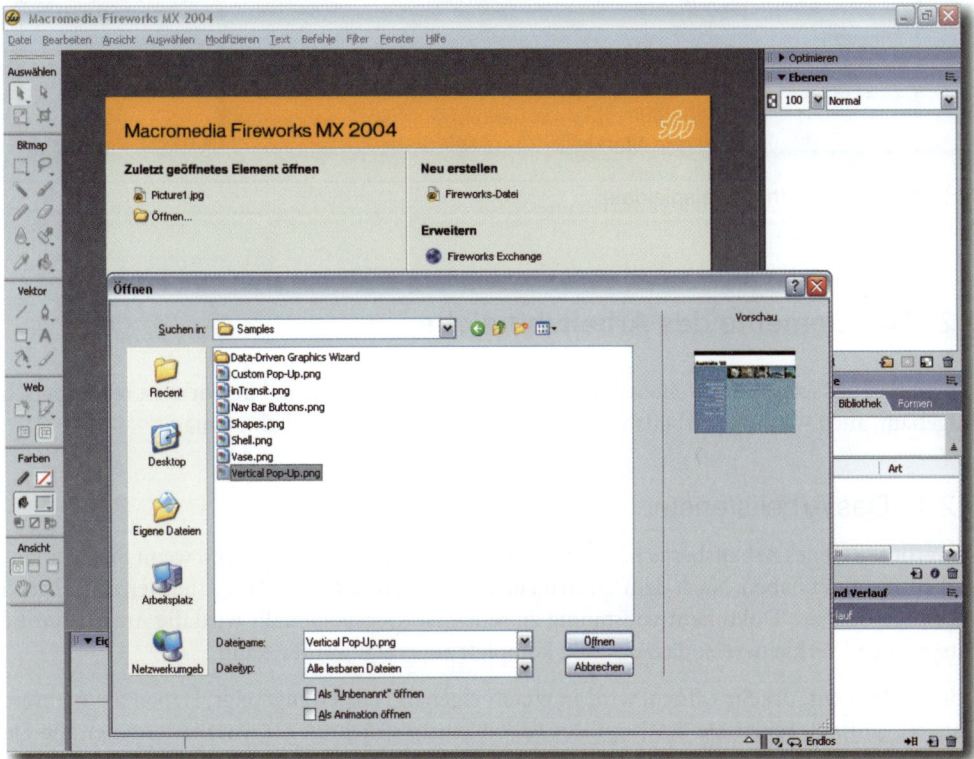

Abb. 1.1 Fireworks MX 2004 starten

Nach dem Öffnen einer Beispieldatei finden Sie den nachfolgend abgebildeten Arbeitsbereich vor.

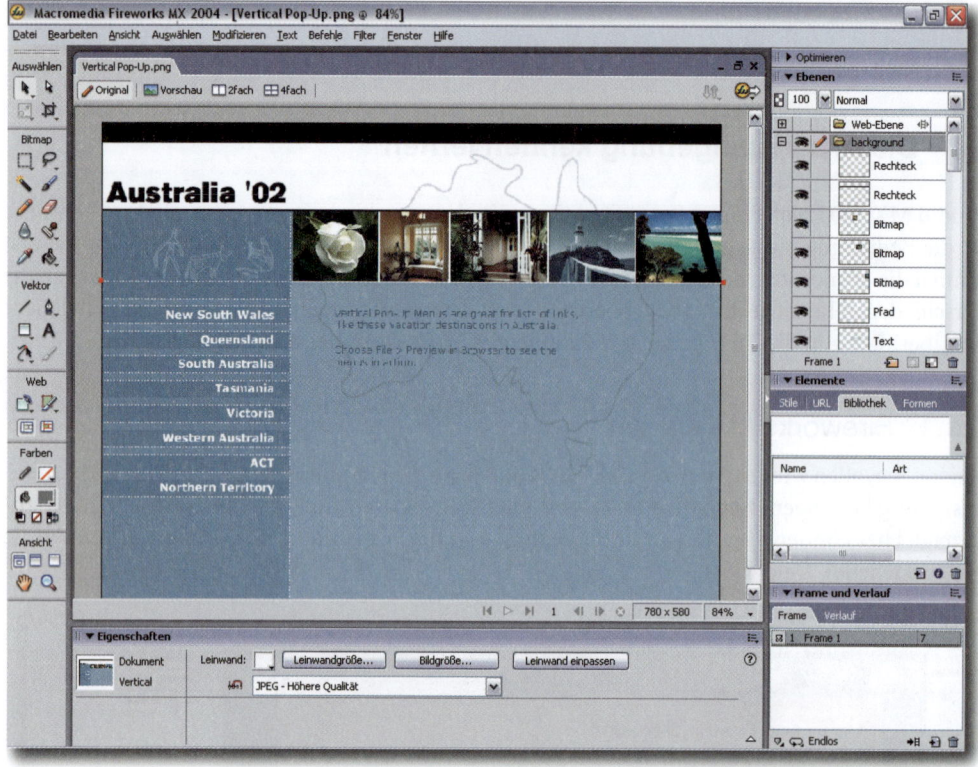

Abb. 1.2 Die geöffnete Beispieldatei

1.2 Die Elemente des Arbeitsbereichs

Wir wollen uns jetzt die einzelnen Teile des Arbeitsbereichs ansehen. Fireworks ist recht logisch aufgebaut, auch wenn der Arbeitsbereich zunächst ungewohnt erscheinen mag.

1.2.1 Das Arbeitsfenster

Der größte Teil des Arbeitsbereichs ist leer oder vom Startbildschirm belegt, wenn Sie kein Dokument geöffnet haben. Nach dem Öffnen einer Datei wird diese im Arbeitsfenster zunächst so angezeigt, dass das Dokument vollständig zu sehen ist. Gegebenenfalls wird die Ansichtsgröße entsprechend verkleinert, sodass das Bild komplett angezeigt werden kann.

Jedes Dokument, das Sie öffnen, wird in einem eigenen Fenster angezeigt. Haben Sie mehrere Dateien geöffnet, sehen Sie am Kopf des Arbeitsfensters mehrere Registerkartenreiter, die Sie zum Wechseln verwenden können. Klicken Sie auf den Registerkartenreiter des Dokuments, das Sie bearbeiten wollen.

Abb. 1.3 Ein Dokument auswählen

Lineale verwenden

Um präzise arbeiten zu können, werden Lineale benötigt. Sie sehen diese Lineale links und über der Arbeitsfläche. Die Lineale werden mit der Funktion ANSICHT/LINEALE oder der Tastenkombination [Alt]+[Strg]+[R] ein- oder ausgeblendet. Die Messung erfolgt standardmäßig von der oberen linken Ecke des Dokuments.

Falls Sie den Nullpunkt auf einer anderen Position platzieren wollen, klicken Sie auf die Schaltfläche im Schnittpunkt der beiden Lineale. Ziehen Sie mit gedrückter linker Maustaste den Nullpunkt auf die gewünschte neue Position im Arbeitsbereich. Dies könnte gegebenenfalls auch eine Position außerhalb des Desktops sein.

Abb. 1.4 Einen neuen Nullpunkt platzieren

1.2.2 Die verschiedenen Dokumentfenster-Ansichten

Vielleicht ist Ihnen ja schon aufgefallen, dass unter den Registerkarten der verschiedenen Dokumente einige Schaltflächen zu sehen sind. Hier können Sie nämlich zwischen unterschiedlichen Darstellungsmodi wählen.

Standardmäßig ist hier die Option ORIGINAL aktiviert. Damit wird das Originalbild angezeigt – klar. Spannender sind aber die Auswirkungen der folgenden Schaltflächen. Klicken Sie beispielsweise einmal auf die VORSCHAU-Schaltfläche. Nach einem Moment des Berechnens wird das Dokument so angezeigt, wie es im Webbrowser angezeigt werden wird.

Da das Dokument so in das Arbeitsfenster eingepasst wird, dass es vollständig zu sehen ist, entsteht eine unsaubere Darstellung. Stellen Sie daher die Darstellungsgröße auf 100 % ein. Dies erreichen Sie zum Beispiel über das Menü, das Sie über das letzte Feld unten rechts in der Fußleiste öffnen können. Hier werden verschiedene voreingestellte Darstellungsgrößen angeboten. Die Standardgröße 100 % erreichen Sie übrigens auch über die Tastenkombination [Strg]+[1], wie der Eintrag im Menü belegt.

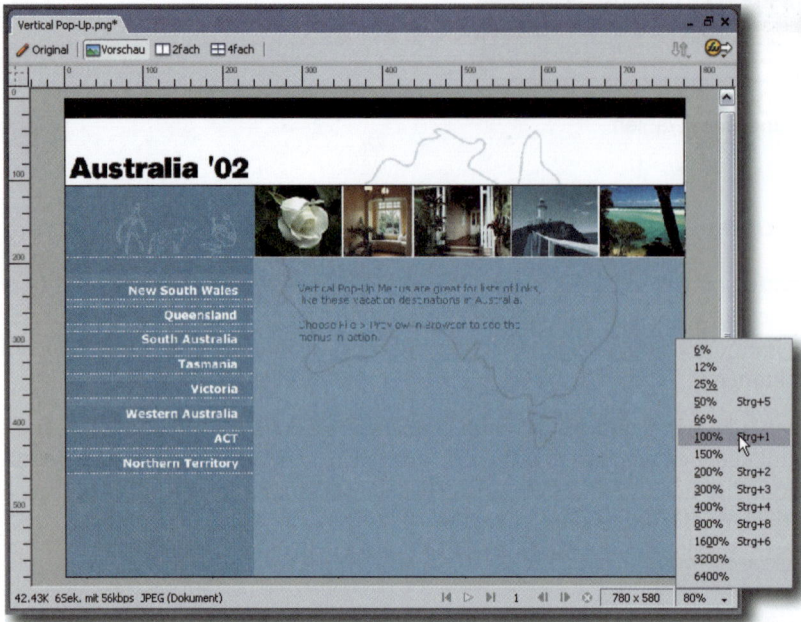

Abb. 1.5 Auswahl der passenden Darstellungsgröße

Da anschließend nicht mehr das komplette Dokument zu sehen ist, kann der gewünschte Bildausschnitt über die Scrollbalken verändert werden. In der VORSCHAU-Ansicht können die Elemente des Dokuments nicht bearbeitet werden – sie dient nur der Begutachtung des Exportergebnisses.

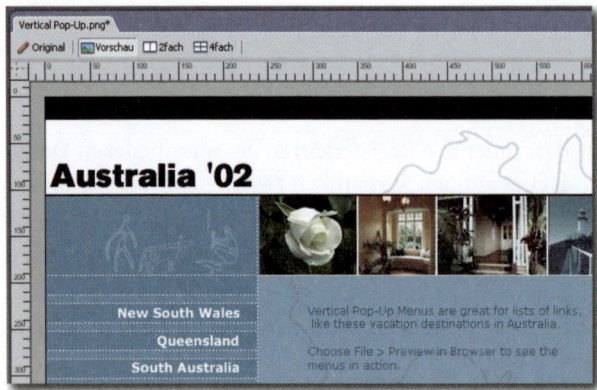

Abb. 1.6 Das Dokument in der Vorschau-Ansicht

Wollen Sie das Exportergebnis mit der Originalfassung vergleichen? Dann sollten Sie die 2FACH-Schaltfläche aktivieren. Jetzt wird im linken Bereich das Originalbild und im rechten Bereich das zu erwartende Exportergebnis angezeigt. Unter den Bildern finden Sie die zum Bild gehörenden Daten, wie etwa die Dateigröße.

Abb. 1.7 In der 2fach-Ansicht können Sie Originalbild und Exportergebnis vergleichen

Bei der 4FACH-Ansicht können drei Exporteinstellungen gleichzeitig angezeigt werden.

Abb. 1.8 In der 4fach-Ansicht werden drei Exportvarianten angezeigt

Frei schwebende Arbeitsfenster

Das Arbeitsfenster ist standardmäßig „fest" mit dem Untergrund verbunden – es kann so beispielsweise nicht verschoben werden. Um aus dem verankerten Fenster ein frei schwebendes Fenster zu machen, wie es aus vielen anderen Programmen bekannt ist, klicken Sie auf die zweite Schaltfläche in der Kopfzeile des Fensters.

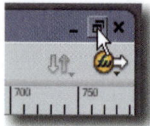

Abb. 1.9 Minimieren des Arbeitsfensters

Nach dem Anklicken kann das frei schwebende Fenster innerhalb des Arbeitsbereichs verschoben und an den Fensterkanten gedehnt werden – so, wie Sie es vielleicht auch aus anderen Windows-Programmen kennen.

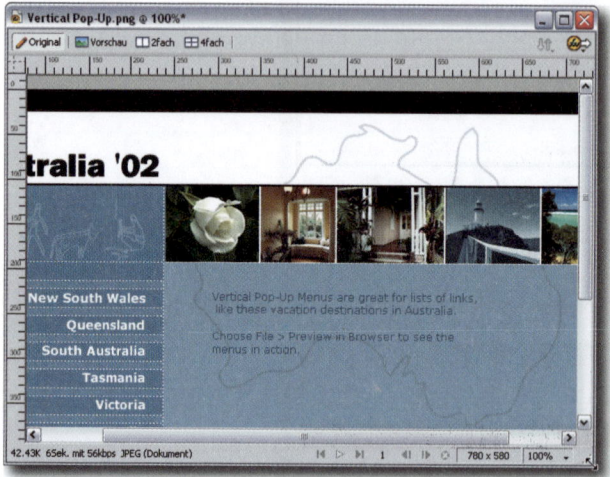

Abb. 1.10 Das frei schwebende Dokumentfenster kann skaliert werden

Die zweite Schaltfläche zeigt nun ein anderes Aussehen. Klicken Sie jetzt darauf, um das frei schwebende Fenster wieder zu verankern. Darunter finden Sie übrigens eine Schaltfläche, die ein Menü öffnet, um zu anderen Macromedia-Programmen zu wechseln.

Abb. 1.11 Wechseln zu anderen Macromedia-Programmen

1.2.3 Die Menüfunktionen

Bei den Studio MX 2004-Programmen werden Sie häufiger auf die Menüfunktionen zurückgreifen müssen. Diverse Funktionen finden Sie nur dort. Die Funktionen sind thematisch sortiert und teilweise auch in Untermenüs untergebracht. Gibt es für einen Funktionsaufruf Tastenkürzel, werden diese hinter dem Menüeintrag angezeigt.

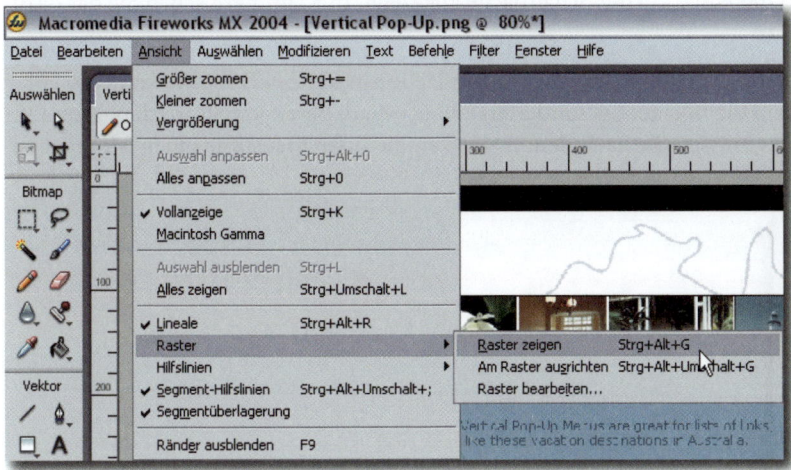

Abb. 1.12 Aufruf von Menüfunktionen

Gesonderte Dialogfelder

Werden hinter einem Menüeintrag drei Punkte angezeigt, signalisiert dies, dass nach dem Aufruf die Funktionen in einem gesonderten Dialogfeld bereitgestellt werden. So sehen Sie nachfolgend das Dialogfeld der Menüfunktion BEARBEITEN/VOREINSTELLUNGEN.

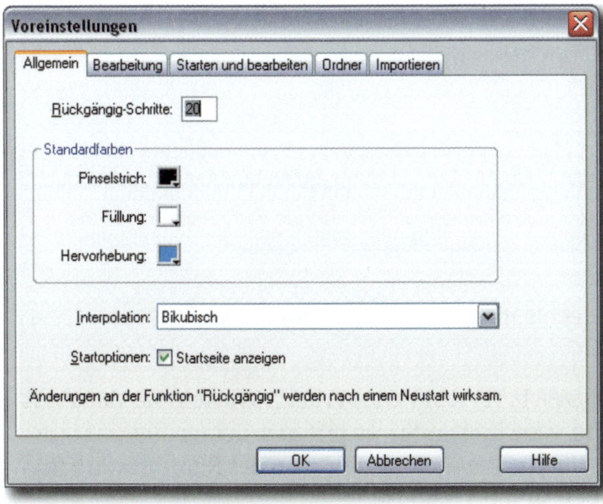

Abb. 1.13 Funktionen in einem Dialogfeld

1.2.4 Das Werkzeuge-Bedienfeld

Am linken Rand des Arbeitsbereichs finden Sie das Werkzeuge-Bedienfeld. Hier werden Werkzeuge für die Bearbeitung des Dokuments angeboten. Falls das Bedienfeld nicht zu sehen ist, können Sie es mit der Funktion FENSTER/WERKZEUGE oder der Tastenkombination (Strg)+(F2) einblenden. Wenn Sie mit dem Mauszeiger einen Moment über einer Schaltfläche verweilen, wird in einem Hinweisschild die Funktion der Schaltfläche angezeigt. In Klammern sehen Sie das dazugehörende Tastenkürzel.

Sehen Sie in der unteren rechten Ecke einer Schaltfläche ein kleines Dreieck, werden weitere Funktionen angeboten, die in einem gesonderten Flyout-Menü bereitgestellt werden. Zum Öffnen des Flyout-Menüs müssen Sie nach dem Anklicken die linke Maustaste einen Moment gedrückt halten.

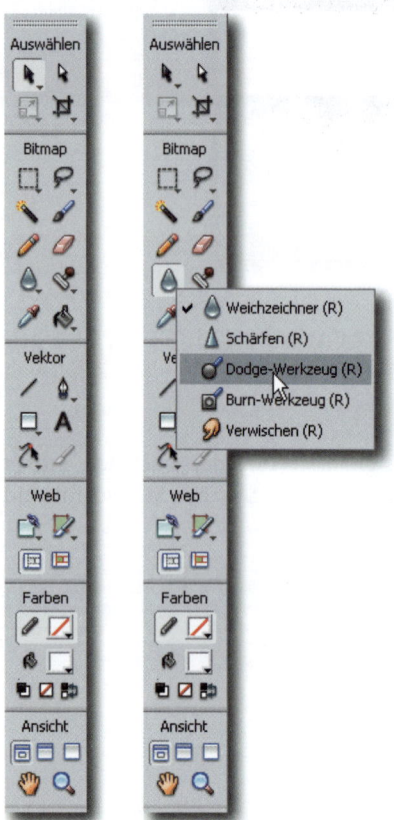

Abb. 1.14 Das Werkzeuge-Bedienfeld – rechts mit geöffnetem Flyout-Menü

Das Bedienfeld kann frei im Arbeitsbereich verschoben werden. Klicken Sie dazu das Bedienfeld an der oberen Kante an und verschieben Sie es mit gedrückter linker Maustaste auf die gewünschte neue Position. Um das Bedienfeld wieder an der Kante des Arbeitsbereichs anzudocken, klicken Sie doppelt in die Titelleiste.

Verschiedene Anzeigeoptionen

Im unteren Bereich des Werkzeuge-Bedienfelds gibt es verschiedene Optionen, mit denen Sie unter anderem die Ansicht des Dokuments verändern können. Außerdem finden Sie hier interessante Vorschauoptionen.

Abb. 1.15 Einige interessante Optionen

In der zweiten Zeile finden Sie Optionen, um die so genannten Imagemaps und Slices im Dokument anzuzeigen. Imagemaps sind Bereiche, bei denen Verknüpfungen zu anderen HTML-Dokumenten angebracht sind. Slices dienen zum Zerschneiden des Bilds in verschiedene Einzelteile. Sie sehen im folgenden Bild, dass bei dem Beispieldokument die Navigationselemente links als Slices definiert wurden. Das aktivierte Slice wird mit einer blauen Umrandung angezeigt.

Abb. 1.16 Anzeige der Slices

Die drei Schaltflächen in der ersten ANSICHT-Zeile werden zum Umgestalten des Arbeitsbereichs verwendet. Sie können damit den Arbeitsbereich maximieren, was bei großen Dokumenten nützlich sein kann. Mit der zweiten Schaltfläche aktivieren Sie den Vollbildmodus. Hier wird das Menü noch angezeigt – bei der rechten Schaltfläche dagegen nicht mehr.

Das Fenster wird in diesem Modus auf die maximale Größe skaliert. Die Rahmen und Titelleisten entfallen. Das Dokument wird vor einem schwarzen Hintergrund in der Mitte der Arbeitsfläche platziert. Diese Variante sehen Sie in der folgenden Abbildung.

Wenn das Menü nicht sichtbar ist, kann es dennoch mithilfe der Tastenkürzel benutzt werden. Mit der Tastenkombination [Alt]+[D] wird beispielsweise das DATEI-Menü geöffnet. Zum Wechseln der Menüs können Sie dann die Pfeiltasten verwenden.

Abb. 1.17 Die Vollbild-Ansicht ohne Menüs

Noch mehr Platz schaffen

Wenn Sie noch mehr Platz im Arbeitsbereich haben wollen, können Sie die [F4]-Taste drücken. Dann werden alle Bedienfelder ausgeblendet. Ein erneuter Tastendruck blendet die Bedienfelder wieder ein. So können Sie zur „Schnellkontrolle" die Bedienfelder schnell ein- oder ausblenden, um beispielsweise schnell Zwischenstadien ohne „Ballast" zu begutachten.

1.2.5 Hilfslinien verwenden

Aus den Linealen können Sie Hilfslinien herausziehen. Klicken Sie dazu in das horizontale oder vertikale Lineal und ziehen Sie mit gedrückter linker Maustaste eine Hilfslinie aus dem Lineal heraus. Nach dem Loslassen der Maustaste wird die Hilfslinie platziert.

Hilfslinien können Sie zum präzisen Konstruieren oder Platzieren von Elementen verwenden. Die Hilfslinien wirken „magnetisch". Wenn Sie sich beispielsweise mit einem Objekt einer Hilfslinie nähern, schnappt die Ebene dort an. Damit die Hilfslinien magnetisch wirken, muss allerdings die Option ANSICHT/HILFSLINIEN/AN HILFSLINIEN AUSRICHTEN aktiviert sein.

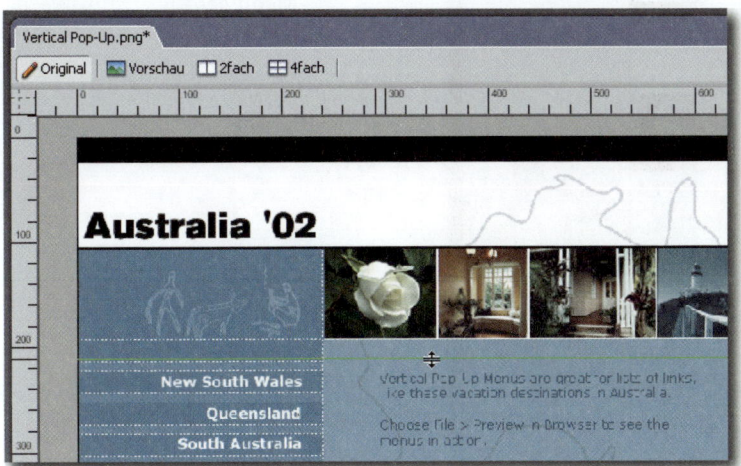

Abb. 1.18 Platzieren einer Hilfslinie

Informationen der Statuszeile

Im Fußbereich eines jeden Dokumentfensters werden in der Statuszeile Informationen zum Dokument angezeigt. Sie teilt sich in mehrere verschiedene Bereiche auf.

Im linken Bereich sehen Sie die Exporteinstellungen des aktiven Segments. So können Sie beispielsweise überprüfen, wie groß dieses Segment nach dem Export wird und wie lange die Übertragung auf der Webseite dauern wird.

Besteht das Dokument aus verschiedenen Einzelbildern, können Sie diese über die Navigations-Schaltflächen des folgenden Bereichs auswählen.

Im nächsten Feld wird die Größe des Dokuments angezeigt. Klicken Sie auf das Feld, um die Position des Dokuments auf einer Druckseite zu begutachten. Im letzten Bereich wird die Darstellungsgröße des Dokuments eingestellt. Klicken Sie darauf, werden in einem gesonderten Menü diverse Vorgabewerte zur Auswahl angeboten.

Abb. 1.19 Informationen in der Statuszeile

1.2.6 Arbeiten mit den Bedienfeldern

Rechts neben und unter dem Arbeitsbereich sehen Sie unterschiedliche Bedienfelder, in denen vielfältige Funktionen bereitgestellt werden. Um mehr Platz im Arbeitsbereich zu erhalten, können die Bedienfelder über die nachfolgend abgebildete Pfeil-Schaltfläche zugeklappt werden. Ein erneuter Klick auf den Pfeil öffnet die Bedienfelder wieder.

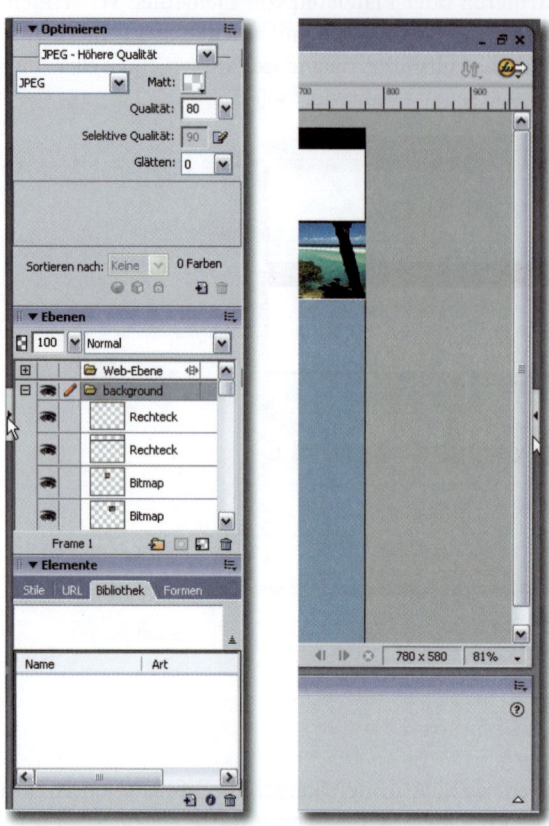

Abb. 1.20 Die Bedienfelder – rechts im zugeklappten Zustand

Jedes der Bedienfelder enthält in der Kopfzeile neben der Bezeichnung des Bedienfelds einen Pfeil, mit dem das Bedienfeld geschlossen werden kann. Ein erneuter Klick auf das Pfeilsymbol oder den Eintrag öffnet das Bedienfeld wieder. Den entstandenen Freiraum füllen nach dem Schließen die anderen Bedienfelder aus.

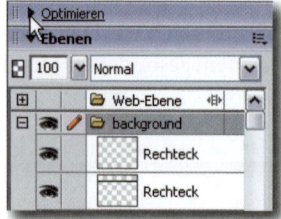

Abb. 1.21 Schließen eines Bedienfelds

Die Bedienfelder können auch als frei schwebende Variante verwendet werden. Klicken Sie dazu in der Kopfzeile auf das Symbol ganz links. Anschließend kann das Bedienfeld mit gedrückter linker Maustaste aus dem Bedienfeldpool herausgezogen werden, um es auf der Arbeitsfläche zu platzieren.

Abb. 1.22 Ein frei schwebendes Bedienfeld erstellen

Während des Verschiebens zeigt ein transparentes Bild die neue Position an. Ist die gewünschte Position erreicht, lassen Sie die linke Maustaste los.

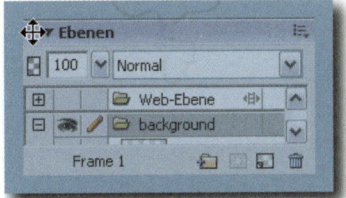

Abb. 1.23 Das Bedienfeld wird verschoben

Die Größe des frei schwebenden Bedienfelds können Sie durch Verziehen der Kanten mit gedrückter linker Maustaste verändern. Durch Verziehen einer Ecke kann gleichzeitig die Höhe und Breite verändert werden. Mit einem Klick auf das Kreuzsymbol oben rechts kann das Fenster geschlossen werden. Geschlossene Fenster können über das FENSTER-Menü wieder eingeblendet werden. Sie werden an der Stelle wieder eingeblendet, wo sie zuvor geschlossen wurden.

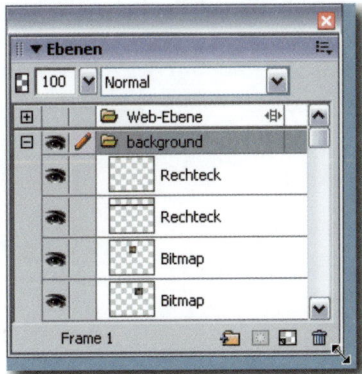

Abb. 1.24 Anpassen der Bedienfeldgröße

Um ein Bedienfeld wieder „anzudocken", ziehen Sie es nach dem Anklicken des linken Symbols in der Kopfleiste wieder in den Bedienfeldpool. Eine kräftige hellblaue Linie zeigt die Einfügeposition an.

Abb. 1.25 Andocken des Bedienfelds

Die Höhe der Bedienfelder können Sie verändern, wenn das folgende Symbol angezeigt wird. Verziehen Sie dann die Kanten mit gedrückter linker Maustaste. Die Bedienfelder können aber nicht beliebig gedehnt oder gestaucht werden. Je nach Bedienfeld ist die Verkleinerung nur so weit möglich, dass alle Funktionen verfügbar bleiben.

Abb. 1.26 Verändern der Bedienfeldhöhe

Jedes Bedienfeld bietet in einem Menü zusätzliche Funktionen an. Sie öffnen das Menü mit einem Klick auf das Symbol ganz rechts in der Kopfzeile des Bedienfelds. Ein solches Beispiel sehen Sie in der folgenden Abbildung.

Abb. 1.27 Zusätzliche Funktionen

1.2.7 Die verschiedenen Bedienfelder

Nachfolgend wollen wir Ihnen die verfügbaren Bedienfelder im Überblick vorstellen. Wir gehen dabei in der Reihenfolge vor, die Sie im FENSTER-Menü vorfinden. Dort finden Sie nach den Werkzeugen als erstes Bedienfeld das EIGENSCHAFTEN-Bedienfeld, das Sie auch mit der Tastenkombination [Strg]+[F3] aufrufen können. Dies ist ein besonderes Bedienfeld, das standardmäßig unter dem Arbeitsbereich angeordnet ist.

Je nachdem, welches Objekt Sie im Dokument markiert haben, werden in diesem Bedienfeld die dazu passenden Optionen bereitgestellt. Auch für die ausgewählten Werkzeuge gibt es hier zusätzliche Optionen. Nachfolgend sehen Sie oben die Optionen nach der Auswahl eines Textobjekts und darunter die Optionen des Rechteckwerkzeugs.

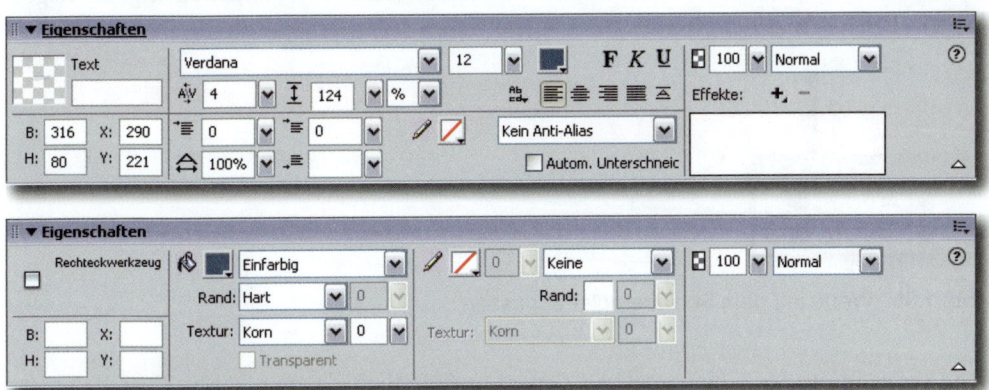

Abb. 1.28 Verschiedene Optionen im Eigenschaften-Bedienfeld

Über das Dreieck in der unteren rechten Ecke des Bedienfelds können Sie die Größe des Bedienfelds reduzieren. Dann werden nur die wichtigeren Optionen angezeigt. Ein erneuter Klick auf das Dreieck vergrößert das Bedienfeld wieder auf die maximale Größe. Ein freies Skalieren ist bei diesem Bedienfeld nicht möglich.

Abb. 1.29 Verkleinern des Bedienfelds

Die Anwendung der Bedienfelder

In dem EIGENSCHAFTEN-Bedienfeld finden Sie Schaltflächen, Options- und Eingabefelder. Einige Optionen werden auch in Listenfeldern angeboten. Einige Listenfelder enthalten sehr viele – andere nur einige wenige – Einträge. Ein Beispiel sehen Sie in der nachfolgend gezeigten Abbildung.

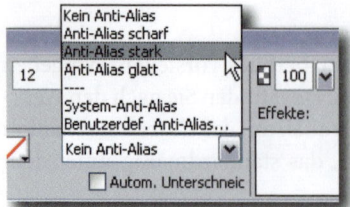

Abb. 1.30 Ein Listenfeld

Für Werteingaben gibt es Eingabefelder. Klicken Sie den Pfeil neben einem Eingabefeld an, kann der Wert durch Verziehen des Schiebereglers verändert werden. Diese Situation zeigt das folgende Bild.

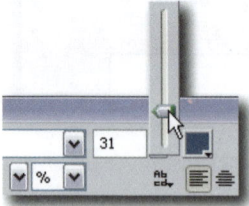

Abb. 1.31 Werte mit dem Schieberegler anpassen

> Die Verwendung des Schiebereglers ist etwas umständlich, da ein präzises Einstellen hier nicht möglich ist. Daher ist es meist besser, den gewünschten Wert in das Eingabefeld einzutippen.

Einige Listenfelder bieten eine Vorschau der Einträge an – beispielsweise bei der Auswahl einer TEXTUR für das Pinselwerkzeug. Da die Liste sehr lang ist, kann sie über die Pfeile am Anfang und Ende der Liste gescrollt werden.

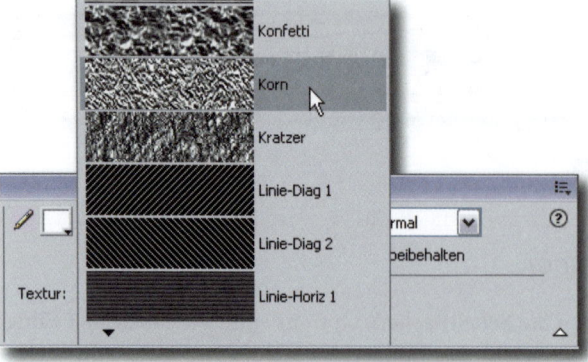

Abb. 1.32 Auswahl über Vorschaubilder

Für die Auswahl einer Farbe wird ein Fenster mit einer Farbpalette eingeblendet. Dies zeigt das nächste Bild.

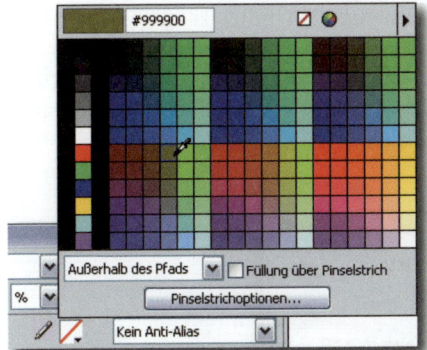

Abb. 1.33 Auswahl einer Farbe in der Farbpalette

Gruppieren von Bedienfeldern

Die Bedienfelder können auch in Gruppen zusammengefasst werden. Dann wird für jedes Bedienfeld der Gruppe eine Registerkarte angezeigt. Die Gruppierungsfunktion erreichen Sie über das Menü mit den Zusatzfunktionen. Beim Menüpunkt … GRUPPIEREN MIT kann eingestellt werden, mit welchem Bedienfeld das aktuelle gruppiert werden soll.

Abb. 1.34 Eine Bedienfeldgruppe

Das Optimieren-Bedienfeld

Das OPTIMIEREN-Bedienfeld werden Sie vermutlich recht häufig benötigen. Hier werden nämlich die Exporteinstellungen für das Bild oder ein Slice eingestellt. Fireworks unterstützt die gängigen Web-Dateiformate GIF, JPEG und PNG.

> **Die Web-Dateiformate**
>
> Das GIF-Dateiformat kann für plakative, grafische Elemente verwendet werden, da es nur maximal 256 Farben unterstützt. Das JPEG-Dateiformat ist dagegen besser für Fotos geeignet, da hier der TrueColor-Modus unterstützt wird.

Im obersten Listenfeld werden einige häufig benötigte Standardeinstellungen angeboten. Wollen Sie die Einstellungen selbst vornehmen, rufen Sie das gewünschte Dateiformat aus dem zweiten Listenfeld auf. Je nachdem, welches Dateiformat Sie einstellen, werden unterschiedliche Optionen bereitgestellt. Für das GIF-Dateiformat gibt es weit mehr Optionen als beim JPEG-Dateiformat. Sie sehen nachfolgend links die GIF- und rechts die JPEG-Optionen.

 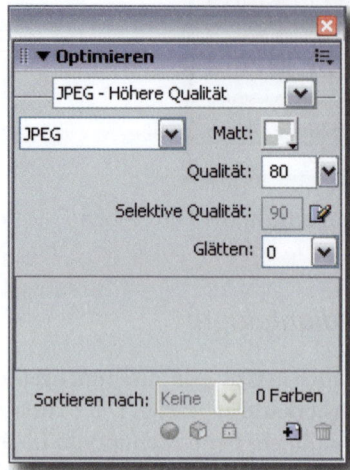

Abb. 1.35 Die Optionen des GIF- und JPEG-Dateiformats

Das PNG-Dateiformat gibt es in verschiedenen Varianten. PNG 8 ähnelt dem GIF-Dateiformat, PNG 24 dem JPEG-Dateiformat. Das PNG-Dateiformat hat sich im Web allerdings noch nicht durchsetzen können, daher ist die Anwendung dieses Formats mit Vorsicht zu genießen.

Neben den Web-Dateiformaten finden Sie in der Liste auch noch die Dateiformate TIFF und BMP. Diese können Sie für den „normalen" Export verwenden – falls Sie die Bilder nicht für das Web optimieren wollen. Optionen werden hier allerdings nicht angeboten. Sie können lediglich eine transparente Farbe festlegen.

Abb. 1.36 Die Optionen des TIFF-Dateiformats

Im Menü der zusätzlichen Optionen werden einige recht interessante Funktionen zur Verfügung gestellt. So können Sie beispielsweise mit der Funktion OPTIMIEREN FÜR DATEIGRÖSSE die gewünschte Exportgröße angeben.

Das Ebenen-Bedienfeld

Im EBENEN-Bedienfeld werden alle Ebenen des Dokuments und die Einzelbilder einer Animation verwaltet. Fireworks arbeitet nämlich mit unterschiedlichen Ebenen. Die Elemente werden dabei sozusagen „übereinander gestapelt". In der Kopfzeile kann die Deckkraft einer Ebene eingestellt werden. Außerdem gibt es in einem Listenfeld unterschiedliche Varianten, wie die Ebenen überblendet werden sollen. Damit lassen sich interessante Verfremdungen erstellen.

Im Fußbereich können links die Bilder einer Animation ausgewählt werden. Rechts gibt es Optionen zum Erstellen einer neuen oder Löschen einer bestehenden Ebene. Die jeweils ausgewählte Ebene wird zur Verdeutlichung mit einer blauen Umrandungslinie versehen.

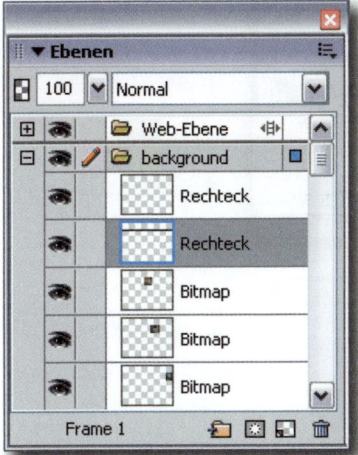

Abb. 1.37 Das Ebenen-Bedienfeld

Im Menü der zusätzlichen Optionen gibt es diverse Funktionen zum Verwalten der Ebenen. Sie können Ebenen beispielsweise duplizieren, sperren oder ausblenden. Mit der Funktion MINIATUROPTIONEN können Sie im folgenden Dialogfeld die Größe der Vorschaubilder anpassen. Wählen Sie eine große Variante, wenn Sie die Details schlecht erkennen können.

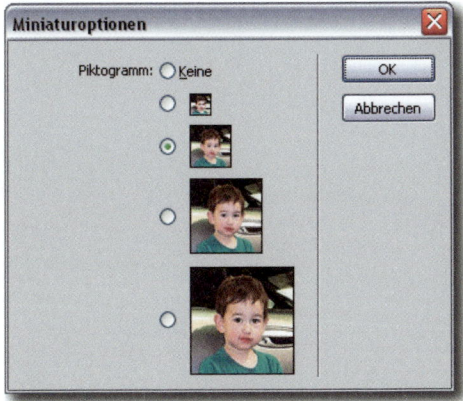

Abb. 1.38 Anpassen der Miniaturbildgröße

Das Frame-Bedienfeld

Im FRAME-Bedienfeld finden Sie Optionen für die Verwaltung der einzelnen Filmbilder einer Animation. So können Sie etwa die Reihenfolge oder die Standdauer der Filmbilder verändern. Dazu müssen Sie doppelt auf die rechte Spalte klicken. In einem gesonderten Bereich wird dann die Standdauer eingetragen – Sie sehen dies nachfolgend rechts.

Im Fußbereich gibt es die Optionen für das Abspielen der Animation. So können Sie beispielsweise eine Endlosschleife verwenden, bei der der Film am Ende wieder von vorne beginnt. Über die Symbole rechts werden neue Frames erstellt oder bestehende gelöscht.

Abb. 1.39 Das Frame-Bedienfeld

Das Verlauf-Bedienfeld

In derselben Gruppe finden Sie das VERLAUF-Bedienfeld. Klicken Sie zum Aufruf auf die betreffende Registerkarte. Fireworks zeichnet alle Arbeitsschritte auf, die Sie vorgenommen haben. Sie werden in diesem Bedienfeld der Reihe nach aufgelistet. So können Sie schnell zu einem früheren Arbeitsstadium zurückkehren. Außerdem lassen sich hier Arbeitsschritte wiederholen, was eine Arbeitserleichterung sein kann. Die Anzahl der Arbeitsschritte die rückgängig gemacht werden können, wird übrigens auf der Registerkarte ALLGEMEIN geändert, die Sie im Dialogfeld der Funktion BEARBEITEN/VOREINSTELLUNGEN finden.

Abb. 1.40 Das Verlauf-Bedienfeld

Das Formen-Bedienfeld

Als Nächstes folgt eine Gruppe mit vier Bedienfeldern. Über die Funktion FENSTER/AUTOMATISCHE FORMEN öffnen Sie das folgende Bedienfeld. Hier werden einige grafische Elemente angeboten. So sparen Sie sich Arbeitszeit beim Konstruieren. Zusätzliche Formen können Sie sich von der Macromedia-Webseite herunterladen. Verwenden Sie dazu die Funktion ZUSÄTZLICHE AUTOMATISCHE FORMEN aus dem Menü der zusätzlichen Funktionen.

Abb. 1.41 Das Bedienfeld der automatischen Formen

Im STILE-Bedienfeld werden unterschiedliche Effektzusammenstellungen angeboten, die Sie auf konstruierte Objekte anwenden können. Einige der Stile sind für Formen – andere für Schriftzüge – vorbereitet. Dies erkennen Sie an den Vorschaubildern. In den Stilen sind unterschiedliche Einstellungen, wie etwa Füllungen, Konturen oder auch benutzte Pinselstriche, gespeichert. Durch die Stile ist es möglich, schnell und einfach mehreren Objekten dieselben Einstellungen zuzuweisen.

Abb. 1.42 Verschiedene Stile gibt es in diesem Bedienfeld

Bibliotheken verwenden

Im nächsten Bedienfeld werden so genannte Symbole des Dokuments gesammelt. Jedes Objekt oder jede Objektgruppe kann in ein Symbol konvertiert und damit in die Bibliothek aufgenommen werden. So entsteht eine Art „Vorlagensammlung".

Es gibt drei unterschiedliche Symbolarten: Zum einen gibt es die Schaltflächen und zum anderen die Grafiken. Außerdem können Animationen angelegt werden. Das Symbol am Anfang des Eintrags kennzeichnet den jeweiligen Symbol-Typ.

Abb. 1.43 Das Bibliothek-Bedienfeld

Im letzten Bedienfeld dieser Gruppe können Links verwaltet werden. Im URL-Bedienfeld können Sie Linksammlungen anlegen und verwalten. Die Linksammlungen können Sie über die Funktionen des Menüs der zusätzlichen Funktionen in Bibliotheken speichern und so auch in andere Dokumente importieren. Links können bei Segmenten oder Hotspots angewendet werden.

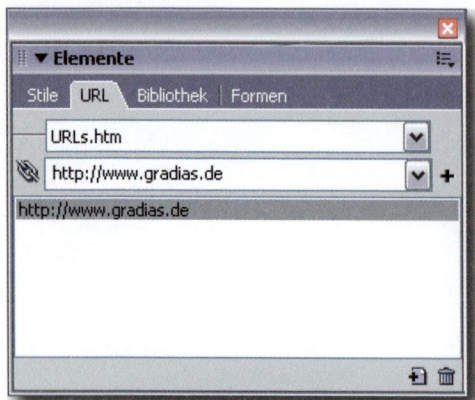

Abb. 1.44 Das URL-Bedienfeld

Das Farbmischer-Bedienfeld

Die beiden Bedienfelder der nächsten Gruppe dienen der Farbe im Bild. Im FARBMISCHER können Sie eine Farbe auswählen. Fireworks bietet zwei Farbfelder an, in denen die Umriss- oder Füllungsfarbe eingestellt werden kann. Die Farbe kann entweder aus dem Farbspektrum im unteren Bereich oder nummerisch präzise über die Eingabefelder rechts eingestellt werden. Ein Klick auf eines der Farbfelder öffnet eine Farbtabelle mit vorgegebenen Farben. Dies sehen Sie nachfolgend rechts abgebildet.

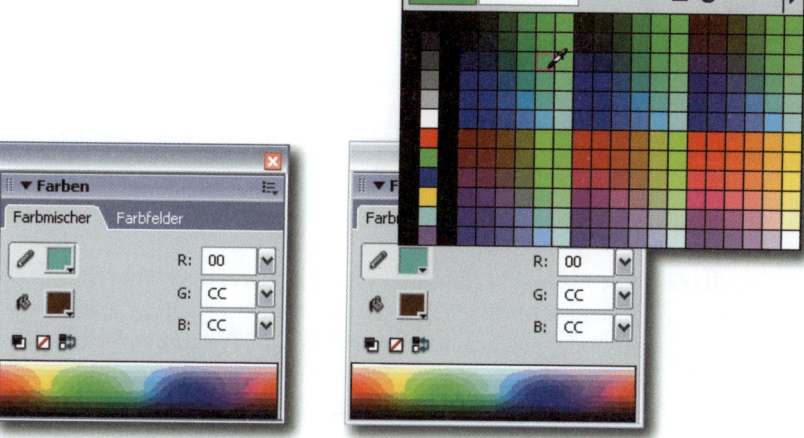

Abb. 1.45 Das Farbmischer-Bedienfeld

In den zusätzlichen Optionen können Sie zwischen verschiedenen Farbmodellen wählen – beispielsweise RGB oder CMY.

Die Farbtabelle

Im FARBFELDER-Bedienfeld finden Sie die Palette mit diversen Standardfarben. In den zusätzlichen Optionen stehen unterschiedliche Farbtabellen zur Auswahl.

Abb. 1.46 Das Farbfelder-Bedienfeld

Das Info-Bedienfeld

Im INFO-Bedienfeld können Sie zum einen den Farbwert ablesen, der sich an der Position des Mauszeigers befindet. Zum anderen sehen Sie im rechten Bereich die Größe des ausgewählten Objekts. Im Menü der zusätzlichen Optionen können Sie auswählen, in welchem Farbmodell die Farbwerte angezeigt werden sollen. Außerdem kann hier die Maßeinheit verändert werden.

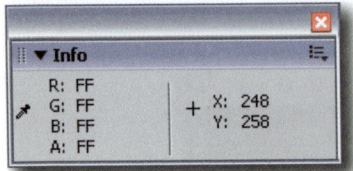

Abb. 1.47 Das Info-Bedienfeld

Das Verhalten-Bedienfeld

Die Funktionen des VERHALTEN-Bedienfelds sind für die Gestaltung interaktiver Webseiten wichtig. So können Sie zum Beispiel einstellen, ob sich beim Anklicken einer Schaltfläche ihr Aussehen verändern soll. Fireworks bietet einige solcher Verhaltensweisen an. So können Sie beispielsweise auch einfach eine ganze Navigationsleiste erstellen. Die verfügbaren Verhalten finden Sie in dem Menü, das Sie mit einem Klick auf die Schaltfläche mit dem Plussymbol öffnen.

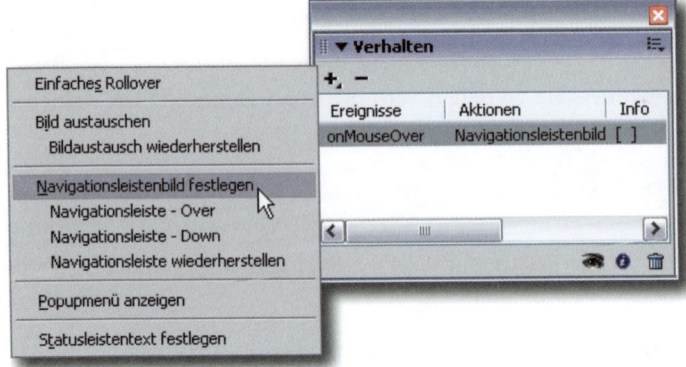

Abb. 1.48 Die Optionen des Verhalten-Bedienfelds

Optionen zum Suchen

Interessant sind auch die Optionen des letzten Bedienfelds. Im SUCHEN-Bedienfeld können Sie Texte suchen und ersetzen – fast so, wie Sie es aus Textbearbeitungsprogrammen kennen. Fireworks bietet aber noch mehr: So ist es auch möglich nach Farbtönen, Schriftattributen, URLs oder nicht webkompatiblen Farbtönen zu suchen. Dabei ist sogar das Durchsuchen mehrerer Dateien möglich.

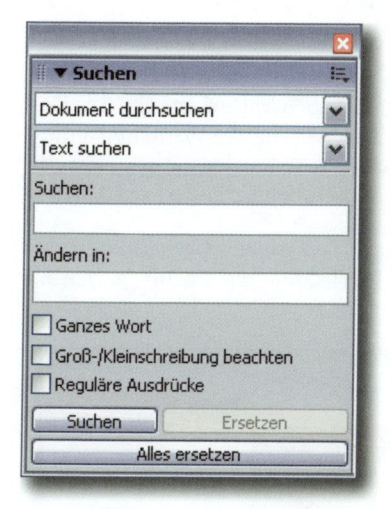

Abb. 1.49 Die Suchen- und Ersetzen-Optionen

1.2.8 Arbeitsumgebungen sichern

Nun haben Sie alle Möglichkeiten der Bedienfelder kurz kennen gelernt. Vielleicht haben Sie ja auch die verschiedenen Möglichkeiten ausprobiert und nun eine Menge „Unordnung" im Arbeitsbereich? Kein Problem.

Sie können schnell die ursprünglichen Anordnungen wiederherstellen. Im Menü BEFEHLE/BEDIENFELDER-LAYOUTS werden verschiedene Optionen für unterschiedliche Bildschirmauflösungen angeboten.

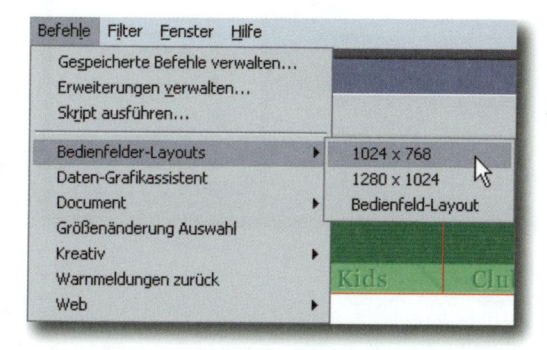

Abb. 1.50 Die Standardeinstellungen aufrufen

Bedienfeldanordnungen speichern

Sie benötigen einige Bedienfelder besonders häufig? Dann können Sie die Funktion BEFEHLE/BEDIENFELDER-LAYOUTS/BEDIENFELD-LAYOUT aufrufen. Damit können Sie die aktuelle Anordnung auf der Arbeitsoberfläche speichern und in die Liste aufnehmen. In einem gesonderten Dialogfeld wird der Name abgefragt.

1.3 Dremweaver kennen lernen

Nachdem Sie die Grafiken für die Webseite vorbereitet haben, können Sie auf ein anderes Programm des Studio MX 2004-Pakets zurückgreifen: Dreamweaver. Mit diesem Webseiten-Editor lassen sich HTML-Seiten leicht zusammenstellen. Außerdem werden hier alle Dateien eines Webs verwaltet.

Nach dem Start fällt als Erstes die Ähnlichkeit mit Fireworks auf. Die Arbeitsoberflächen sind in vielen Teilen identisch aufgebaut, was den Einstieg deutlich erleichtert. Auch hier sehen Sie zunächst einen Startbildschirm.

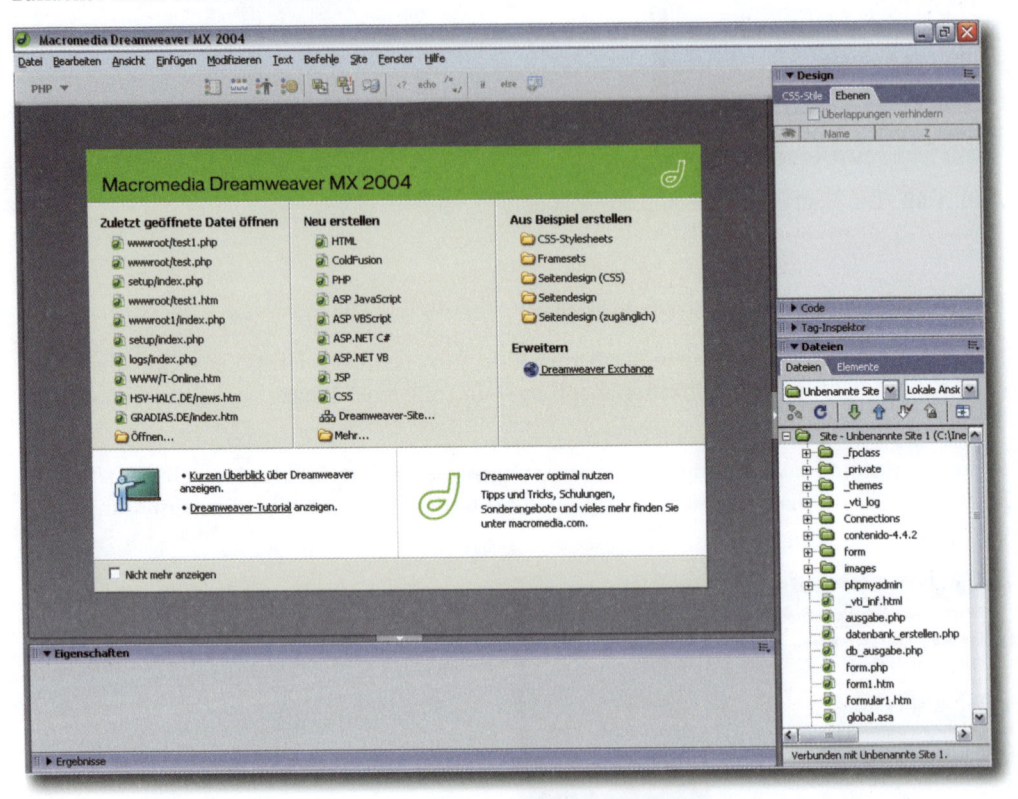

Abb. 1.51 Der Startbildschirm von Dreamweaver MX 2004

Dreamweaver bietet zum Start verschiedene Optionen an. So können Sie auf die zuletzt geöffneten Dateien zurückgreifen oder neue Dokumente erstellen. Dazu stellt Dreamweaver verschiedene Vorlagen zur Verfügung.

Rufen Sie zum Beispiel eine der Optionen aus dem Bereich AUS BEISPIEL ERSTELLEN auf, werden die Vorlagen im folgenden Dialogfeld angeboten. Für die unterschiedlichsten Aufgabenstellungen sind Vorlagen vorhanden.

Sie reichen von einfachen Webseiten oder Seiten mit CSS-Gestaltung bis hin zu dynamischen Webseiten. Auch hier bietet Macromedia auf seiner Webseite weitere Vorlagen zum Download an.

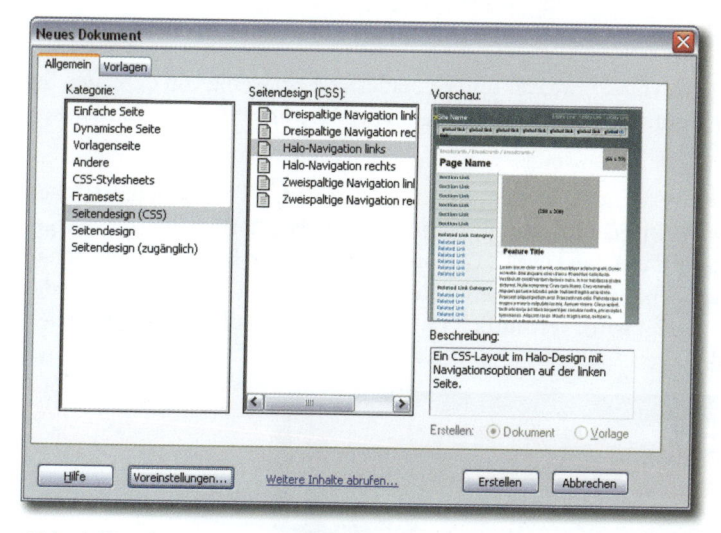

Abb. 1.52 Auswahl einer Vorlage

Nach dem Erstellen einer Datei aus einer Vorlage wird die folgende Anordnung im Arbeitsbereich angezeigt. Unsere Auswahl sehen Sie im vorherigen Bild.

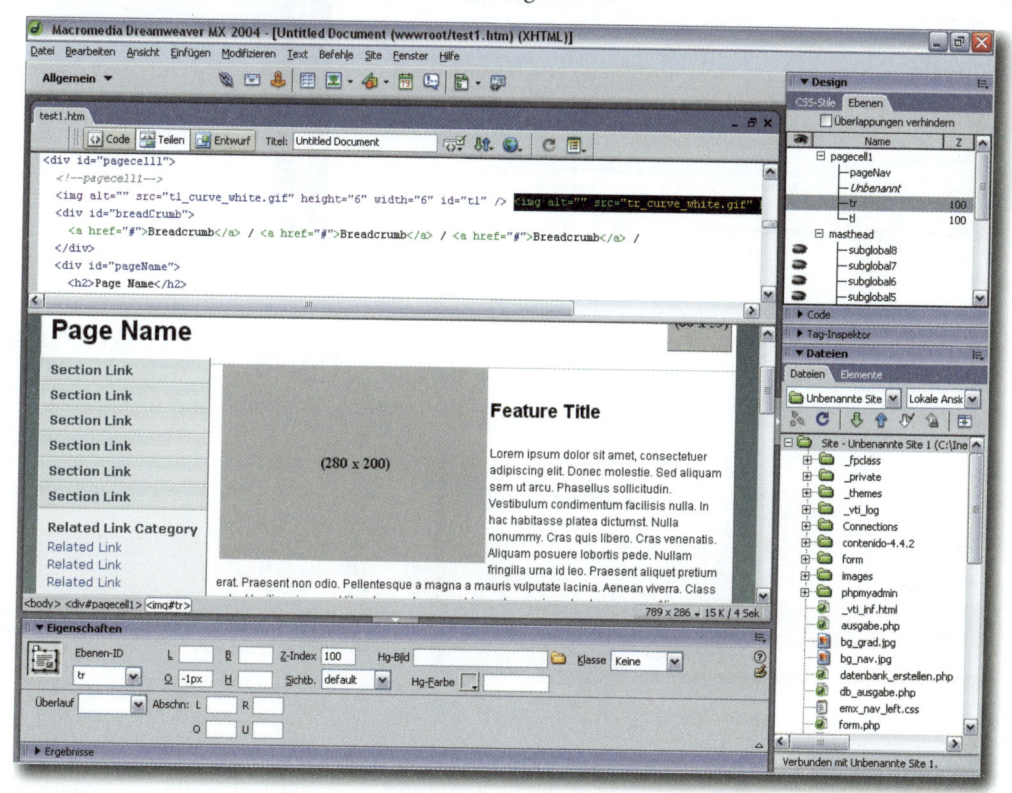

Abb. 1.53 Ein Dokument aus einer Vorlage

1.3.1 Das Arbeitsfenster

Der Aufbau des Arbeitsfensters von Dreamweaver unterscheidet sich ein wenig von dem, den Sie aus Fireworks kennen. In der Kopfzeile des Arbeitsfensters sehen Sie links einige Schaltflächen zur Darstellungsart.

So kann die CODE-Schaltfläche verwendet werden, wenn Sie nur den HTML-Quelltext sehen wollen. Standardmäßig ist die zweite Schaltfläche aktiviert. Hier wird das Arbeitsfenster zweigeteilt. Im oberen Bereich sehen Sie dann den HTML-Quelltext – im unteren Bereich die Vorschau des Dokuments. Mit der dritten Schaltfläche aktivieren Sie die ENTWURF-Ansicht, bei der nur das Dokument ohne Quelltext angezeigt wird. Vermutlich werden Sie meist in diesem Modus arbeiten, wenn Sie eine Webseite gestalten.

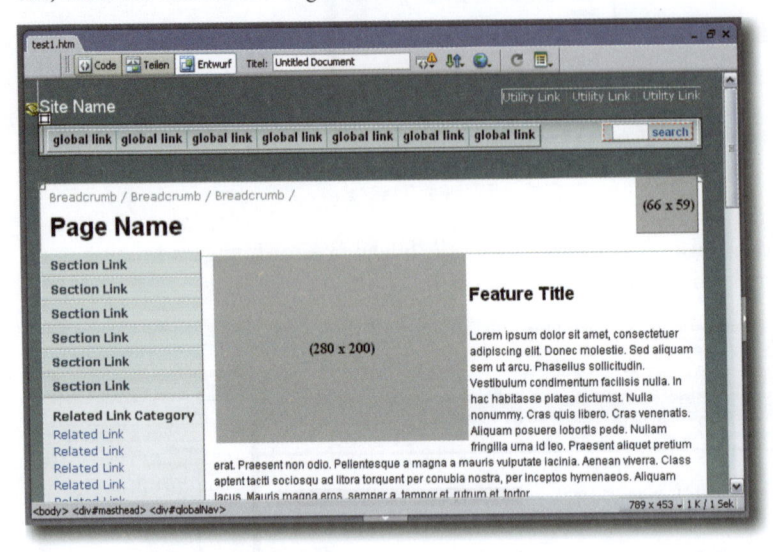

Abb. 1.54 Die Entwurf-Ansicht

In der Mitte der Kopfzeile kann der Name für das Dokument eingetippt werden. Mit der folgenden Schaltfläche öffnen Sie ein Menü, in dem verschiedene Funktionen zur Prüfung der Datei angeboten werden. So können Sie hier zum Beispiel die Browserkompatibilität prüfen lassen.

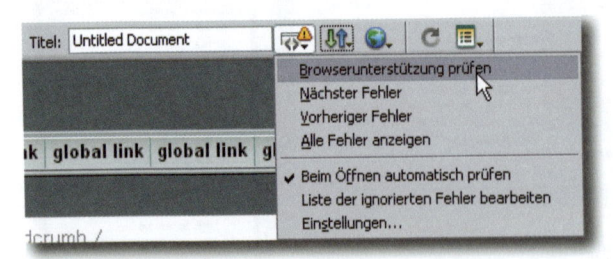

Abb. 1.55 Überprüfung der Browserunterstützung

Über die beiden folgenden Schaltflächen werden Funktionen zur Dateiverwaltung und -vorschau bereitgestellt.

1.3 Dreamweaver kennen lernen

Die nächste Schaltfläche erneuert die ENTWURF-Ansicht, falls Sie Änderungen im Quelltext vorgenommen haben. Über die letzte Schaltfläche öffnen Sie ein Menü. Hier gibt es zusätzliche Ansichtsoptionen.

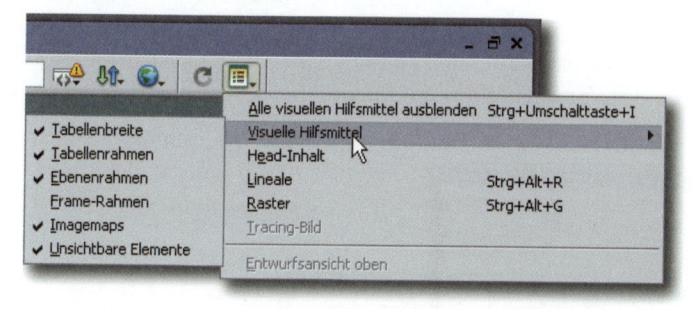

Abb. 1.56 Weitere Ansichtsoptionen

> Im Untermenü VISUELLE HILFSMITTEL finden Sie unterschiedliche Optionen, um beispielsweise die Sichtbarkeit von Tabellen, Frames und Ebenen festzulegen. Bei der Beurteilung des Designs könnte sich die Aktivierung allerdings negativ auswirken. Sie müssen daher prüfen, womit Sie besser „zurechtkommen". Um alle visuellen Hilfsmittel vorübergehend auszublenden, können Sie die Tastenkombination [Strg]+[⇧]+[I] verwenden.

Lineale und Raster können bei der Gestaltung hilfreich sein. Sie können auch über die Tastenkombinationen [Strg]+[Alt]+[R] beziehungsweise [Strg]+[Alt]+[G] aufgerufen werden. Sind Lineale und Raster eingeblendet, finden Sie die folgende Anordnung vor. Damit das Raster magnetisch wirkt, muss die Funktion ANSICHT/RASTER/AM RASTER AUSRICHTEN aktiviert sein. Diese Funktion können Sie auch über die komplizierte Tastenkombination [Strg]+[Alt]+[⇧]+[G] aufrufen.

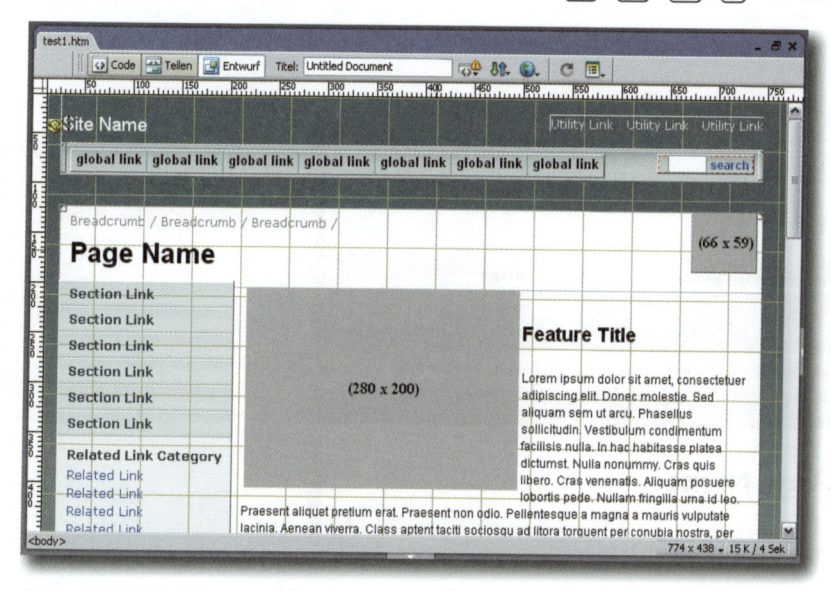

Abb. 1.57 Lineale und Raster sind eingeblendet

Dreamweaver bietet noch eine andere Ansicht des Arbeitsbereichs an. Zum Umstellen können Sie die Funktion BEARBEITEN/VOREINSTELLUNGEN aufrufen, die Sie auch mit dem Tastenkürzel [Strg]+[U] erreichen. Über die Schaltfläche ARBEITSBEREICH ÄNDERN, die Sie in der Kategorie ALLGEMEIN finden, wird ein weiteres Dialogfeld geöffnet.

Hier ist neben der DESIGNER- noch die CODER-Aufteilung zu finden. Bei dieser Ansicht ist etwas mehr Platz im Arbeitsbereich, wie das Vorschaubild zeigt. Außerdem werden hier die Bedienfelder links angeordnet.

Abb. 1.58 Zwei unterschiedliche Ansichten

Frei schwebende Arbeitsfenster

Auch in Dreamweaver können Sie über die Symbole an der oberen rechten Kante des Arbeitsfensters das Fenster in eine frei schwebende Variante umwandeln. Dabei wird für den Quelltext und die ENTWURF-Ansicht jeweils ein eigenes Fenster angelegt. Die Fenster können unabhängig voneinander skaliert und positioniert werden.

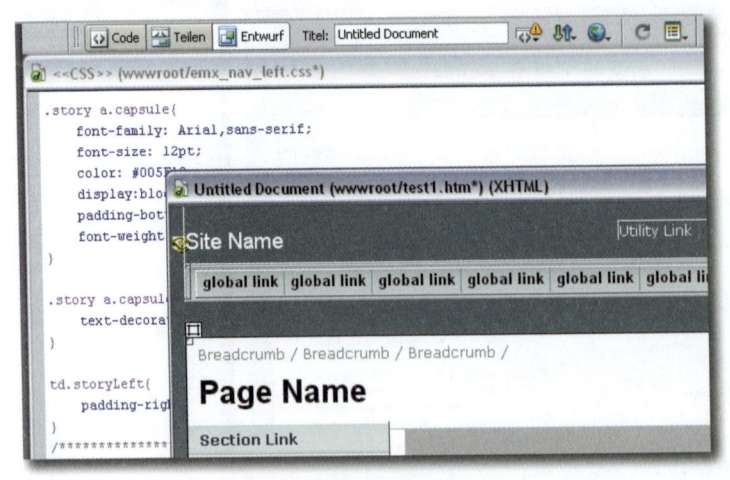

Abb. 1.59 Zwei frei schwebende Arbeitsfenster

Informationen in der Statuszeile

In der Statuszeile werden verschiedene Informationen angezeigt. So sehen Sie links die Tags der markierten Position im Dokument. Klicken Sie einen Tag mit der rechten Maustaste an, werden zusätzliche Funktionen in einem Menü angeboten – zum Beispiel zum Bearbeiten oder Löschen eines Tags.

Abb. 1.60 Tag-Zusatzfunktionen

Wenn Sie mit einem frei schwebenden Arbeitsfenster arbeiten, können Sie auf der rechten Seite in einem Menü zwischen mehreren Fenstergrößen wählen. Diese Option ist sinnvoll, wenn Sie die Auswirkungen bei einer bestimmten Fenstergröße des Webbrowsers testen wollen. Dafür werden in dem Menü die gängigen Fenstergrößen bereitgestellt.

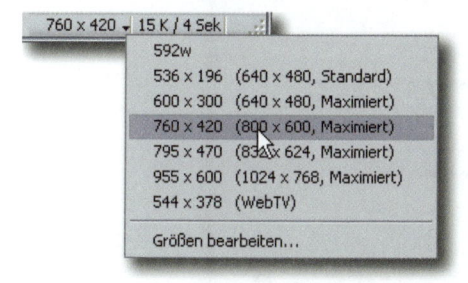

Abb. 1.61 Verschiedene Fenstergrößen

> Im Bereich rechts außen wird in der Statuszeile die Größe des aktuellen Dokuments und die zu erwartende Ladezeit angezeigt.

1.3.2 Arbeiten mit den Menüs

Auch in Dreamweaver werden Sie häufiger auf die Funktionen des Menüs zurückgreifen müssen. Hier stehen zahlreiche Funktionen zur Auswahl – teilweise in Untermenüs, wie in der folgenden Abbildung.

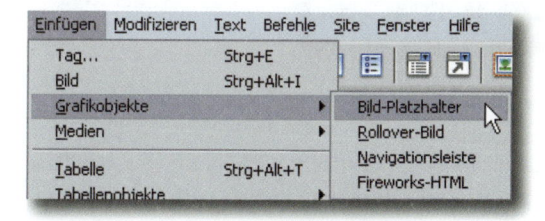

Abb. 1.62 Aufruf von Menüfunktionen

Umfangreiche Dialogfelder

Auch in Dreamweaver sind diverse Funktionen des Menüs in gesonderten Dialogfeldern verfügbar. Sie erkennen dies an den drei Punkten hinter einem Menüeintrag. Teilweise sind die Funktionen so umfangreich, dass sie entweder auf unterschiedlichen Registerkarten oder in verschiedenen Rubriken zusammengestellt werden. Dies ist zum Beispiel bei den Voreinstellungen der Fall. Wählen Sie in der linken Liste die Rubrik aus. Die dazugehörenden Optionen werden dann im rechten Bereich angezeigt.

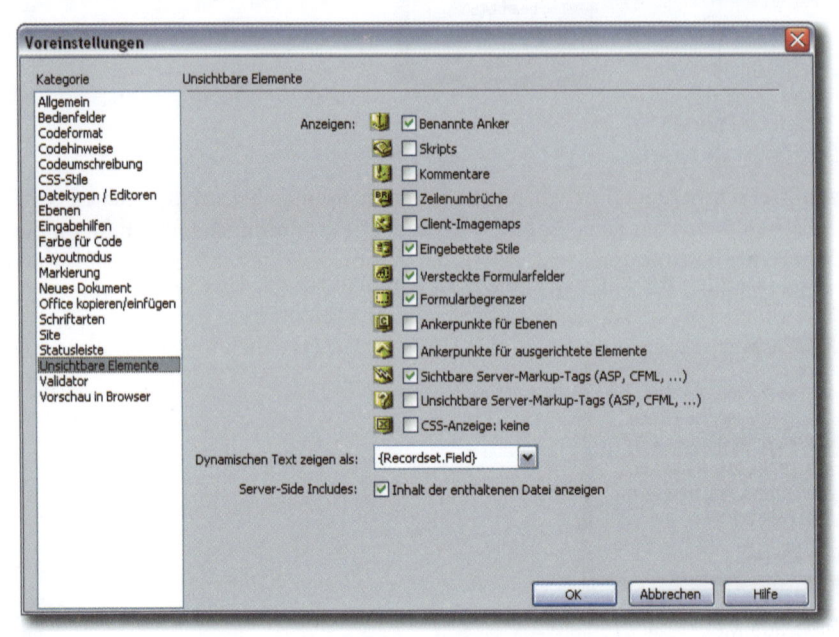

Abb. 1.63 Die zahlreichen Funktionen eines Dialogfelds

1.3.3 Der Einfügen-Bereich

Die Funktionen von Dreamweaver sind so umfangreich, dass es hier verschiedene Strukturierungen gibt. So sehen Sie unter dem Menü eine Symbolleiste. Hier können schnell Elemente in das Dokument eingefügt werden. Die unterschiedlichen Objekte sind thematisch sortiert.

Abb. 1.64 Der Einfügen-Bereich

Ganz links sehen Sie zu welchem Thema die angezeigten Schaltflächen Elemente bereitstellen. Im ALLGEMEIN-Bereich sind dies zum Beispiel Optionen zum Einfügen von Hyperlinks oder Grafiken.

Klicken Sie auf das Feld, wird ein Menü mit weiteren Themen zur Auswahl geöffnet. Hier finden Sie unter anderem Elemente für Formulare oder auch Flash-Elemente.

Abb. 1.65 Auswahl eines Themenbereichs

Mit der letzten Option werden die Themen als Registerkarten angezeigt. Dies ist übersichtlicher – erfordert aber mehr Platz auf der Arbeitsoberfläche. Um die Themen wieder als Menü anzuzeigen, rufen Sie die entsprechende Funktion über das Menü der zusätzlichen Funktionen oben rechts auf.

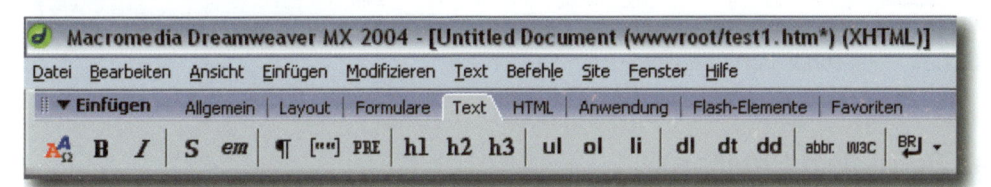

Abb. 1.66 Anzeige des Menüs als Registerkarten

> **Platz schaffen**
>
> Um alle Bedienelemente vorübergehend ein- oder auszublenden, verwenden Sie in Dreamweaver das Tastenkürzel [F4]. Dann werden nur noch das Menü und das Arbeitsfenster angezeigt. Dies ist zur Beurteilung eines Designs sehr nützlich.

1.3.4 Die Bedienfelder in Dreamweaver

Auch in Dreamweaver sind rechts diverse Bedienfelder zu sehen, in denen viele weitere Funktion zu finden sind. Sie können Bedienfelder über das FENSTER-Menü ein- oder ausblenden. Im Menü sehen Sie auch, welche Tastenkürzel für die Bedienfelder verfügbar sind.

Unter dem Arbeitsbereich gibt es zwei Bedienfelder mit nützlichen Funktionen. Das EIGENSCHAFTEN-Bedienfeld kennen Sie ja schon aus Fireworks. Hier werden jeweils die passenden Optionen zum markierten Element angeboten. Je nach markierter Stelle im Dokument, sind dort unterschiedlich viele Optionen zu finden. So sehen Sie nachfolgend zunächst die Optionen bei markiertem Text und danach die bei markierten Ebenen.

Abb. 1.67 Verschiedene Ansichten des Eigenschaften-Bedienfelds

Um die Höhe des EIGENSCHAFTEN-Bedienfelds zu reduzieren, können Sie die Pfeil-Schaltfläche rechts unten verwenden. Dann bleiben lediglich zwei Zeilen übrig, in denen die wichtigsten Optionen untergebracht sind.

Abb. 1.68 Das verkleinerte Eigenschaften-Bedienfeld

Das Bedienfeld Ergebnisse

Unter dem EIGENSCHAFTEN-Bedienfeld ist das ERGEBNISSE-Bedienfeld untergebracht. Öffnen Sie das Bedienfeld mit einem Klick auf die Bezeichnung oder den Pfeil links daneben. Hier werden die Ergebnisse der Seitenprüfung angezeigt.

Über die grüne Pfeil-Schaltfläche kann in einem gesonderten Menü die ZIELBROWSER-PRÜFUNG für das einzelne Dokument oder alle Dokumente der Site gestartet werden. Die Ergebnisse der Prüfung werden dann in der Liste angezeigt. Die Registerkarten zeigen die verschiedenen Themen an, die überprüft werden können.

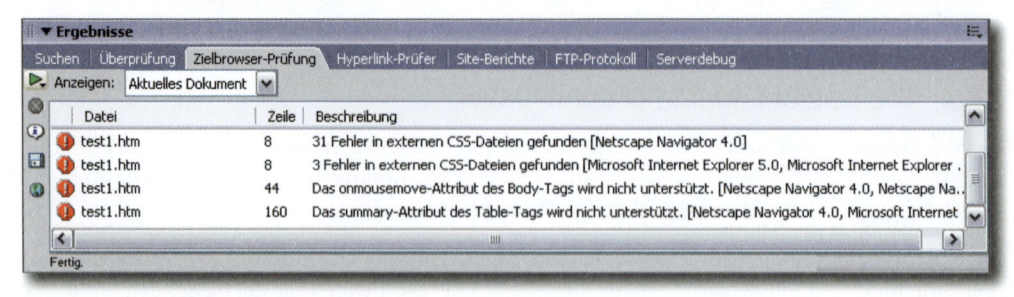

Abb. 1.69 Das Ergebnisse-Bedienfeld

Das Verschieben und Skalieren der Bedienfelder erfolgt so, wie Sie es bereits in Fireworks kennen gelernt haben. Die Dreamweaver-Bedienfelder können ebenfalls in frei schwebende Varianten umgewandelt und im Arbeitsbereich positioniert werden.

Sehen wir uns nun der Reihe nach die Möglichkeiten an, die Sie mit den Funktionen der Bedienfelder haben. Wir gehen dabei in der Reihenfolge vor, in der die Bedienfelder im FENSTER-Menü aufgeführt sind.

Das Bedienfeld CSS-Stile

Sie können beispielsweise Schriftformatierungen in jedem Dokument vornehmen. Wenn Sie dann später Änderungen an allen Seiten der Website vornehmen wollen, kommt eine Menge Arbeit auf Sie zu. Um dies zu verhindern, können Sie die so genannten Cascading Stylesheets verwenden. Dabei können die Formatierungen in einer gesonderten Datei festgelegt werden. Diese lassen sich dann auf alle Dateien des Webs übertragen. So werden Änderungen zum Kinderspiel.

In der linken Spalte der CSS-Liste sehen Sie die CSS-Stile – rechts sind die Formatierungseigenschaften aufgeführt. In der Fußzeile werden Schaltflächen bereitgestellt, um neue Stile zu erstellen, zu bearbeiten oder zu löschen. Die Bearbeitung eines Stils erfolgt in einem gesonderten Dialogfeld.

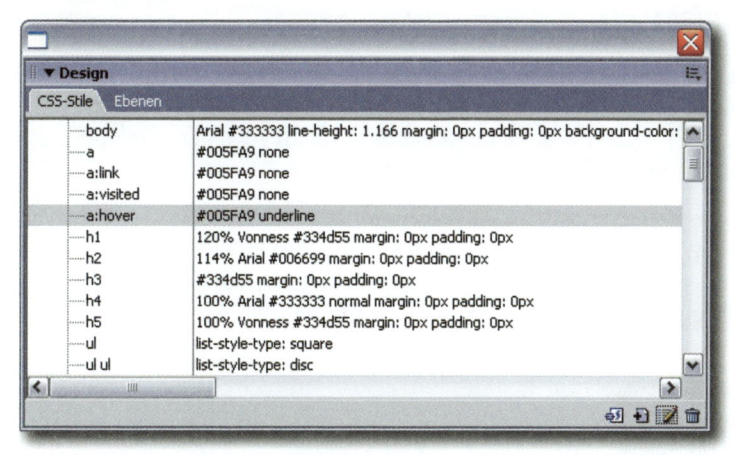

Abb. 1.70 Das Bedienfeld CSS-Stile

Das Ebenen-Bedienfeld

Dreamweaver bietet die Möglichkeit an, bestimmte Bereiche der Webseite in Ebenen anzulegen. Ebenen können unter anderem verwendet werden, um Popupmenüs oder Hinweisschilder aufzubauen. Ebenen können gut für die gesamte Gestaltung einer Webseite eingesetzt werden. Die Verwaltung der Ebenen erfolgt in einem eigenen Bedienfeld. Sie erkennen in der linken Liste den hierarchischen Aufbau der Ebenen.

Rechts daneben wird der so genannte Z-Index angezeigt. Er bestimmt, in welcher Reihenfolge die Ebenen im Webbrowser gezeichnet werden. Mit einem Klick auf das Augensymbol vor dem Eintrag können Ebenen ein- oder ausgeblendet werden.

Abb. 1.71 Das Ebenen-Bedienfeld

Das Verhalten-Bedienfeld

Dreamweaver bietet eine ganze Menge verschiedener vorgefertigter „Programmschnipsel" an, um unterschiedliche Aufgaben zu erledigen. Diese so genannten Verhaltensweisen können Sie verwenden, um beispielsweise Ebenen ein- oder auszublenden, Menüs zu generieren oder auch die Webbrowser-Version zu überprüfen.

Die in JavaScript angefertigten Verhalten werden im folgenden Bedienfeld bereitgestellt. Mit einem Klick auf das Plussymbol öffnen Sie ein Menü mit den vorhandenen Verhalten. Die beiden Schaltflächen links daneben legen fest, ob nur die festgelegten oder alle Ereignisse in der Liste aufgeführt werden sollen. Ist ein Verhalten markiert, kann es mit dem Minussymbol wieder gelöscht werden.

Abb. 1.72 Das Verhalten-Bedienfeld

Codefragmente einsetzen

Wenn Sie bei der Webseitengestaltung bestimmte HTML-Texte immer wieder benötigen, sind die Optionen des CODEFRAGMENTE-Bedienfelds hilfreich. Hier finden Sie zu diversen Themen vorgefertigte Quelltexte, die Sie direkt in den Quellcode übernehmen können. Falls eine Beschreibung aufgrund der Fenstergröße nicht vollständig zu sehen ist, halten Sie den Mauszeiger über den Eintrag. Dann wird die Beschreibung in einem Schildchen angezeigt.

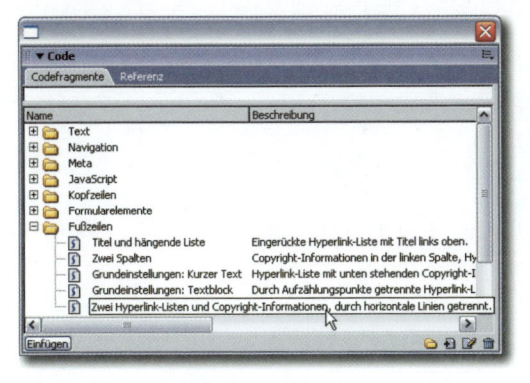

Abb. 1.73 Das Codefragmente-Bedienfeld

Im zweiten Bedienfeld dieser Gruppe finden Sie Referenzen zu allen Markup-Sprachen, Programmiersprachen und CSS-Stilen. Hier gibt es Informationen zu spezifischen Tags, Objekten und Stilen, mit denen in der CODE-Ansicht gearbeitet wird.

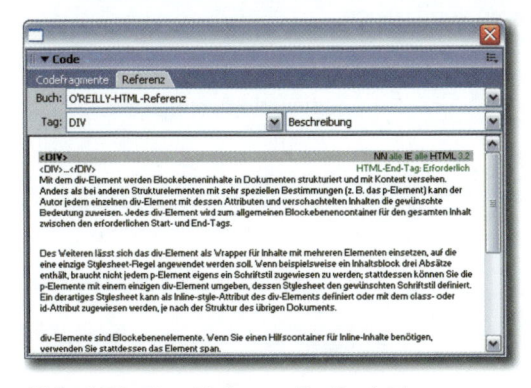

Abb. 1.74 Das Referenz-Bedienfeld

Das Datenbanken-Bedienfeld

Die Bedienfelder der folgenden Gruppe stellen Funktionen für Datenbankanwendungen zur Verfügung. Wenn eine Datenbank angebunden wurde, finden Sie im DATENBANKEN-Bedienfeld die nachfolgend gezeigten Funktionen. Hier werden die Tabellen, Ansichten und gespeicherten Prozeduren verwaltet. Der Aufbau ist auch hier hierarchisch. Ein Klick auf das Plussymbol öffnet die betreffende Rubrik. Danach sehen Sie ein Minussymbol, mit dem die Rubrik wieder geschlossen werden kann.

Abb. 1.75 Das Datenbanken-Bedienfeld

Die anderen Bedienfelder dieser Gruppe können verwendet werden, um beispielsweise Abfragen zu erstellen oder Komponenten einzufügen.

Die Seitenverwaltung

Eine große Bedeutung kommt dem nächsten Bedienfeld zu. Hier werden die Dateien einer Website verwaltet. Sie können Dateien öffnen oder umbenennen. Außerdem können hier Dateien hinzugefügt, verschoben oder gelöscht werden

Sie können auch feststellen, welche Dateien seit der letzten Übertragung erneuert wurden. So kann schnell ein Abgleich mit dem Server erfolgen. In der Symbolleiste finden Sie Funktionen zum Aktualisieren des Caches und zum Übertragen von Dateien.

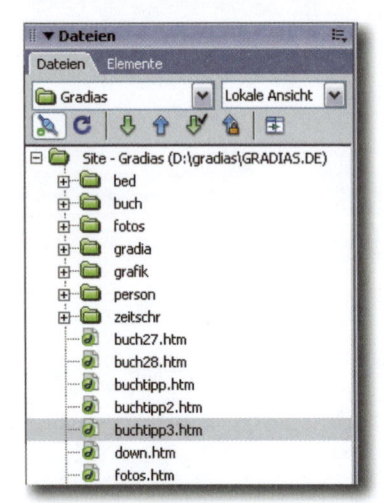

Abb. 1.76 Das Dateien-Bedienfeld

Da bei Webseiten viele einzelne Dateien entstehen, wird es schnell eng im Bedienfeld. Daher ist die letzte Schaltfläche in der Symbolleiste nützlich – damit wird das Bedienfeld maximiert oder anschließend wieder minimiert.

Im oberen rechten Listenfeld können Sie zwischen verschiedenen Ansichten wählen. So ist beispielsweise auch die SITEMAP-ANSICHT interessant, bei der die Verknüpfungen der einzelnen Dateien deutlich wird.

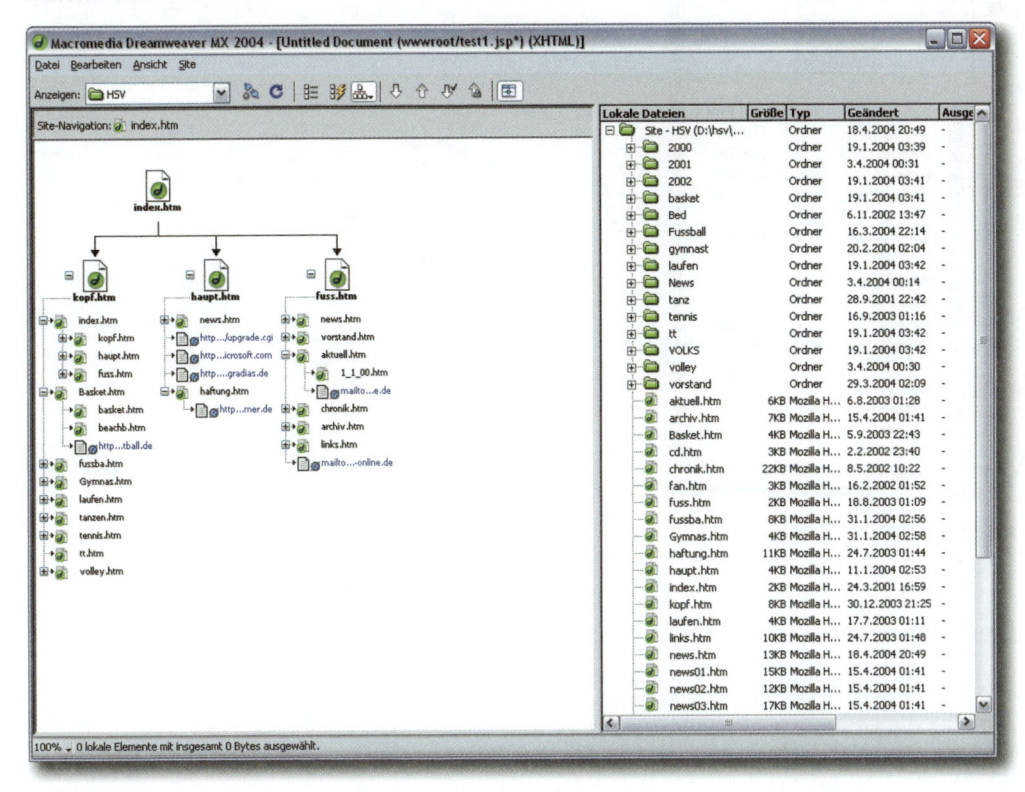

Abb. 1.77 Die Sitemap-Ansicht in der maximierten Variante

> **Die Ansichtsgröße verändern**
>
> Bei der SITEMAP-ANSICHT können Sie zwischen verschiedenen Ansichtsgrößen wählen. Sie werden in einer Liste angeboten, die Sie über den Pfeil im Feld ganz links in der Statuszeile öffnen.

Das Elemente-Bedienfeld

Im ELEMENTE-Bedienfeld stellt Dreamweaver eine Bibliothek bereit. Hier werden unter anderem alle Bilder, URLs, Filme oder auch Skripte der Webseite aufgelistet. So können Sie zum Beispiel schnell Bilder in das HTML-Dokument übernehmen. Im oberen Bereich wird ein Vorschaubild angezeigt. Diesen Bereich können Sie vergrößern, indem Sie den Steg mit gedrückter linker Maustaste nach unten ziehen. Um ein markiertes Element zu übernehmen, verwenden Sie die EINFÜGEN-Schaltfläche in der Fußzeile des Bedienfelds.

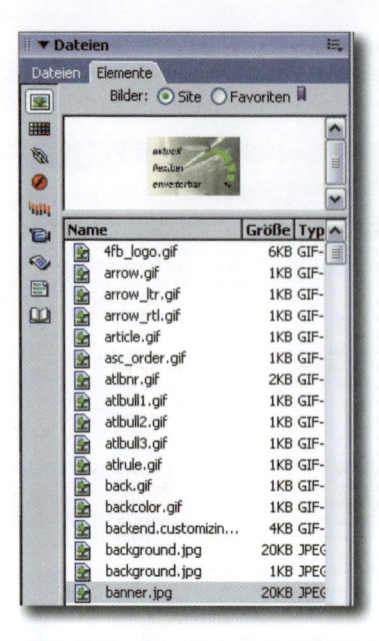

Abb. 1.78 Das Elemente-Bedienfeld

Der Tag-Inspektor

Der TAG-INSPEKTOR kann auch über das Tastenkürzel F9 aufgerufen werden. Hier werden zu jedem Tag die passenden Attribute aufgelistet und können so schnell eingestellt werden. In der Titelzeile des Bedienfelds sehen Sie den aktuellen Tag. Je nach aktuellem Tag ändern sich natürlich die angebotenen Attribute. Nach dem Anklicken eines Attributs kann im rechten Bereich der gewünschte Wert eingegeben werden.

Abb. 1.79 Der Tag-Inspektor

In derselben Bedienfeldgruppe finden Sie auch das Bedienfeld RELEVANTE CSS, wo die Attribute der Cascading Stylesheets angepasst werden können.

Abb. 1.80 Das Bedienfeld Relevante CSS

Das Verlauf-Bedienfeld

Das VERLAUF-Bedienfeld listet alle vorgenommenen Arbeitsschritte auf, sodass Sie zu einem vorherigen Arbeitsstadium zurückkehren können. Klicken Sie dazu einfach den gewünschten Eintrag an. Die voreingestellte Anzahl von 50 Arbeitsschritten können Sie übrigens über die Funktion BEARBEITEN/VOREINSTELLUNGEN in der Rubrik ALLGEMEIN verändern. Um den Verlauf zu leeren, kann die gleichnamige Funktion aus dem Menü der zusätzlichen Funktionen verwendet werden.

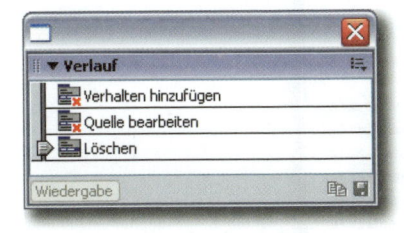

Abb. 1.81 Das Verlauf-Bedienfeld

> Es ist empfehlenswert, den voreingestellten Wert der protokollierten Arbeitsschritte zu erhöhen. Über 100 sollte der Wert schon liegen.

Das Frames-Bedienfeld

Wenn Sie Ihre Webseite aus Frames aufgebaut haben, kann die Auswahl eines Frames im FRAMES-Bedienfeld vorgenommen werden.

Abb. 1.82 Das Frames-Bedienfeld

Der Codeinspektor

Neben der HTML-Ansicht können Sie auch die Optionen des CODEINSPEKTORS verwenden. Hier gibt es einige zusätzliche Optionen. Neben dem Quelltext werden zum Beispiel auch die Zeilennummern angezeigt, sodass eine Orientierung leichter fällt. Außerdem können Sie fehlerhaften HTML-Code markieren lassen. In der Titelzeile werden Optionen angeboten, um unter anderem die Vorschau im Webbrowser oder die Referenz aufzurufen.

Abb. 1.83 Der Codeinspektor

Fehlerhafter Quellcode wird unterkringelt dargestellt. Dies sahen Sie zuvor in der zweiten Zeile. Halten Sie den Mauszeiger über den fehlerhaften Code, wird in einem Schildchen der Grund der Markierung angezeigt.

```
42  </script>
43  </head>
44  <body onmousemove="closesubnav(event);">
45  <div id="mas  Das onmousemove-Attribut des Body-Tags wird nicht unterstützt. [Netscape
46     <h1 id="si     Navigator 4.0, Netscape Navigator 6.0]
47     <div id="utility">
48        <a href="#">Utility Link</a> | <a href="#">Utility Link</a> | <a hre
49        Link</a>
50     </div>
51     <div id="globalNav">
52        <img alt="" src="gblnav_left.gif" height="32" width="4" id="gnl" />
53        <div id="globalLink">
```

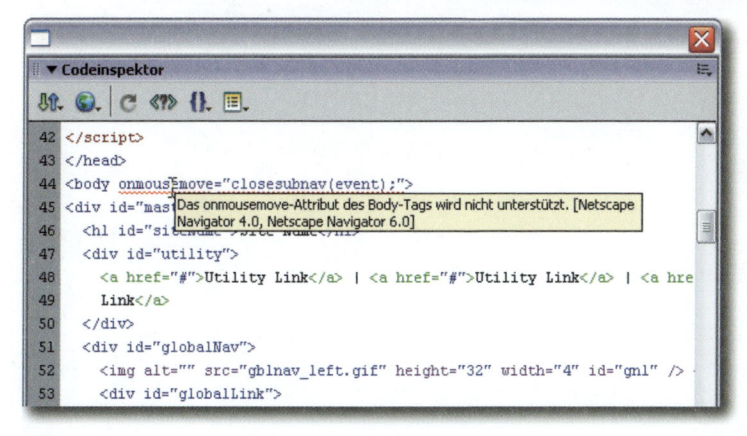

Abb. 1.84 Hinweis des fehlerhaften Quellcodes

Im Menü der rechten Maustaste finden Sie die Funktion EINSTELLUNGEN. Im folgenden Dialogfeld können Sie die Einstellungen für die gewünschten Webbrowser-Versionen und -Typen angeben. Die Standardvorgaben sehen Sie im folgenden Bild.

Abb. 1.85 Einstellung der Browser-Versionen

Kapitel 2

Die ersten Arbeiten: Eine Homepage auf die Schnelle

In diesem Kapitel ...

2.1	**Die Aufgabenstellung**	57
2.2	**Eine Beispieldatei öffnen**	57
	2.2.1 Das Dokument untersuchen	58
2.3	**Anpassen des Dokuments**	63
	2.3.1 Anpassen des Popupmenüs	66
2.4	**Exportieren des Ergebnisses**	67
2.5	**Das Dokument in Dreamweaver öffnen**	69
	2.5.1 Die Webseite untersuchen	70
	2.5.2 Den Quellcode begutachten	76

2.1 Die Aufgabenstellung

Für den ersten Workshop haben wir uns eine relativ einfache Aufgabenstellung ausgesucht. Wir wollen zunächst eine Vorlage in Fireworks bearbeiten und anschließend in Dreamweaver übernehmen. Dabei lernen Sie die verschiedenen Arbeitsweisen der beiden Programme kennen.

2.2 Eine Beispieldatei öffnen

Starten Sie zunächst Fireworks. Verwenden Sie die Ordner-Schaltfläche im Bereich ZULETZT GE-ÖFFNETES ELEMENT ÖFFNEN, um eine Datei auf der Festplatte zu suchen.

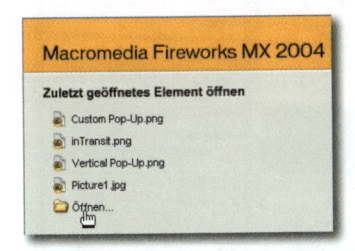

Abb. 2.1 Öffnen einer bestehenden Datei

Im folgenden Dialogfeld kann die gewünschte Datei gesucht werden – Sie kennen dieses Standarddialogfeld schon aus anderen Windows-Anwendungen. Nach dem Markieren einer Datei sehen Sie oben rechts ein Vorschaubild. Fireworks unterstützt sehr viele gängige Grafikformate. Sie finden diese im DATEITYP-Listenfeld.

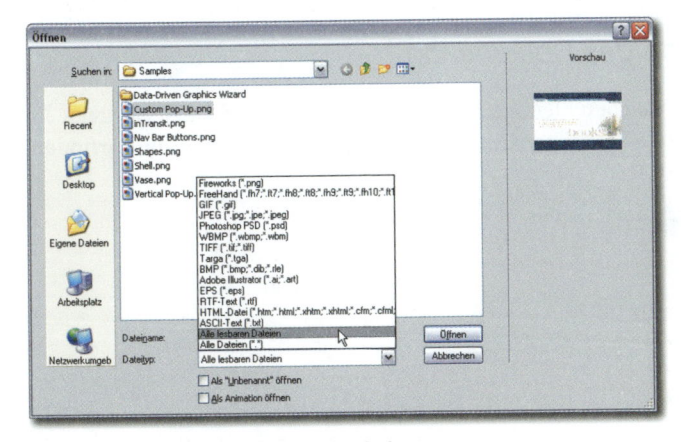

Abb. 2.2 Die unterstützten Grafikformate

2.2.1 Das Dokument untersuchen

Nach dem Öffnen des Dokuments sehen Sie in der Originalansicht die nachfolgend abgebildete Situation. Es wird automatisch eine Darstellungsgröße verwendet, in der das Dokument vollständig zu sehen ist. In unserem Fall sind dies 95 %, wie ein Blick in die Statuszeile des Dokumentfensters belegt.

Abb. 2.3 Das geöffnete Dokument

Die verschiedenen Ebenen des Dokuments

Sehen wir uns jetzt einmal an, aus welchen Elementen das Dokument besteht. Dazu ist zuerst ein Blick in das EBENEN-Bedienfeld interessant. Hier könnten Sie die folgende Anordnung vorfinden, wenn die Ordner zugeklappt sind.

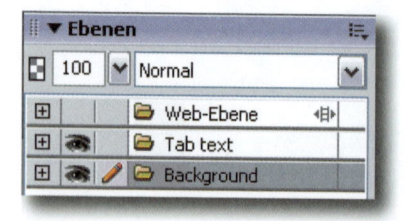

Abb. 2.4 Die Ebenen des Dokuments

Wenn Sie die einzelnen Ordner aufklappen, sehen Sie, dass eine ganze Menge Ebenen zur Gestaltung der Webseite verwendet wurden. Wenn Sie wissen wollen, was sich hinter den einzelnen Ebenen verbirgt, markieren Sie die betreffende Ebene im EBENEN-Bedienfeld. Sie sehen dann im Dokumentfenster eine blaue Umrandungslinie um das betreffende Element. So haben wir nachfolgend eine Textebene im BACKGROUND-Ordner markiert.

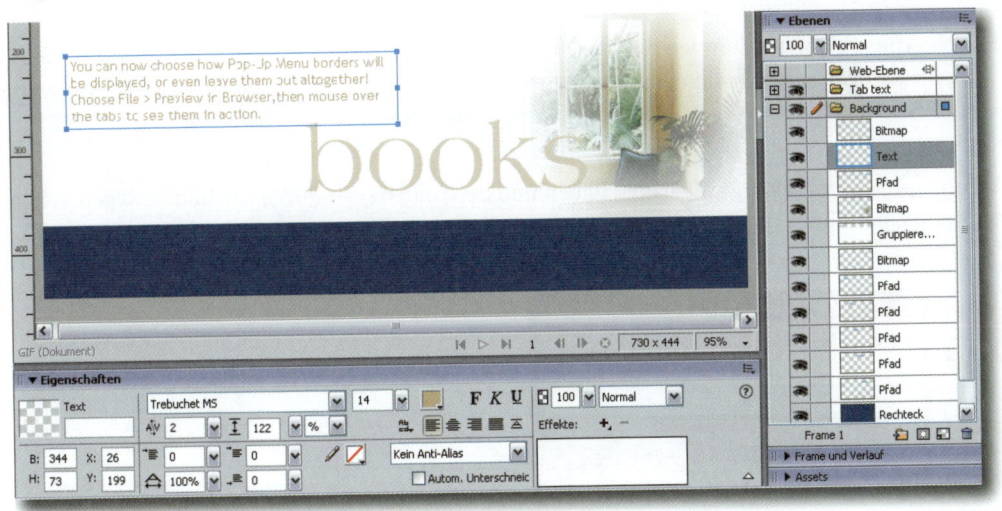

Abb. 2.5 Eine Ebene wurde markiert

Vor den Einträgen sehen Sie ein Augensymbol. Wenn Sie darauf klicken, wird die betreffende Ebene ausgeblendet. Ein erneutes Anklicken blendet die Ebene wieder ein. Der erste Ordner war zuvor ausgeblendet. Wenn Sie ihn einblenden, werden die Elemente der WEB-EBENE angezeigt.

Dort sind Segmente und Hotspots untergebracht. Sie erkennen diese Elemente anschließend an der grünen Hervorhebung im Dokumentfenster. Die Elemente der Navigationsleiste sind jeweils mit einem Segment versehen.

Abb. 2.6 Die Web-Ebene wurde eingeblendet

> Die WEB-EBENE können Sie alternativ auch über die Ansichtsoptionen des Werkzeuge-Bedienfelds ein- oder ausblenden.

Objekte markieren

Die einzelnen Elemente können Sie auch im Dokumentfenster markieren. Dies ist nötig, wenn Sie Objekte bearbeiten wollen – um sie zum Beispiel zu verschieben oder zu transformieren. Dazu benötigen Sie das Zeigerwerkzeug, das Sie ganz oben links im Werkzeuge-Bedienfeld finden.

Wenn Sie dieses Werkzeug aufgerufen haben und den Mauszeiger durch das Bild bewegen, sehen Sie beim Überfahren von Elementen einen roten Rahmen. So erkennen Sie die einzelnen Objekte.

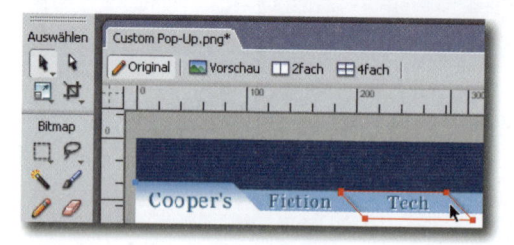

Abb. 2.7   Überfahren eines Objekts

Sehen Sie den roten Rahmen, können Sie das Objekt anklicken – es wird dann markiert. Sie sehen anschließend eine blaue Umrandungslinie zur Hervorhebung. Dann kann das Objekt bearbeitet werden. Die dazugehörenden Objekteigenschaften finden Sie im EIGENSCHAFTEN-Bedienfeld. So erkennen Sie dort beispielsweise, dass am markierten Objekt ein SCHLAGSCHATTEN-Effekt angewendet wurde.

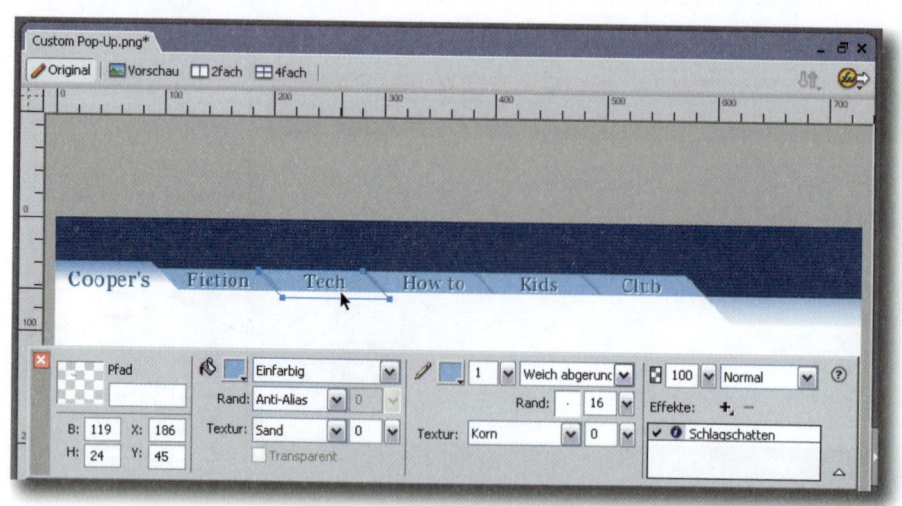

Abb. 2.8   Das markierte Objekt

Die Eigenschaften des angewendeten Effekts können Sie ändern, indem Sie auf das „i"-Symbol klicken. Damit öffnen Sie ein Menü, in dem die Optionen angezeigt werden. Für den SCHLAG-SCHATTEN-Effekt gibt es die folgenden Optionen.

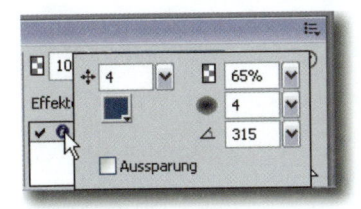

Abb. 2.9 Das markierte Objekt

Segmente begutachten

Wenn Sie die WEB-EBENE eingeblendet haben, können Sie die Segmente mit dem Zeigerwerkzeug markieren. Nach dem Anklicken sehen Sie in der Mitte des Segments ein rundes Symbol. Klicken Sie dies mit der rechten Maustaste an, werden im Kontextmenü verschiedene Verhaltensweisen angeboten, die Sie dem Segment zuweisen können.

Wurde dem Segment schon ein Verhalten zugewiesen, wird im Kontextmenü anstatt der ... HIN-ZUFÜGEN-Option die ... BEARBEITEN-Option aktivierbar. Dies ist zum Beispiel beim zweiten Segment unseres Dokuments zu sehen. An den Markierungslinien erkennen Sie außerdem, dass dort ein Popupmenü hinzugefügt wurde. Dies zeigt nachfolgend die rechte Abbildung.

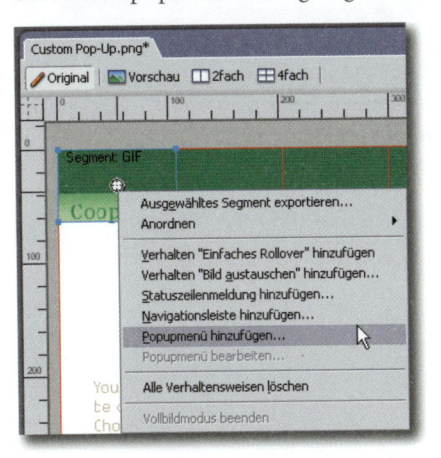

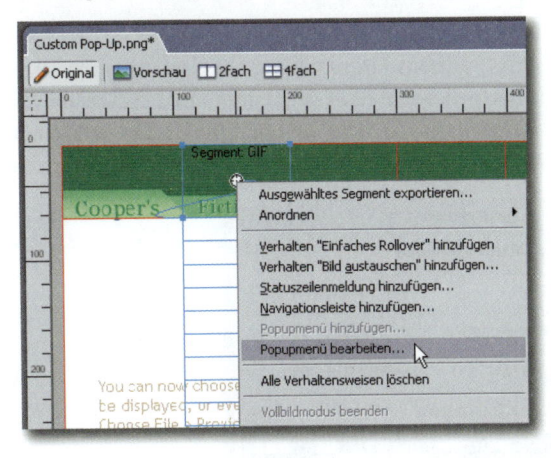

Abb. 2.10 Optionen der Segmente

Um sich die Optionen des Verhaltens anzusehen, können Sie entweder die Funktionen des Kontextmenüs oder die des VERHALTEN-Bedienfelds verwenden.

Die Optionen des Popupmenüs sind in einem gesonderten Dialogfeld auf vier Registerkarten verteilt. Hier können Sie die verwendeten Einträge und die damit verbundenen Links sowie das Aussehen des Menüs anpassen. So gibt es auf der ERWEITERT-Registerkarte die nachfolgend gezeigten Optionen.

Abb. 2.11 Optionen des Popupmenüs

> Fireworks generiert beim Export automatisch den notwendigen JavaScript-Quellcode für die Verhaltensweisen.

Jedem Segment können Sie gesonderte Exporteinstellungen zuweisen. Dies ist praktisch, wenn Sie beispielsweise das GIF-Dateiformat verwenden. Dann können Farben „gespart" werden. Die aktuelle Export-Palette können Sie im OPTIMIEREN-Bedienfeld begutachten. Die Farben, die für das zweite Segment benötigt werden, sehen Sie im folgenden Bild.

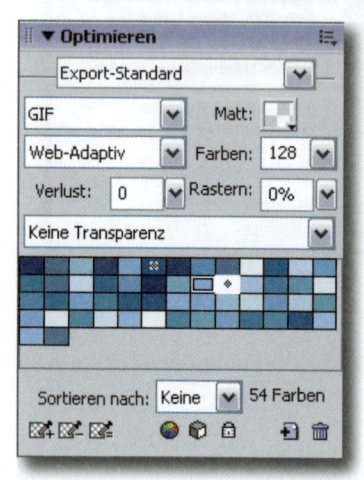

Abb. 2.12 Die Exporteinstellungen eines Segments

2.3 Anpassen des Dokuments

Nun sollen am Dokument ein paar Veränderungen vorgenommen werden. Die Texte dienen momentan als Platzhalter und sollen durch konkreten Inhalt ersetzt werden.

1 Klicken Sie mit dem Zeigerwerkzeug doppelt auf den Mengentext, damit er editiert werden kann. Alternativ dazu können Sie auch den Text markieren und dann das Textwerkzeug aus dem Werkzeuge-Bedienfeld aufrufen. Wenn Sie anschließend vor das erste Textzeichen klicken, sehen Sie einen blinkenden Textcursor – so, wie Sie es aus Textbearbeitungsprogrammen kennen. Sie können dann den Text eingeben.

Abb. 2.13 Ein blinkender Textcursor kennzeichnet die Editiermöglichkeit

2 Markieren Sie den bestehenden Text. Dies können Sie entweder durch Verziehen des Mauszeigers mit gedrückter linker Maustaste oder mit den Pfeiltasten erledigen. Dabei müssen Sie die ⇧-Taste drücken, wie Sie es auch aus Textbearbeitungsprogrammen kennen. Der markierte Text wird schwarz markiert hervorgehoben.

Abb. 2.14 Der Text wurde markiert

3 Tippen Sie nun den gewünschten neuen Text ein. Der vorherige Text wird dabei überschrieben. Drücken Sie die ↵-Taste, um einen neuen Absatz einzustellen. Der Text erhält zunächst die Formatierung, die auch der Platzhalter-Text hatte. So könnten Sie beispielsweise folgendes Stadium vorfinden:

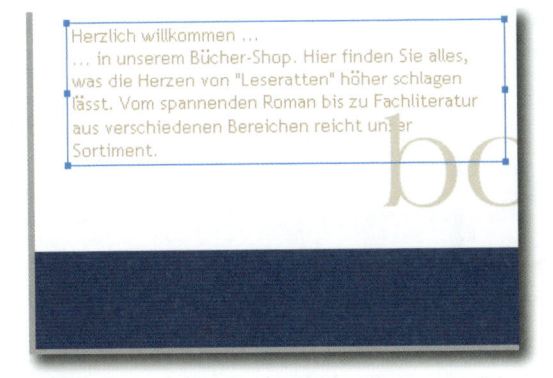

Abb. 2.15 Der ausgetauschte Text

4 Die Buchstaben des Textobjekts können unterschiedlich formatiert werden. Markieren Sie daher die erste Zeile und stellen Sie im EIGENSCHAFTEN-Bedienfeld eine neue Schriftgröße von 30 ein.

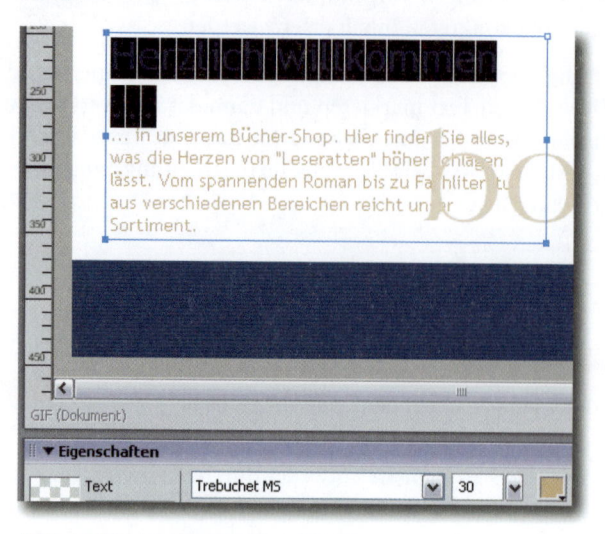

Abb. 2.16   Neu formatierter Text

5 Durch die neue Schriftgröße hat sich ein Zeilenumbruch ergeben. Sie können den Textrahmen verbreitern, indem Sie den rechten mittleren Markierungspunkt des Rahmens mit gedrückter linker Maustaste nach rechts verziehen. Sie sehen dies im folgenden Bild.

Abb. 2.17   Verbreitern des Textrahmens

6 Um den Abstand der Überschrift zum Text zu vergrößern, können Sie beispielsweise vor dem Fließtext einen Zeilenumbruch einfügen.

Abb. 2.18   Der Abstand wurde vergrößert

7 Wenn Sie das Textelement nun mit dem Zeigerwerkzeug auswählen, können Sie es mit gedrückter linker Maustaste verschieben.

Während des Verschiebens wird die Ausdehnung der Ebene in den Linealen hervorgehoben, sodass die Orientierung leichter fällt.

Abb. 2.19 Der Text wird verschoben

Anpassen der weiteren Texte

Auf dieselbe Art sollen auch die Texte der Navigationsleiste angepasst werden. Dazu müssen Sie die Textelemente der Reihe nach mit dem Textwerkzeug anklicken. Damit der Text zentriert ausgerichtet wird, müssen Sie die nachfolgend abgebildete Schaltfläche im Eigenschaften-Bedienfeld aktivieren.

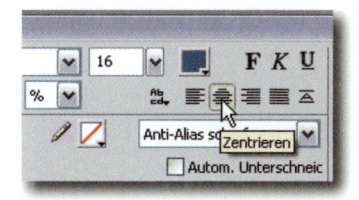

Abb. 2.20 Zentrieren des Textes

Passen Sie nun die Texte an. Die Effekte sind von den Änderungen übrigens nicht betroffen – sie bleiben auch nach dem Editieren erhalten. So könnten Sie nach dem Editieren aller Textobjekte folgende Situation vorfinden:

Abb. 2.21 Die editierten Texte

2.3.1 Anpassen des Popupmenüs

Blenden Sie nun die WEB-EBENE ein, um die Einstellungen des Popupmenüs ändern zu können. Markieren Sie das zweite Segment und klicken Sie das Kreissymbol mit der rechten Maustaste an. Rufen Sie aus den Kontextmenü die Option POPUPMENÜ BEARBEITEN auf. Auf der INHALT-Registerkarte können Sie die gewünschten Menüinhalte benennen. Klicken Sie zweimal auf ein Tabellenfeld, um in den Editiermodus zu wechseln.

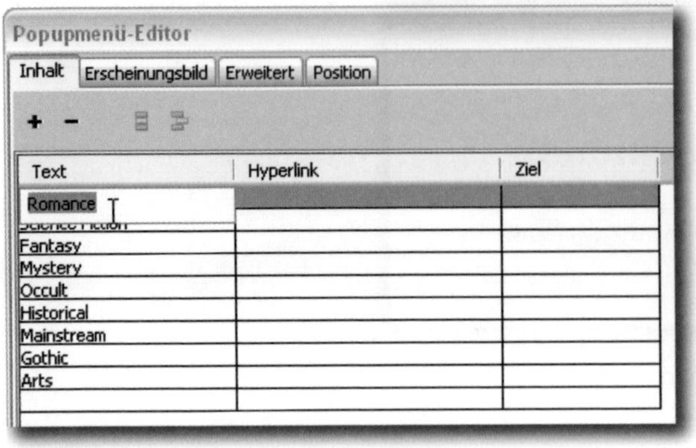

Abb. 2.22 Wechsel in den Editiermodus

Bestätigen Sie die neue Eingabe mit der ⏎-Taste. Damit wechseln Sie automatisch zum Feld darunter. Wenn Sie Einträge löschen wollen, markieren Sie den betreffenden Eintrag und klicken Sie auf die Schaltfläche mit dem Minussymbol in der Kopfzeile des Dialogfelds. So könnten Sie anschließend folgendes Stadium erhalten.

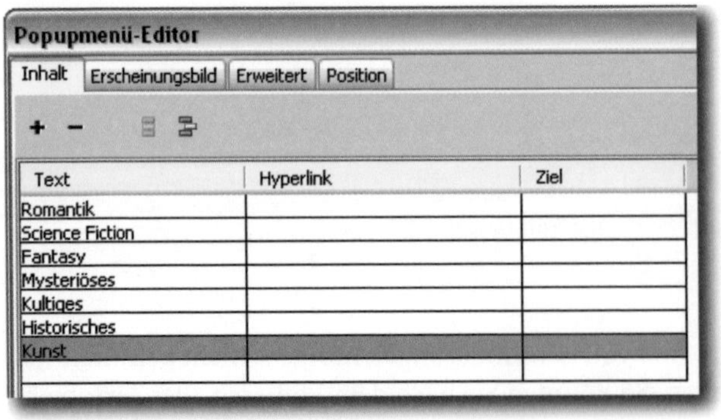

Abb. 2.23 Das editierte Menü

In der HYPERLINK-Spalte kann die Webseite angegeben werden, zu der beim Aufruf des Menüpunktes verzweigt werden soll. Die ZIEL-Spalte legt fest, wo die Seite geöffnet wird. _BLANK lädt dabei das Dokument in ein neues, eigenständiges Webbrowser-Fenster.

Mit der Option _PARENT wird das Dokument im übergeordneten Frame eines Framesets geöffnet. Die Option _SELF lädt das Dokument im aktuellen Rahmen. Mit der Option _TOP werden alle Frames gelöscht und das Dokument im aktuellen Webbrowser-Fenster geöffnet.

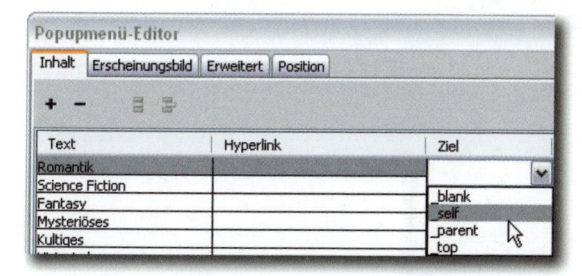

Abb. 2.24 Die Ziel-Optionen

Gegebenenfalls können Sie noch das Erscheinungsbild anpassen. Die Optionen erreichen Sie mit einem Klick auf den gleichnamigen Registerkartenreiter oder über die WEITER-Schaltfläche. Mit der FERTIG-Schaltfläche wird die Bearbeitung abgeschlossen.

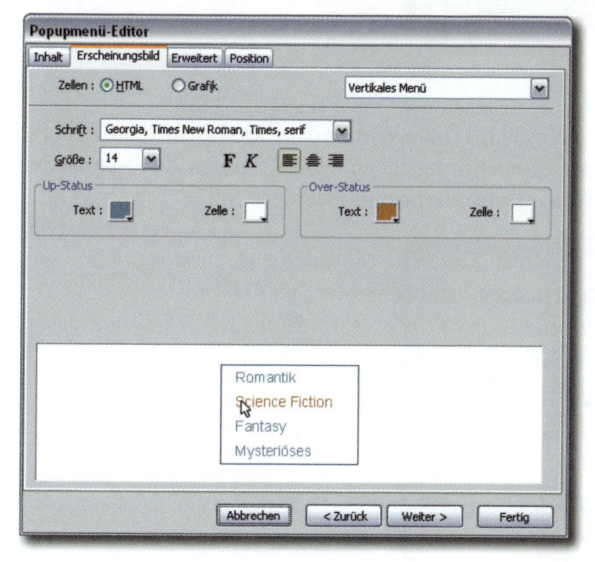

Abb. 2.25 Die Optionen zum Anpassen des Erscheinungsbilds

2.4 Exportieren des Ergebnisses

Nach diesen kleineren Änderungen soll das Ergebnis nun nach Dreamweaver exportiert werden. Speichern Sie zunächst die Veränderungen mit der Funktion DATEI/SPEICHERN UNTER. Fireworks speichert dabei das Ergebnis im PNG-Dateiformat. In diesem „Originalformat" bleiben alle Ebenen und Effekte erhalten.

> Auch wenn Sie Ergebnisse in den Web-Dateiformaten GIF oder JPEG speichern, muss zusätzlich immer die Originaldatei gesichert werden, um später den Aufbau der Ebenen noch verändern zu können.

Um das Ergebnis für die Weiterbearbeitung in Dreamweaver vorzubereiten, verwenden Sie die Funktion DATEI/EXPORTIEREN, die Sie auch über die komplizierte Tastenkombination [Strg]+[⇧]+[R] erreichen. Im unteren Bereich des Dialogfelds, das dann geöffnet wird, finden Sie verschiedene Exportoptionen.

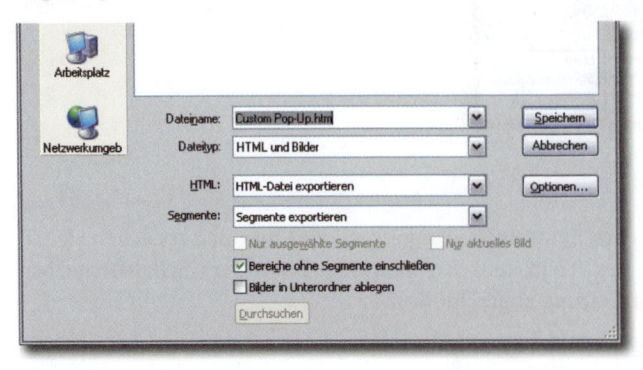

Abb. 2.26 Optionen beim Exportieren

Über die OPTIONEN-Schaltfläche öffnen Sie ein weiteres Dialogfeld, in dem Sie verschiedene Exporteinstellungen anpassen können – wie etwa die Benennung der einzelnen Dateien. Die Namen der Segmente können aus diversen Informationen zusammengesetzt werden.

Abb. 2.27 Optionen zur Benennung der Dateien

> **Standardeinstellungen festlegen**
>
> Wenn Sie auch bei kommenden Dokumenten dieselben Einstellungen für die Namensgebung verwenden wollen, rufen Sie die Schaltfläche STANDARDEINSTELLUNGEN FESTLEGEN auf der Registerkarte DOKUMENTSPEZIFISCH auf.

Nach dem Bestätigen werden automatisch eine HTML-Datei und die dazugehörenden Bilder erstellt. Für jedes Segment wird ein eigenes Bild erstellt. Außerdem wird eine Datei mit der Dateiendung *.js generiert, die den JavaScript-Quellcode für das Popupmenü enthält.

2.5 Das Dokument in Dreamweaver öffnen

Sie können nun Fireworks beenden und Dreamweaver starten. Aktivieren Sie die ÖFFNEN-Schaltfläche im Bereich ZULETZT GEÖFFNETE DATEIEN ÖFFNEN des Startbildschirms. Im folgenden Dialogfeld kann die zuvor gespeicherte HTML-Datei gesucht werden.

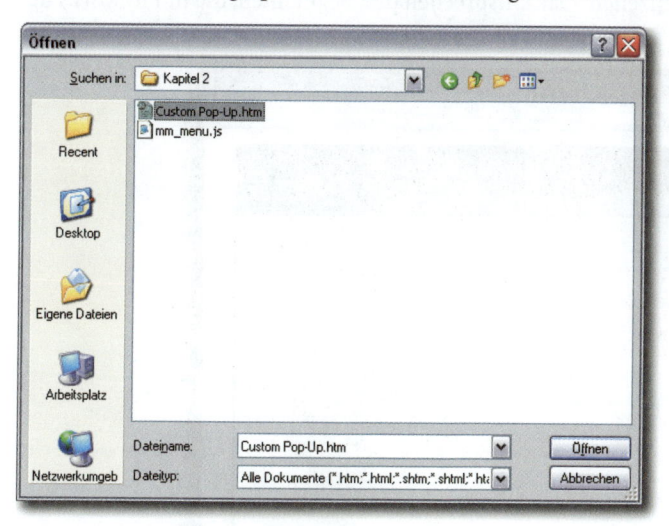

Abb. 2.28 Öffnen der Datei

Die Datei sieht nach dem Öffnen genauso aus wie in Fireworks, wie die folgende Abbildung belegt.

Abb. 2.29 Die Webseite in Dreamweaver

2.5.1 Die Webseite untersuchen

Beim Export aus Fireworks wurden die einzelnen Bilder in einer Tabelle zusammengesetzt. Den Aufbau der Tabelle können Sie leicht erkennen, wenn Sie die einzelnen Bilder der Reihe nach mit gedrückter ⇧-Taste anklicken. Damit werden sie nämlich ausgewählt. Die Umrandungslinien zeigen dann die einzelnen Tabellenzellen – sie entsprechen den Segmenten, die in Fireworks definiert wurden.

Abb. 2.30 Die einzelnen Tabellenzellen wurden markiert

> **Keine editierbaren Texte**
>
> Alle Texte wurden beim Export in Pixelbilder umgewandelt. Daher können Sie die Texte in Dreamweaver nicht mehr editieren. Dies ist immer dann sinnvoll, wenn Sie Schrifttypen verwenden wollen, von denen Sie nicht wissen, ob sie auf dem Rechner des Websurfers installiert sind.

Die Informationen des markierten Bilds finden Sie im EIGENSCHAFTEN-Bedienfeld. Hier sehen Sie unter anderem die Maße des Bilds.

Abb. 2.31 Die Eigenschaften des Bilds

2.5 Das Dokument in Dreamweaver öffnen

In der zweiten Zeile des EIGENSCHAFTEN-Bedienfelds finden Sie verschiedene Schaltflächen zur Bearbeitung der Bilder. Sehr praktisch sind dabei die beiden letzten Schaltflächen. Damit können Sie nämlich Helligkeit und Kontrast sowie die Schärfe des Bilds verändern, ohne dass Sie extra Fireworks starten müssen.

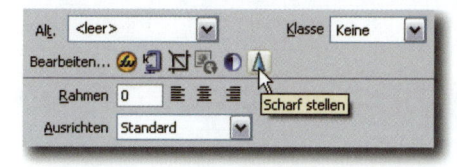

Abb. 2.32 Bildbearbeitungsfunktionen

Die beiden ersten Schaltflächen werden benötigt, um das Bild in Fireworks zu bearbeiten oder zu optimieren. Nach dem Aufruf können Sie entscheiden, ob das verwendete GIF-Bild oder die Originaldatei bearbeitet werden soll. Sie sollten die PNG-Originaldatei bearbeiten. Schon deshalb ist es wichtig, die Originaldatei zu speichern.

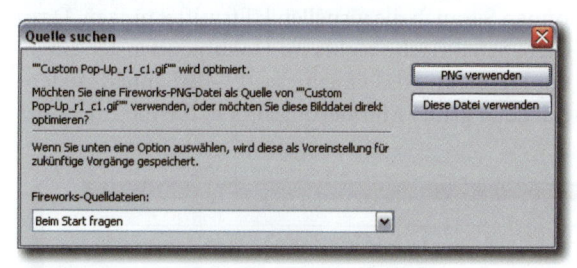

Abb. 2.33 Bildoptimierung in Fireworks

Nach dem Bestätigen wird direkt das Exportvorschau-Dialogfeld geöffnet, in dem die Optimierungseinstellungen angepasst werden können.

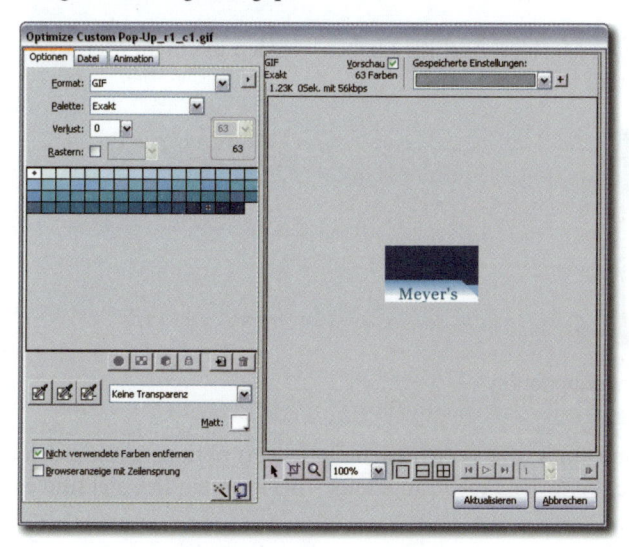

Abb. 2.34 Die Exportvorschau

Wenn Sie die Bearbeitungsoption über die erste Schaltfläche aufrufen, wird Fireworks gestartet. Im Dokumentfenster finden Sie dann zusätzlich die FERTIG-Schaltfläche, mit der Sie die Bearbeitung beenden können. Damit wird das Bild in Dreamweaver automatisch aktualisiert. Fireworks muss allerdings „manuell" beendet werden.

Abb. 2.35 Eine zusätzliche Schaltfläche

Die visuellen Hilfsmittel nutzen

Um die Tabellenstruktur zu begutachten, können Sie auch die visuellen Hilfsmittel nutzen. Dazu müssen die visuellen Hilfsmittel über die letzte Schaltfläche rechts im Dokumentfenster eingeblendet werden. Wenn Sie eines der Bilder markieren und das EIGENSCHAFTEN-Bedienfeld zuklappen, sehen Sie unter dem Dokument verschiedene grüne Markierungslinien, die die Breite der Tabellenspalten anzeigen.

Abb. 2.36 Die visuellen Hilfsmittel

Wenn Sie auf einen der Pfeile der ersten Markierungslinie klicken, werden in einem Menü verschiedene Spaltenfunktionen angeboten.

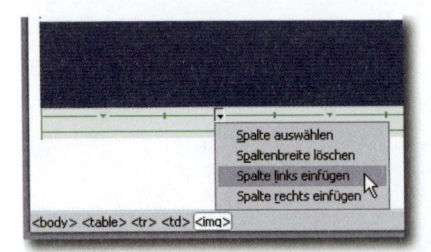

Abb. 2.37 Hier finden Sie einige Spaltenoptionen

Im Menü des Pfeils auf der zweiten Linie finden Sie verschiedene Tabellenfunktionen. Außerdem wird auf der Linie auch die festgelegte Breite der Tabelle angezeigt – bei unserem Beispiel sind es 730 Pixel.

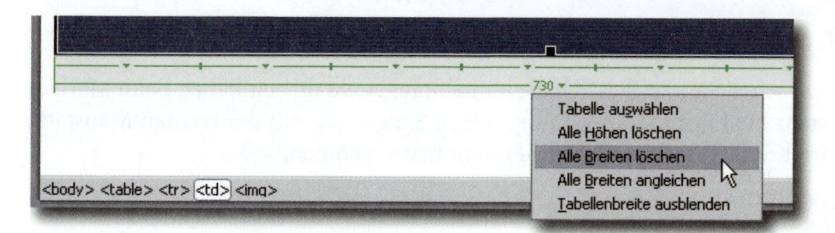

Abb. 2.38 Hier sehen Sie einige Tabellenoptionen

Die Vorschau ansehen

Wenn Sie die Popupmenüs testen wollen, können Sie die Webbrowser-Vorschau mit dem Tastenkürzel F12 aufrufen. Damit starten Sie den Webbrowser, der in den Voreinstellungen in der Rubrik VORSCHAU IN BROWSER als Primärbrowser festgelegt wurde. Sie erreichen die Voreinstellungen über das BEARBEITEN-Menü. Überfahren Sie einen der Menüpunkte mit dem Mauszeiger, wird das Popupmenü wie folgt geöffnet.

Abb. 2.39 Die Popupmenüs in der Vorschau

Sie können in den Voreinstellungen auch mehrere Webbrowser angeben. Dies erleichtert den Vergleich der Webseite in verschiedenen Browsern.

Tags editieren

Unter dem Dokument sehen Sie alle Tags, die die momentane Auswahl beinhaltet. Beim Markieren eines Bilds entsteht die folgende Anordnung. Wenn Sie ein Tag mit der rechten Maustaste anklicken, werden im Kontextmenü einige Tag-Funktionen angeboten.

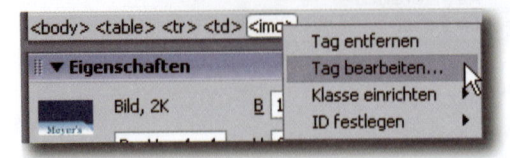

Abb. 2.40 Funktionen des Kontextmenüs

Mit der Funktion TAG BEARBEITEN wird folgendes Fenster eingeblendet. Hier können Sie die Optionen des Tags direkt verändern. Tippen Sie einfach die neuen Werte, wie etwa Höhe oder Breite, ein.

Abb. 2.41 Werte anpassen

Wenn Sie sich noch einen Mausklick sparen wollen, können Sie auch nach dem Markieren des Tags die folgende Schaltfläche im EIGENSCHAFTEN-Bedienfeld aufrufen. Dann wird neben dem EIGENSCHAFTEN-Bedienfeld das Editierfeld geöffnet.

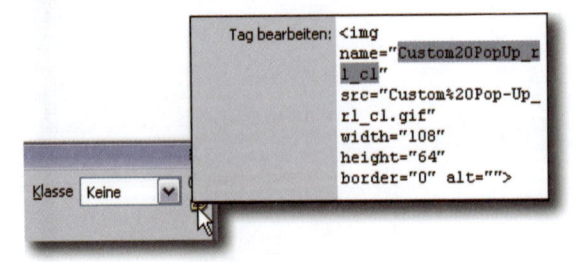

Abb. 2.42 Tag-Bearbeitung auf die Schnelle

> **Schneller Aufruf**
>
> Soll das Bearbeitungsfenster ganz schnell aufgerufen werden, können Sie alternativ dazu auch die Tastenkombination [Strg]+[T] verwenden. Es wird damit über dem Dokumentfenster geöffnet.

Mit der Funktion MODIFIZIEREN/TAG BEARBEITEN öffnen Sie das folgende Dialogfeld. Hier werden alle möglichen Optionen hierarchisch sortiert angeboten. Klicken Sie auf den Pfeil neben der Bezeichnung TAG-INFO, um im unteren Bereich Erläuterungen zum Tag einzublenden.

Abb. 2.43 Die Optionen des Tag-Editors

Im EIGENSCHAFTEN-Bedienfeld werden jeweils die zum markierten Tag passenden Optionen angezeigt. So werden bei der Auswahl des `<td>`-Tags die Optionen zum Formatieren der Tabellenzelle bereitgestellt.

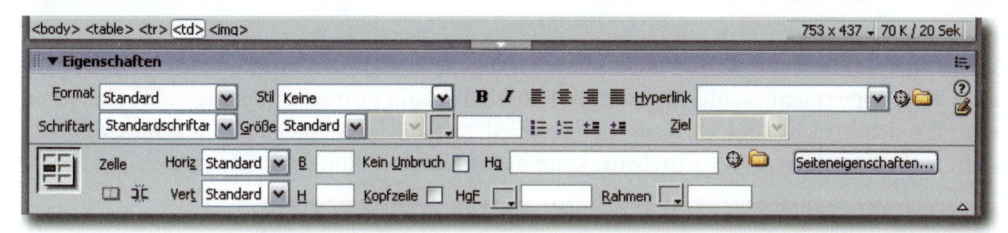

Abb. 2.44 Die Optionen des `<td>`-Tags

Wird das `<table>`-Tag markiert, werden ganz andere Optionen angezeigt. Diese bestimmen die Eigenschaften der Tabelle. Hier werden unter anderem die Zellen- und Spaltenanzahl sowie deren Breite und Ausrichtung festgelegt.

Abb. 2.45 Die Optionen des `<table>`-Tags

2.5.2 Den Quellcode begutachten

Wenn Sie die TEILEN-Ansicht verwenden, wird im oberen Bereich der HTML-Quellcode angezeigt. Die Höhe des Bereichs können Sie ändern, indem Sie den Steg zwischen den Bereichen mit gedrückter linker Maustaste verziehen.

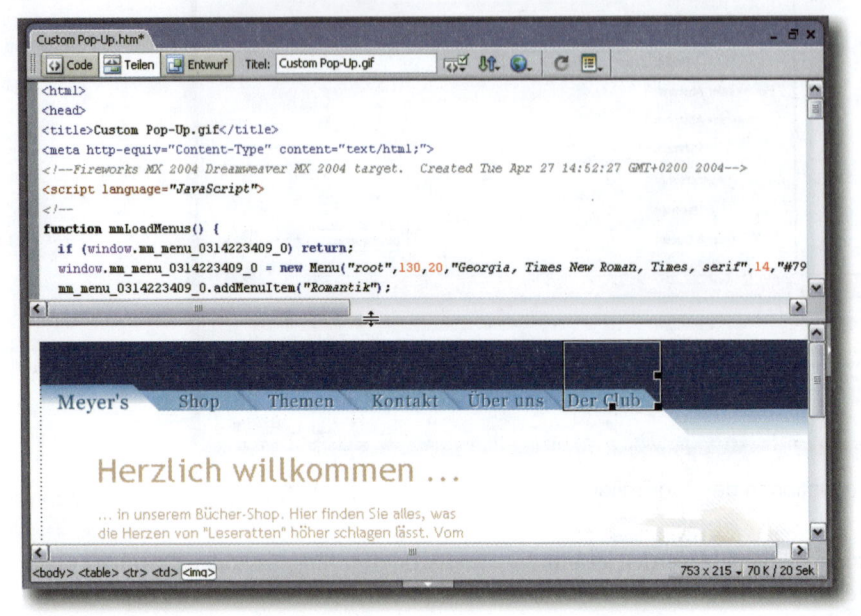

Abb. 2.46 Das Dokument in der Teilen-Ansicht

Wenn Sie Objekte in der ENTWURF-Ansicht markieren, wird der dazugehörende Quelltext markiert. Im Kontextmenü werden die nötigen Funktionen zum Bearbeiten bereitgestellt. Zur besseren Übersichtlichkeit sind übrigens die verschiedenen Teile des Quelltextes mit unterschiedlichen Farben markiert. Das Farbschema kann in den Voreinstellungen angepasst werden.

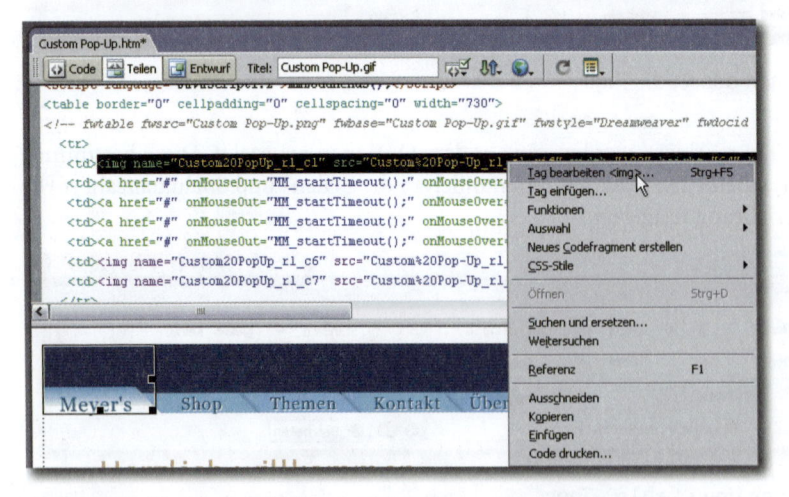

Abb. 2.47 Markierte Objekte und der dazugehörende Quelltext

Wenn Sie viel im Quelltext arbeiten wollen und dennoch der Überblick über das Design erhalten bleiben soll, ist es empfehlenswert den CODEINSPEKTOR aufzurufen – beispielsweise mit dem Tastenkürzel [F10]. Platzieren Sie das Bedienfeld als frei schwebendes Fenster neben dem Dokumentfenster.

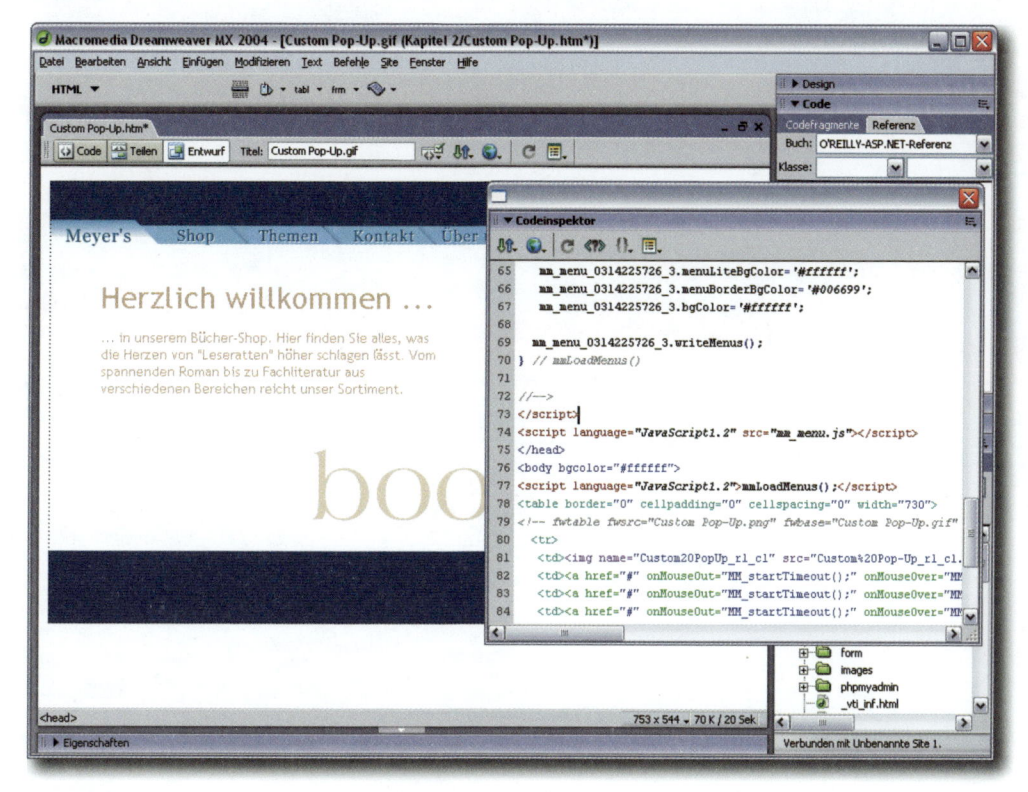

Abb. 2.48 Arbeiten mit dem Codeinspektor

Fazit

In diesem ersten Beispiel soll keine weitere Veränderung in Dreamweaver vorgenommen werden, da hier die Elemente alle als Grafiken vorliegen. In den nächsten Kapiteln erfahren Sie, wie Sie Webseiten überwiegend in Dreamweaver erstellen.

Auffallend war bei diesem ersten Workshop, dass die Zusammenarbeit der beiden Macromedia-Programme bestens klappt, was die Arbeit erheblich erleichtert.

Kapitel 3

**Tabellen verwenden:
Eine Portalseite
gestalten**

In diesem Kapitel ...

3.1 Moderne Webseitengestaltung 81
    3.1.1   Was sind modern gestaltete Webseiten? 81
    3.1.2   Webseiten der „Gurus" 84

3.2 Tabellen als Gestaltungselemente 86
    3.2.1   Eine Seite mit Tabellen gestalten 88
    3.2.2   Texte einfügen 97
    3.2.3   Abstandhalter einsetzen 102
    3.2.4   Tabellen verschachteln 106
    3.2.5   Bilder einfügen 110
    3.2.6   Das Ergebnis testen 114

3.1 Moderne Webseitengestaltung

In diesem Kapitel werden wir unsere erste komplexere Webseite gestalten. Die Webseite wird noch nicht besonders kompliziert. Sie werden einiges über den Aufbau von Webseiten mit Tabellen erfahren. Auch die Farbgebung wird eine Rolle spielen.

Bevor es aber richtig losgeht, wollen wir uns erst einmal einer wichtigen Frage widmen: Was ist modernes Webdesign?

Da haben wir gleich ein Problem: Mit der Mode ist das so eine Sache – sie ändert sich ständig und schnell. Es ist nicht auszuschließen, dass mit dem Erscheinen des Buchs schon wieder ganz andere Trends zu sehen sind. Momentan ist sehr schlichtes Design mit klaren Formen und dezenter Farbgebung trendy. Das kann aber morgen schon wieder ganz anders sein ...

3.1.1 Was sind modern gestaltete Webseiten?

Wenn Sie viel im Web surfen, bekommen Sie schnell ein Gefühl dafür, was gerade aktuell ist. Die häufig besuchten Seiten großer Magazine oder Portale werden meistens dem aktuellen Trend angepasst. Selten aktualisierte private Webseiten sagen dagegen wenig über die aktuelle Gestaltung aus.

> Viele Webseiten widmen sich dem Thema „Gestaltung im aktuellen Design". Verwenden Sie doch einfach einmal in einer Suchmaschine den Suchbegriff WEBDESIGN. Sie werden viele Links zum Thema finden. Vielleicht finden Sie ja auch die Informationen der Webadresse HTTP://WWW.IDEENREICH.COM interessant, die sich dem Thema Webdesign ausführlich widmet. Hier gibt es viele Anregungen und Tipps, was gerade „in" und „out" ist.

Interessante Webseiten

„Abgucken" ist übrigens bei der Webseitengestaltung absolut erlaubt – kopieren natürlich nicht. Zur Orientierung dienen oft Webseiten großer Zeitschriften, wie etwa HTTP://WWW.SPIEGEL.DE oder HTTP://WWW.FOCUS.DE, oder auch Webseiten der Fernsehsender, wie etwa HTTP://WWW.N-TV.DE oder HTTP://WWW.DASERSTE.DE. Auch die Buchhändler HTTP://WWW.AMAZON.DE oder HTTP://WWW.LIBRI.DE lohnen einen Besuch.

Daneben sind Portalseiten von Bedeutung, wie etwa HTTP://WWW.T-ONLINE.DE oder HTTP://WWW.MSN.DE. Nicht zuletzt sollten die Sportseiten beachtet werden – hier kann man beispielsweise die Webseiten HTTP://WWW.BUNDESLIGA.DE oder HTTP://WWW.SPORT1.DE nennen. Viele andere Webseiten sind nicht weniger interessant.

Wie deutlich sich Webseiten verändern können, sehen Sie am Beispiel der T-Online-Webseite. Die beiden nachfolgend gezeigten Abbildungen liegen beinahe vier Jahre auseinander.

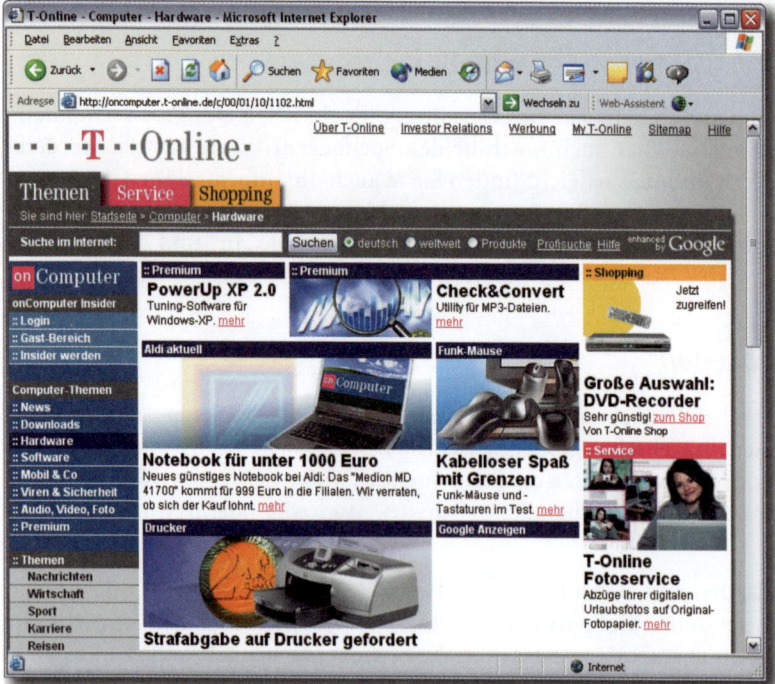

Abb. 3.1 Die T-Online-Webseite 2000 (oben) und im Frühjahr 2004 (unten)

Beim Vergleich der Seiten fällt auf, dass es heute weniger um „Schnickschnack", sondern mehr um die Inhalte geht. Außerdem ist die Farbgestaltung dezenter geworden. Heute spielt der Inhalt eine weit größere Rolle, als die Navigationselemente der Seite – die sind oft sehr schlicht gehalten. Vor vier Jahren war die Gestaltung noch „bunter" und „schnörkeliger". Die Seiten wirkten damals etwas verspielt – heute dagegen sehr sachlich.

Der Textformatierung kommt dagegen immer mehr Bedeutung zu. Viele kleine „Häppchen" sind der Trend. Hier ein Tabellenfeld mit einem Bild und wenig Text, und dort ein weiteres Bildelement mit etwas Text. Am Rand werden oft Schwerpunktthemen tabellarisch aufgelistet, um schnell zu anderen Seiten zu wechseln. Die Navigationselemente sind sehr dezent und funktionell aufgebaut. Es wird weniger auf schickes Design, als auf schnelle Bedienbarkeit geachtet. Genau dieselben Gestaltungsmerkmale zeigt auch die Webseite des Stern-Journals HTTP://WWW.STERN.DE:

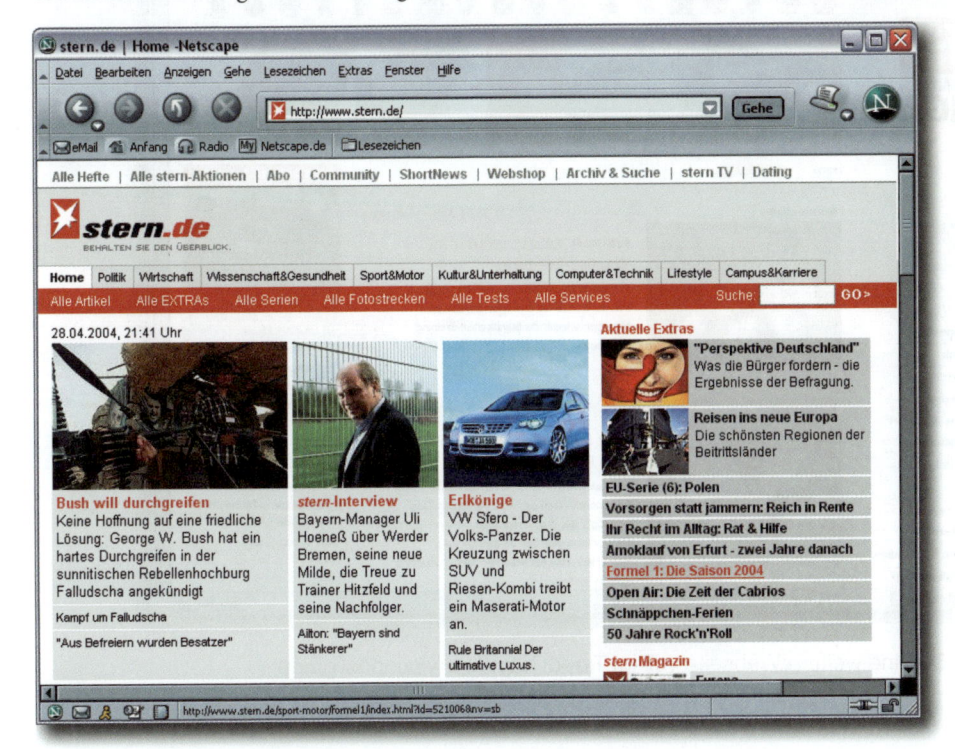

Abb. 3.2 Die Webseite http://www.stern.de

> **Webseiten im Zeichen der Zeit**
>
> Die Gewichtung auf den Inhalt hat die Übersichtlichkeit und Lesbarkeit der Seiten deutlich gesteigert. Die Seiten sehen „luftiger" aus und die einzelnen Themen sind durch die saubere Strukturierung schnell zu erfassen. Noch vor einiger Zeit bewunderten die Webseitenbesucher die Navigationselemente, anstatt sich den Inhalten zu widmen. Es wurde mächtig „geprotzt", immer nach dem Motto „Schaut, wie prima wir die Webseitengestaltung beherrschen." Heute bestimmt das Motto „Das haben wir zu bieten" die Webseitengestaltung – eine positive Entwicklung.

Egal, welches Thema Sie wählen: Dieselben Elemente und Strukturen finden sich auch auf der Sportseite HTTP://WWW.BUNDESLIGA.DE wieder. Es ist interessant, wie sehr sich diese Seiten mit völlig unterschiedlicher Thematik dennoch ähneln. Dies sind die Indikatoren für das, was gerade „hipp" ist. Tauchen Elemente dagegen nur auf einer Webseite auf, kann man nicht von einem Trend sprechen.

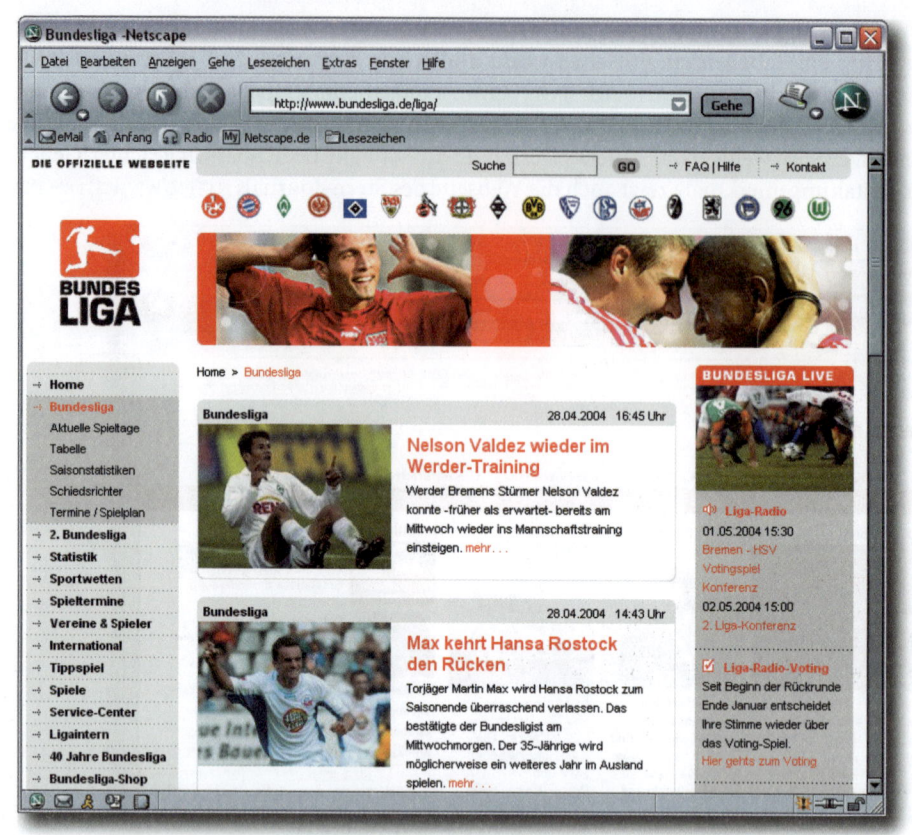

Abb. 3.3 Eine weitere Webseite voll im Trend: http://www.bundesliga.de

3.1.2 Webseiten der „Gurus"

Sie haben eigentlich „ausgedient": die Web-Gurus. So wird über Kai Krauses Programme heute kaum noch geredet – oder arbeiten Sie noch mit Soap? Sie kennen Soap gar nicht? Soap war ein Bildbearbeitungsprogramm, das unter anderem wegen der perfekten und innovativen Gestaltung der Programmoberfläche um 1997 voll im Trend lag. Heute ist das Programm verschwunden – zu viele Mankos gab es bei der praktischen Arbeit.

Die Web-Gurus zeigten lange Zeit, was alles möglich ist. Ausgefeilteste Designs und aufwändige Grafiken zur Bedienung der Webseiten waren stark gefragt – heute bestimmen Rechtecke oder andere einfache Formen das Bild. Die aktuelle Webseite eines Gurus sehen Sie im folgenden Bild. Im Web können Sie auch die alten Versionen von HTTP://WWW.OZONES.COM begutachten und die Entwicklung erkennen.

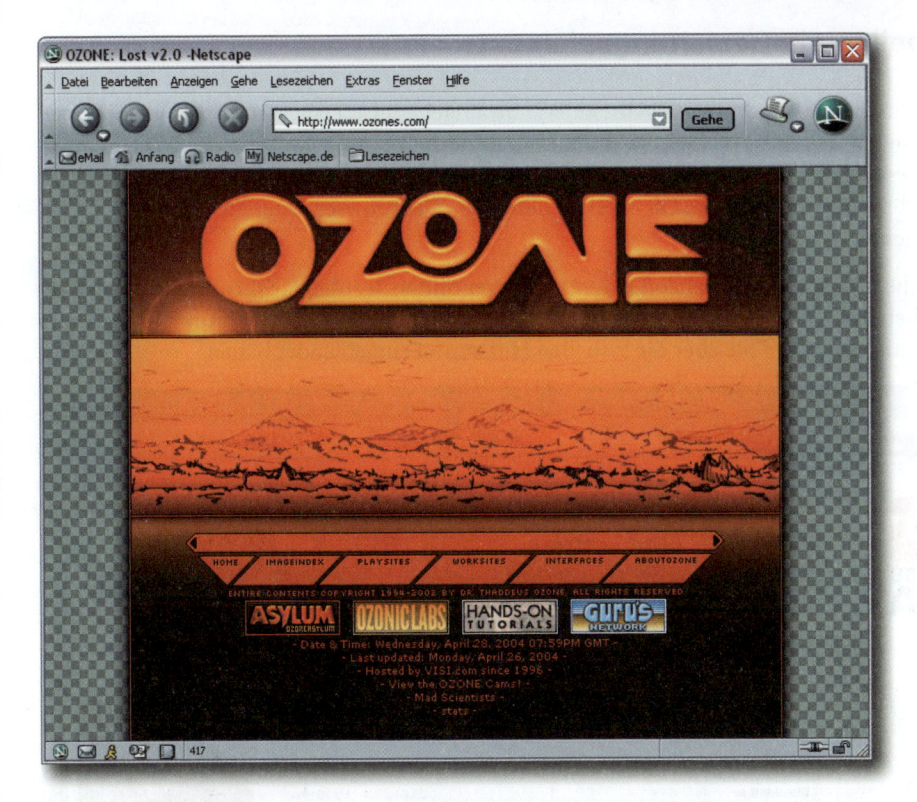

Abb. 3.4 Die Webseite http://www.ozones.com

Bei derartigen Webseiten spielt der Inhalt nur selten eine Rolle. Hier soll der Webbesucher kommen, staunen, sich freuen und dann weitersurfen.

> Wie das bei der Mode so ist: Sie sollten Ihre alten Werke aufheben. Es könnte eine Zeit kommen, in der die alten Gestaltungselemente wieder modern sind. Die heutige Klarheit gab es bei der manuellen Grafik auch schon einmal in den 50er- und 60er-Jahren. Damals natürlich noch nicht so perfekt wie heute mithilfe des Rechners ...

Für Vielsurfer

Wenn Sie intensiv im Web surfen, werden Sie feststellen, dass es nicht allzu lange dauert bis sich Trends etablieren und verbreiten. Erscheint die erste Webseite im neuen Styling, ziehen die anderen meist binnen eines halben Jahres nach. Wenn Sie also regelmäßig die „Trendsetter-Seiten" besuchen, behalten Sie den Überblick, wann die Trends wechseln.

Für eigene, private oder zumindest selten besuchte Webseiten, ergibt sich natürlich ein Problem: Lohnt sich der unvermeidlich hohe Zeitaufwand, um die Seiten neu zu gestalten? Hier muss sicherlich ein Kompromiss gefunden werden. Vielleicht legen Sie ja – unabhängig vom aktuellen Trend – einen Zeitabschnitt zur Aktualisierung fest, beispielsweise einmal pro Jahr oder Ähnliches.

3.2 Tabellen als Gestaltungselemente

Selten erkennt man an der fertigen Webseite, wie sie aufgebaut ist. Daher ist es interessant, bestehende Webseiten näher zu betrachten. Rufen Sie dazu die betreffende Webseite auf und speichern Sie diese mit der Funktion SPEICHERN UNTER Ihres Webbrowsers. Achten Sie darauf, dass die gesamte Webseite gesichert wird. Die meisten aktuellen Webbrowser unterstützen diese Funktion inzwischen.

Wenn Sie eine so gespeicherte Version in Dreamweaver öffnen, werden Sie vermutlich überrascht sein. Sie sehen dann, dass der Aufbau meist aus sehr komplexen Tabellenstrukturen besteht. Um dies zu erkennen, müssen Sie aber die visuellen Hilfsmittel eingeblendet haben.

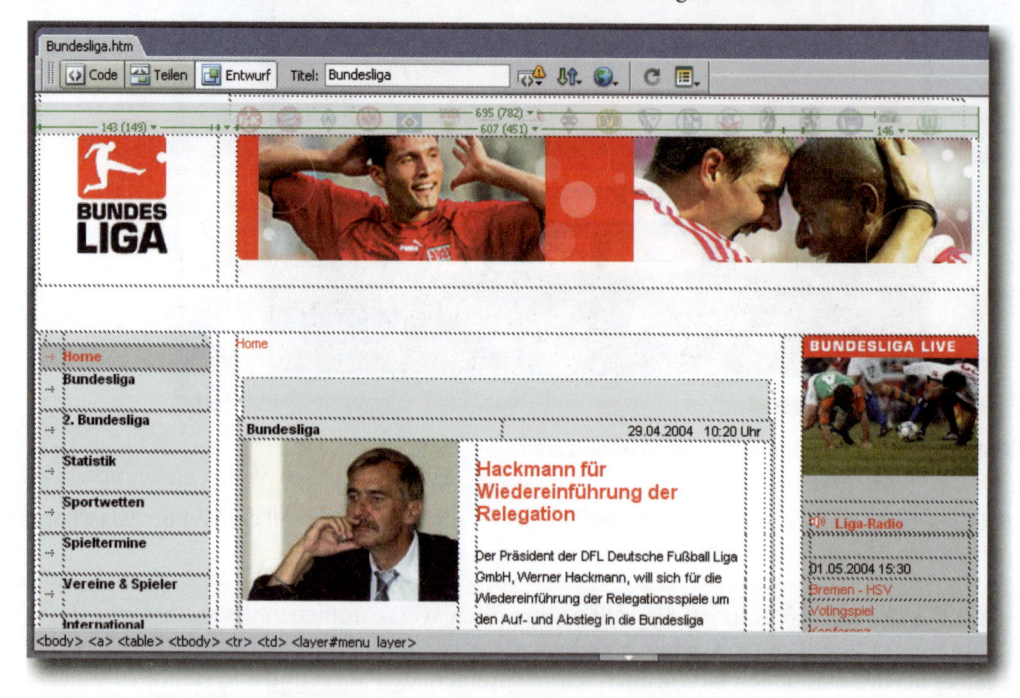

Abb. 3.5 Der Aufbau mit Tabellen

Waren Tabellen ursprünglich einmal dazu gedacht, tabellarische Auflistungen zu erstellen, dienen sie heute meist zur Festlegung des Layouts. So „missbrauchen" Webdesigner die Tabellen, um wie beim Printdesign zu gestalten.

Um die Tabellenstrukturen besser beurteilen zu können, bietet Dreamweaver verschiedene Optionen an. Stellen Sie dazu im EINFÜGEN-Bereich die Rubrik LAYOUT ein.

Abb. 3.6 Layout-Optionen im Einfügen-Bereich

Wenn Sie die ERWEITERT-Schaltfläche aufrufen, wird der erweiterte Tabellenmodus angezeigt. Dabei werden in allen Tabellen im Dokument vorübergehend die Zellauffüllung und der Zellabstand eingeschaltet. Außerdem werden die Tabellenrahmen zur einfacheren Bearbeitung verstärkt. So lassen sich unter anderem Elemente in Tabellen leichter auswählen und die Einfügemarke genau platzieren.

Abb. 3.7 Die Erweitert-Ansicht

Im dritten Modus – dem LAYOUT-MODUS – können Sie relativ frei Tabellenzellen zeichnen und anschließend bearbeiten. Die grünen Markierungen zeigen die jeweiligen Tabellen an – dies sehen Sie im folgenden Bild.

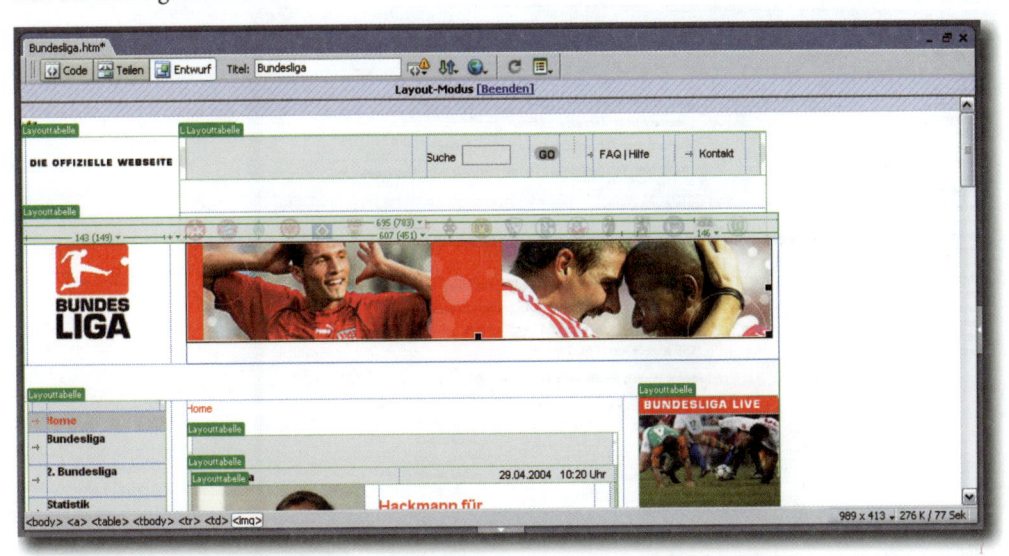

Abb. 3.8 Die Layout-Ansicht

3.2.1 Eine Seite mit Tabellen gestalten

Erstellen Sie ein neues Dokument. Dazu können Sie beispielsweise die Tastenkombination [Strg]+[N] verwenden. Im folgenden Dialogfeld gibt es für unterschiedliche Aufgabenstellungen – thematisch sortiert – verschiedene Vorlagen.

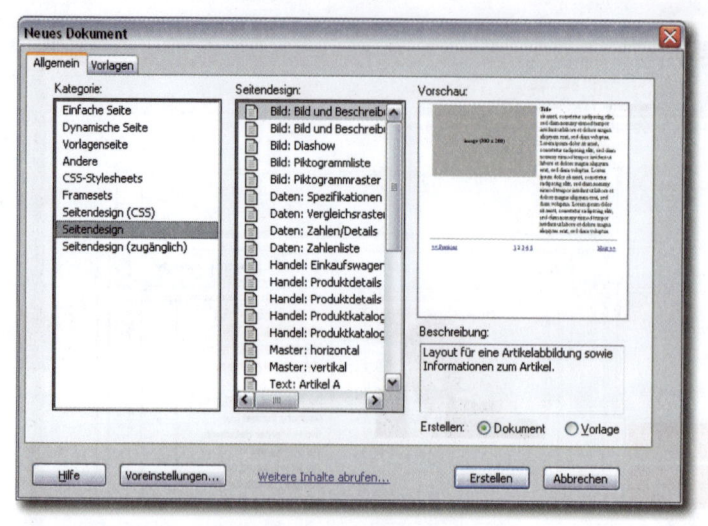

Abb. 3.9 Die Vorlagen für neue Dokumente

Wenn Sie die VOREINSTELLUNGEN-Schaltfläche aufrufen, können Sie im folgenden Dialogfeld diverse voreingestellte Werte anpassen. Wechseln Sie hier zur Rubrik ALLGEMEIN und deaktivieren Sie die Option CSS ANSTELLE VON HTML-TAGS VERWENDEN. Wir wollen nämlich zunächst eine „normale" Webseite ohne CSS-Stile erstellen.

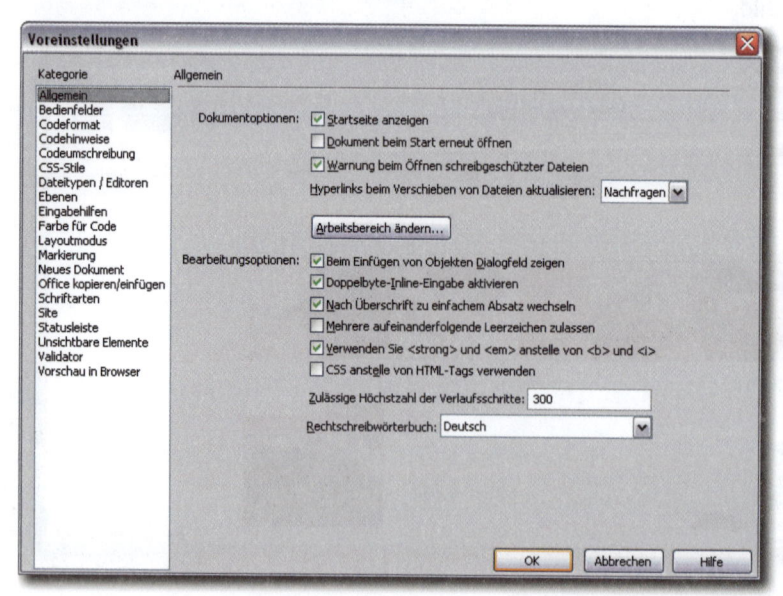

Abb. 3.10 Voreinstellungen anpassen

Wir erstellen zunächst eine völlig leere HTML-Seite. Wählen Sie dazu aus der Rubrik EINFACHE SEITE die Option HTML.

Abb. 3.11 Erstellen einer einfachen Webseite

Mit der ERSTELLEN-Schaltfläche wird das leere Dokument geöffnet. In der CODE-Ansicht sehen Sie, dass einige Standardwerte automatisch eingefügt wurden.

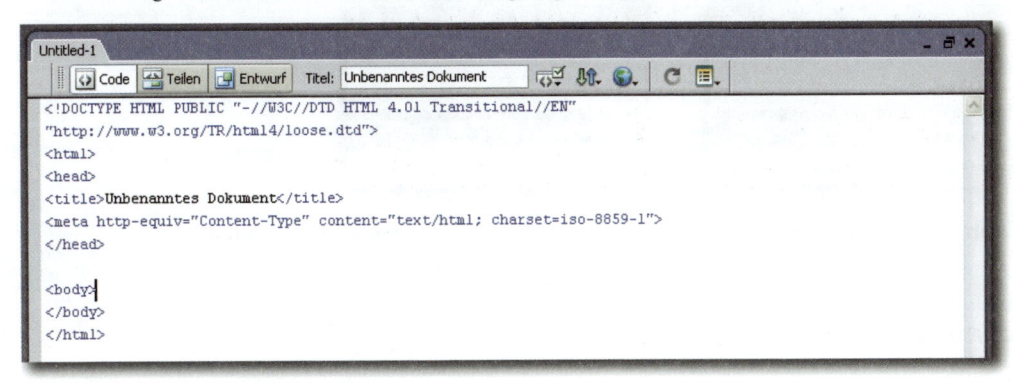

Abb. 3.12 Erstellen einer einfachen Webseite

Wechseln Sie zur ENTWURF-Ansicht – hier ist das Dokument leer. Rufen Sie im EIGENSCHAFTEN-Bedienfeld die SEITENEIGENSCHAFTEN-Schaltfläche auf. In der ERSCHEINUNGSBILD-Rubrik können Sie unter anderem die Randabstände und die Hintergrundfarbe einstellen.

Abb. 3.13 Die Seiteneigenschaften

In der Rubrik TITEL/KODIERUNG kann der Titel der Seite angegeben werden, der in der Titelzeile des Webbrowsers angezeigt wird.

Abb. 3.14 Den Titel angeben

Standardmäßig erhält die Seite zunächst die Bezeichnung UNTITLED versehen mit einer Nummer. Das Sternchen hinter der Bezeichnung deutet an, dass das Dokument nicht gespeichert wurde. Nach dem Speichern des Dokuments wird im Registerkartenreiter der Dateiname angezeigt.

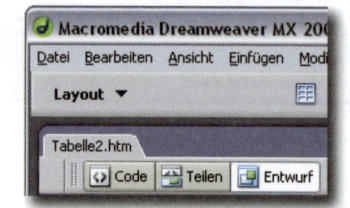

Abb. 3.15 Das ungespeicherte Dokument und rechts die gespeicherte Variante

Eine Tabelle einfügen

In das Dokument soll nun eine Tabelle eingefügt werden. Wählen Sie dazu im EINFÜGEN-Bereich die LAYOUT-Option aus und rufen Sie die erste Schaltfläche auf. Im folgenden Dialogfeld werden im oberen Bereich die Anzahl von Zeilen und Spalten sowie die Abstände angegeben.

Der Wert für die ZELLAUFFÜLLUNG bestimmt den Abstand zwischen Zellinhalt und Zellrand in Pixeln. Der ZELLABSTAND legt den Abstand zwischen den angrenzenden Tabellenzellen fest. Außerdem legen Sie hier fest, ob die Tabellenzellen mit einem Rand versehen werden sollen.

Abb. 3.16 Die Maße der Tabelle festlegen

3.2 Tabellen als Gestaltungselemente

> Beachten Sie, dass für den ZELLABSTAND und die ZELLAUFFÜLLUNG ein Wert angegeben werden sollte. Ist kein Wert angegeben, wird in den meisten Webbrowsern die Tabelle so angezeigt, als wäre für die ZELLAUFFÜLLUNG der Wert 1 und für den ZELLABSTAND der Wert 2 angegeben. Damit die Tabelle ohne Auffüllung und Abstand angezeigt wird, muss für die beiden Optionen der Wert 0 eingestellt werden.

Im mittleren Bereich des Dialogfelds können Sie angeben, ob Kopfzeilen für die Tabelle benötigt werden – dies ist bei unserem Beispiel nicht der Fall. Die Optionen der Eingabehilfen sind nur für Bildschirmlesegeräte von Bedeutung. Bestätigen Sie die Eingaben über die OK-Schaltfläche in der Fußzeile des Dialogfelds.

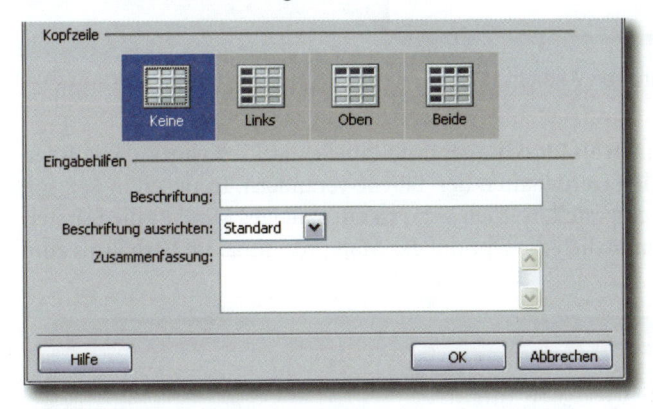

Abb. 3.17 Die weiteren Optionen

Mit den gezeigten Einstellungen entsteht das folgende – sehr ungeeignete – Ergebnis. Die Tabellenzellen sind klein und kaum voneinander zu unterscheiden, weil keine Maßangaben eingestellt wurden.

Abb. 3.18 Die erste Tabelle

Für genau diese Aufgabenstellungen ist der erweiterte Ansichtsmodus sehr geeignet. Aktivieren Sie diesen Modus. Dann wird zunächst ein Dialogfeld angezeigt, in dem darauf hingewiesen wird, dass die korrekte Darstellung hier nicht beurteilt werden kann. Sie sehen dann die nachfolgend gezeigte Anordnung.

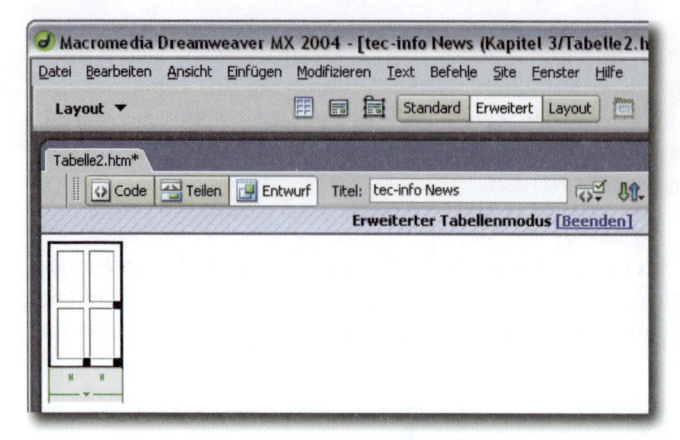

Abb. 3.19 Die Tabelle in der erweiterten Ansicht

An dem Markierungsrahmen erkennen Sie, dass die gesamte Tabelle markiert wurde. So können Sie im EIGENSCHAFTEN-Bedienfeld die Eigenschaften der Tabelle verändern. In unserem Fall soll die Breite der Tabelle auf 770 PIXEL eingestellt werden – das ist ein gängiges Maß für die Darstellung. In dem Listenfeld finden Sie zusätzlich die Option, das Maß prozentual im Verhältnis zum Webbrowser-Fenster anzugeben.

Abb. 3.20 Die verbreiterte Tabelle

> **Variabel oder starr?**
>
> Es ist Ansichtssache, ob die Angabe prozentual oder absolut erfolgen soll. Momentan sind starre Layouts aktuell. Nur wenige Webseiten passen sich heute der Webbrowser-Fenstergröße an. So haben Designer die Gewähr, dass die Seiten genau wie gewünscht angezeigt werden. Sie haben dabei aber den Nachteil, dass der Websurfer einerseits im Fenster scrollen muss, weil nicht alles zu sehen ist. Andererseits könnte Leerraum zu sehen sein, wenn das Fenster größer ist als das Design. Probieren Sie einmal aus, was Ihnen eher zusagt!

Nach dem Zuweisen der neuen Breite sind die beiden Spalten gleich breit. Dies soll geändert werden. Links soll eine Leiste für die Navigation entstehen. Daher muss dieser Bereich verkleinert werden. Markieren Sie also die beiden linken Zellen. Dies erreichen Sie zum Beispiel, indem Sie in die obere linke Zelle klicken und dann den Mauszeiger bis in die Zelle darunter ziehen.

Die markierten Zellen erkennen Sie an den Markierungsrahmen.

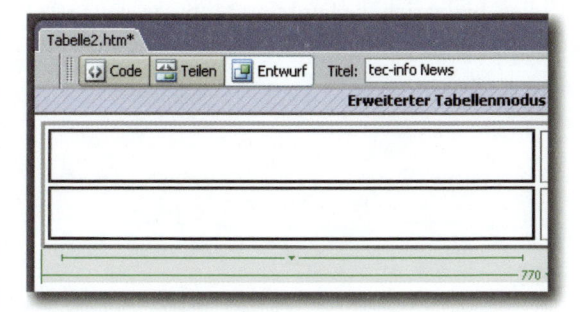

Abb. 3.21 Die markierten Zellen

Für diese Zellen soll eine absolute Breite von 120 Pixeln verwendet werden. Tippen Sie dazu den Wert in das folgende Eingabefeld ein. Wollen Sie hier einen prozentualen Wert verwenden, tippen Sie einfach das „%"-Zeichen mit in das Eingabefeld ein – ein Listenfeld ist hier nämlich nicht vorhanden.

Abb. 3.22 Festlegen der Zellenbreite

Wenn Sie nun den erweiterten Ansichtsmodus verlassen, sehen Sie die neuen Breiten, die auch in den Linien unter der Tabelle angezeigt werden. Die rechte Spalte benötigt keine Angabe, da hier automatisch der verbleibende Rest bis zur festgelegten Tabellenbreite verwendet wird.

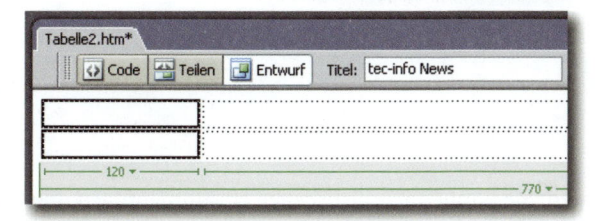

Abb. 3.23 Die neue Tabellenaufteilung

Weitere Zellen einfügen

Nun sollen diverse weitere Zeilen eingefügt werden. Dazu haben Sie unterschiedliche Möglichkeiten. So könnten Sie zum Beispiel einfach in eine Zelle klicken und die ⇥-Taste drücken. Ist die letzte Zelle erreicht, wird automatisch eine neue Zeile eingefügt.

Außerdem finden Sie rechts im EINFÜGEN-Bereich Schaltflächen, um neue Zeilen oder Spalten einzufügen. Wenn Sie viele Zeilen einfügen wollen, bietet sich die Funktion MODIFIZIEREN/TABELLE/ZEILEN ODER SPALTEN EINFÜGEN an. Im folgenden Dialogfeld können Sie angeben wie viele und wo neue Zeilen eingefügt werden sollen.

Abb. 3.24 Neue Zeilen einfügen

So erhalten Sie die nachfolgend gezeigte neue Anordnung, die nun weiter bearbeitet und eingefärbt werden soll.

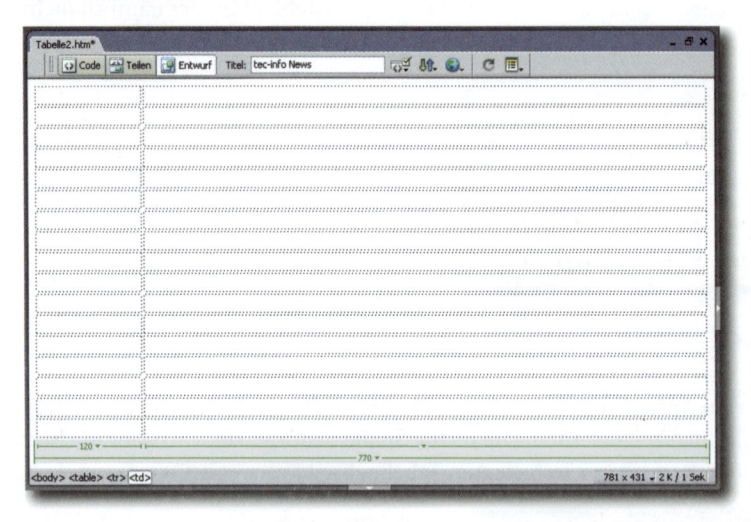

Abb. 3.25 Die neue Zeilenanordnung

Tabellenstrukturen ändern

Die Tabelle soll nun anders aufgeteilt werden. Sie können nämlich Zellen zusammenfügen oder in neue Zeilen oder Spalten aufteilen. Markieren Sie dazu zunächst die drei oberen Zellen in der rechten Spalte. Sie sollen zu einer Zelle zusammengefügt werden. Dazu benötigen Sie die folgende Schaltfläche im EIGENSCHAFTEN-Bedienfeld.

Abb. 3.26 Zusammenfügen von Zellen

Damit ergibt sich folgendes Stadium.

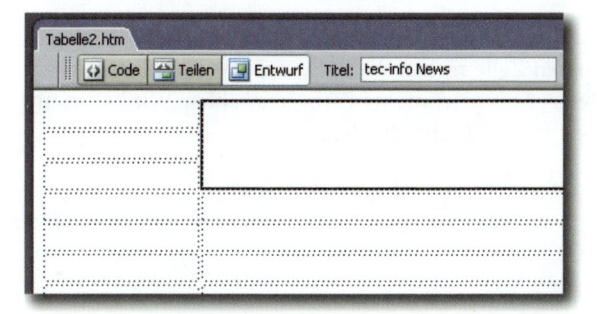

Abb. 3.27 Die verbundenen Zellen

Wiederholen Sie dies mit den anderen Zellen der rechten Spalte. In der rechten Spalte sollen nämlich nur zwei Zellen vorhanden sein. Damit wird die grobe Struktur der Tabelle erkennbar, wie Sie im folgenden Bild sehen.

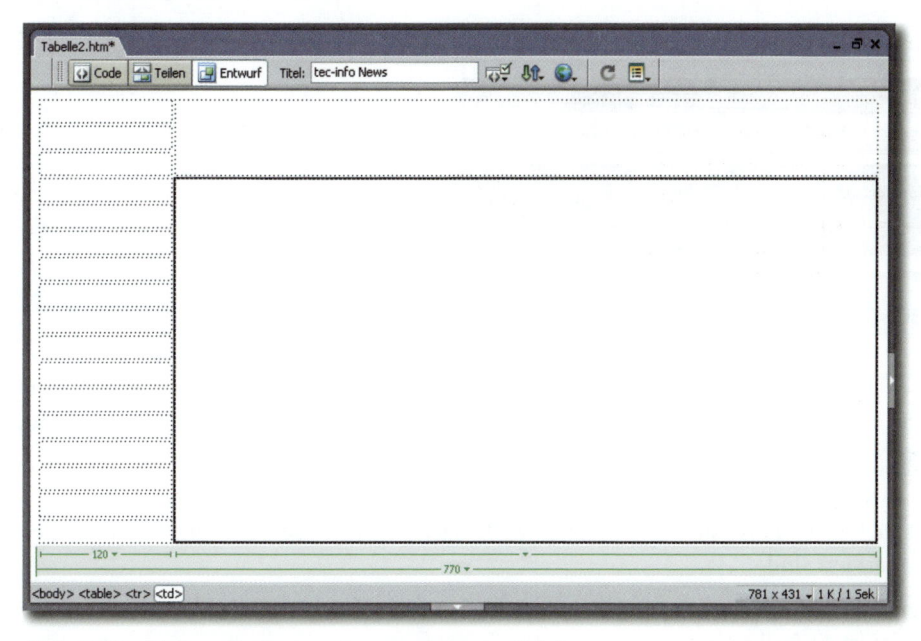

Abb. 3.28 Weitere Zellen wurden zusammengeführt

Umgekehrte Arbeitsweise

Sie hätten dasselbe Ergebnis auch erreichen können, wenn Sie „umgekehrt" gearbeitet hätten. So hätten Sie anstatt neue Zeilen einzufügen, auch die beiden bestehenden Zellen in der linken Spalte in die entsprechende Zellenanzahl aufteilen können.

Zellen einfärben

Als Nächstes sollen die Zellen eingefärbt werden. Markieren Sie dazu den oberen Bereich mit den drei Zellen links und der zusammengefügten Zelle rechts. Wenn Sie auf das HGF-Farbfeld klicken, können Sie im folgenden Palettenfenster die gewünschte Farbe auswählen. Wir haben uns für die Farbe mit dem hexadezimalen Wert #0099CC entschieden.

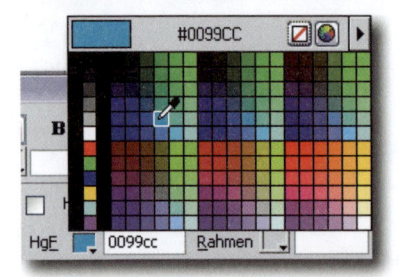

Abb. 3.29 Auswahl einer Farbe für die Zelle

Langsam wird etwas von der Tabelle erkennbar.

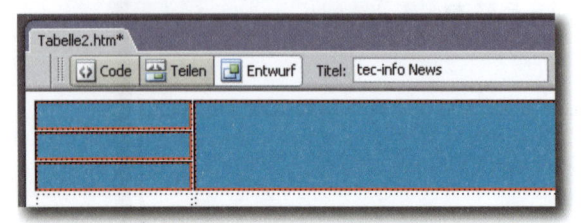

Abb. 3.30 Die ersten eingefärbten Zellen

Nun sollen die Zellen links eingefärbt werden. Da hier unterschiedliche Farben verwendet werden sollen, bieten sich verschiedene Vorgehensweisen an. Am schnellsten gelangen Sie zum Ziel, wenn Sie wie folgt vorgehen:

1. Klicken Sie in die vierte Zelle in der linken Spalte und ziehen Sie den Mauszeiger mit gedrückter linker Maustaste bis zur letzten Zelle nach unten, sodass alle ungefärbten Zellen links markiert sind.

2. Stellen Sie für diese markierten Zellen die Farbe mit dem hexadezimalen Wert #DDDDDD ein – das ist ein helles Grau.

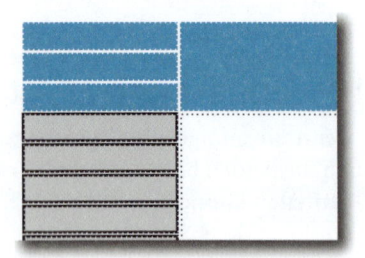

Abb. 3.31 Die nächste Farbe

3 Klicken Sie in die oberste der gerade eingefärbten Zellen und stellen Sie hier die Farbe mit dem hexadezimalen Wert #AAAAAA ein. Das ist ein etwas dunkleres Grau.

4 Klicken Sie dann in die achte graue Zelle und verwenden Sie die Tastenkombination [Strg]+[Y], um den letzten Arbeitsschritt zu wiederholen. Damit entsteht das folgende neue Zwischenergebnis.

Wenn Sie vorübergehend die visuellen Hilfsmittel ausblenden, wird das bisherige Ergebnis deutlicher. Dies sehen Sie nachfolgend im rechten Bild. Zum Ausblenden der visuellen Hilfsmittel können Sie die Tastenkombination [Strg]+[⇧]+[I] verwenden.

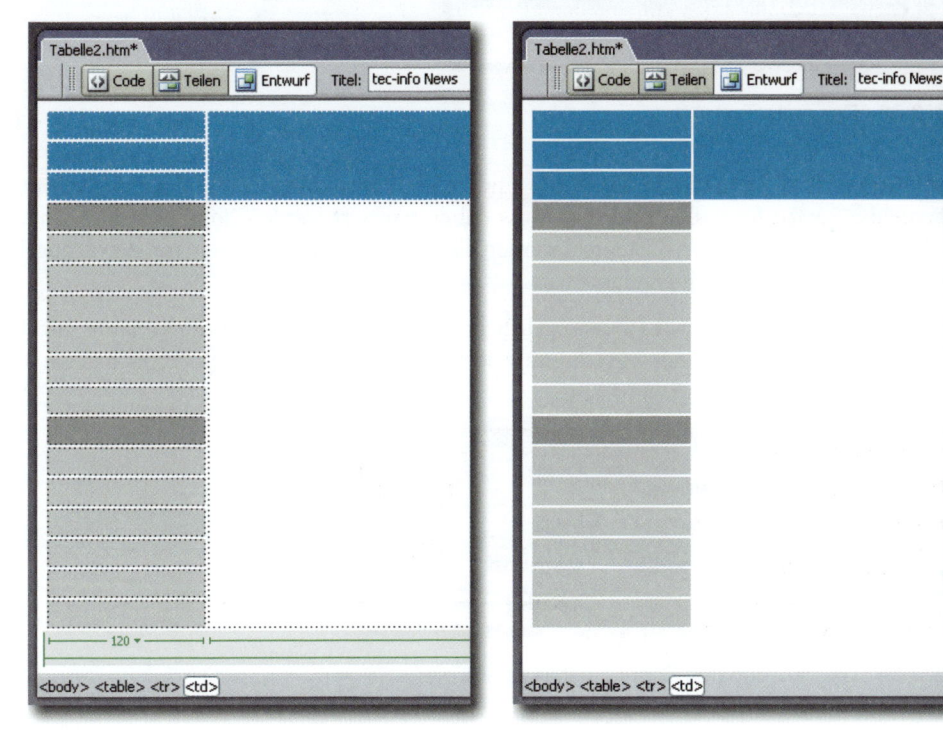

Abb. 3.32 Nun sind erste Strukturen zu erkennen

> Viele Wege führen nach Rom. Die vorgestellten Varianten führen sehr einfach zum Ziel. Das Wiederholen von Arbeitsschritten ist eine elegante Lösung für solche Aufgabenstellungen.

3.2.2 Texte einfügen

Im folgenden Arbeitsschritt sollen verschiedene Beschriftungen eingefügt werden. Im oberen Bereich wird der Webseitentitel untergebracht. Der linke Bereich enthält die Navigation. Die dunkleren Felder sollen dabei als Titel für die unterschiedlichen Themenbereiche verwendet werden.

Tippen Sie für den Webseitentitel die folgende Beschriftung ein. Sie erhält zunächst einmal die Standardformatierungen.

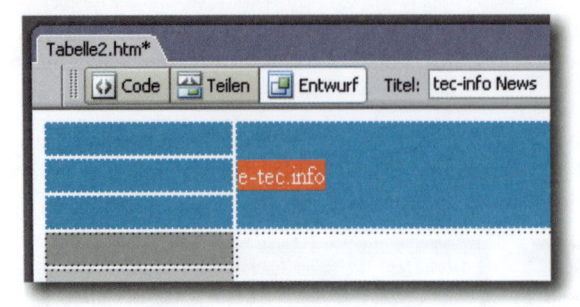

Abb. 3.33 Der erste Text

Die Optionen zum Formatieren des Textes finden Sie in der linken Hälfte des EIGENSCHAFTEN-Bedienfelds. Der zu formatierende Text muss dabei markiert werden, so wie es die vorherige Abbildung zeigt. Im Schriftart-Listenfeld werden die Standardwebschriftarten mit den dazugehörenden Alternativschriften angezeigt.

Wir verwenden hier die Schrift COURIER. Als Schriftgröße kommt die größte Variante mit dem Wert 7 zum Einsatz. Außerdem wird die Auszeichnung FETT eingestellt. Dies erreichen Sie über die nachfolgend abgebildete Schaltfläche.

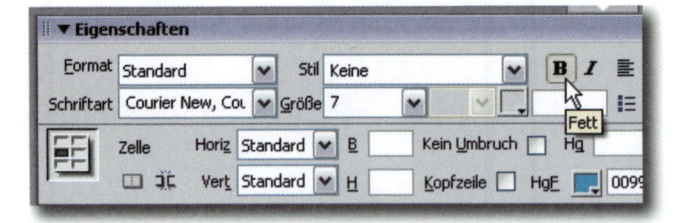

Abb. 3.34 Die verwendeten Schrifteinstellungen

Zur Auswahl der Farbe klicken Sie auf das Farbfeld rechts neben der Schriftgröße. Halten Sie die linke Maustaste gedrückt und wählen Sie links das weiße Farbfeld aus. Alternativ dazu könnten Sie auch im Eingabefeld rechts daneben den hexadezimalen Wert #FFFFFF eintippen.

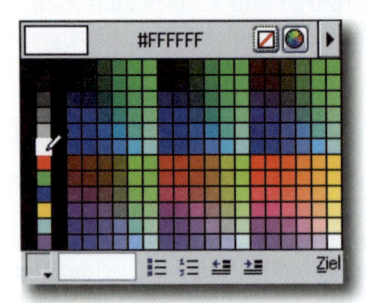

Abb. 3.35 Auswahl der Schriftfarbe

Nun folgen die Beschriftungen der Navigationselemente. Tippen Sie der Reihe nach die gewünschten Texte ein. Markieren Sie anschließend diese Zellen.

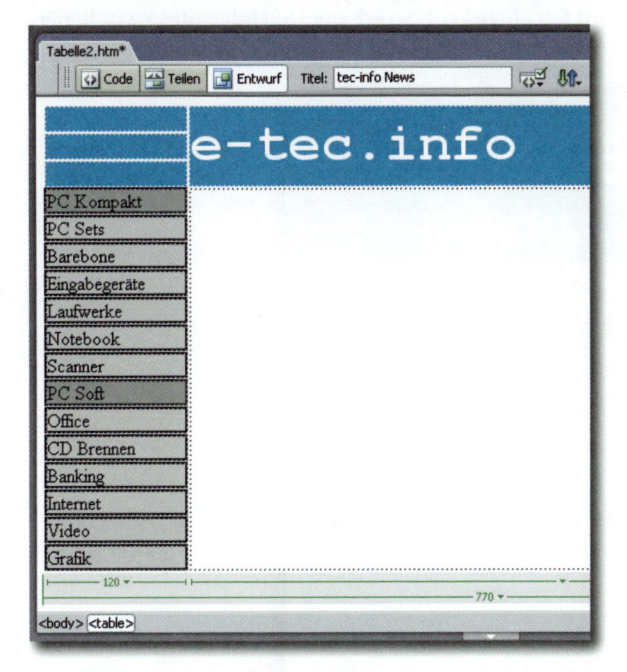

Abb. 3.36 Die nächsten Textelemente

Diese Texte sollen in der Schrift VERDANA und einer Größe von 2 formatiert werden, sodass sich folgende Anordnung ergibt:

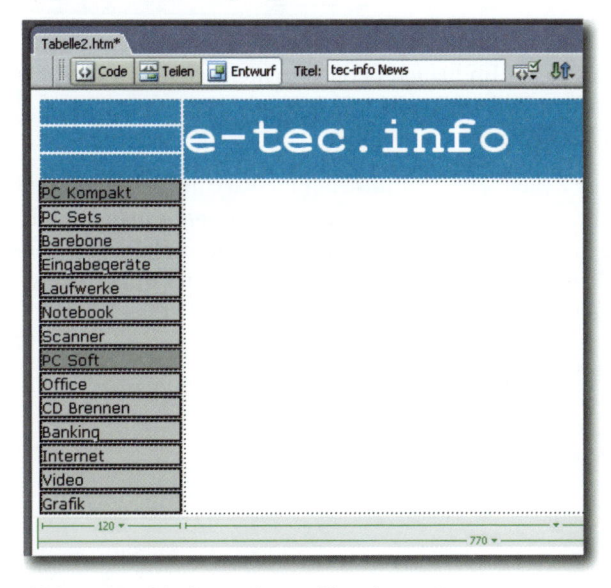

Abb. 3.37 Die formatierten Textelemente

In den beiden Rubrik-Zellen wird die Schrift nachträglich fett formatiert. Als Letztes kommen noch Textelemente im blau eingefärbten Bereich dazu. Dieser Text erhält die Schriftgröße 1 und wird weiß eingefärbt. Auch dieser Text wird fett eingestellt. So erhalten Sie folgendes Zwischenergebnis.

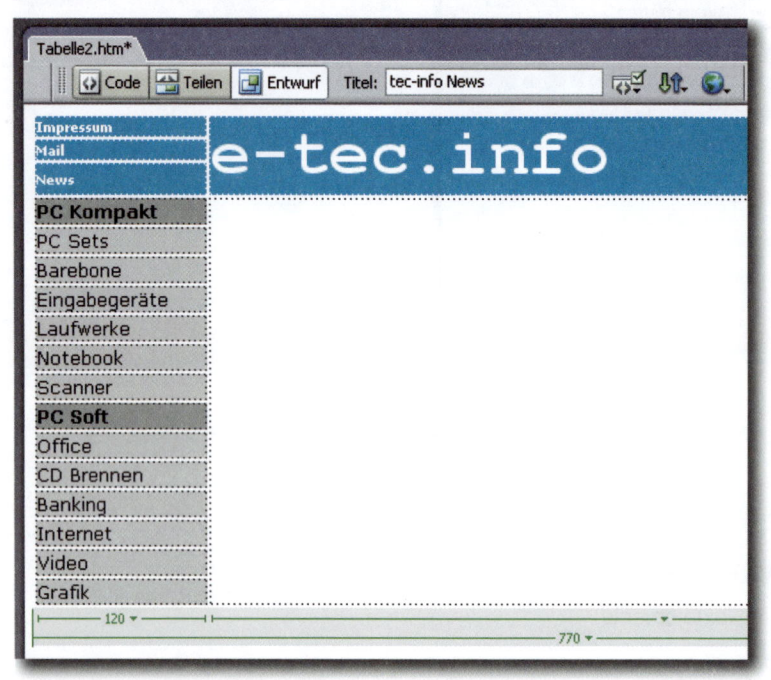

Abb. 3.38 Weitere Texte folgen

Bestimmt haben Sie es schon bemerkt: Die Zeilenhöhe wurde automatisch an die Texte angepasst. So sind die Zeilen nun schmaler als zuvor. Im blauen Bereich richtet sich die Höhe nach dem rechten Text. Daher wird der untersten Zelle links die verbleibende Höhe zugewiesen – deshalb ist sie höher als die anderen beiden Zellen.

Sie haben verschiedene Möglichkeiten die Zellenhöhe anzupassen. Eine Variante besteht darin, ein transparentes GIF-Bild mit den Maßen 1 x 1 Pixel zu verwenden. Dies nennt man „Blind-GIF". Außerdem können Sie Zellenhöhe und -breite per Drag & Drop verändern. Halten Sie den Mauszeiger auf die Kante einer Zelle. Ziehen Sie den Mauszeiger mit gedrückter linker Maustaste, wenn Sie das folgende Symbol sehen.

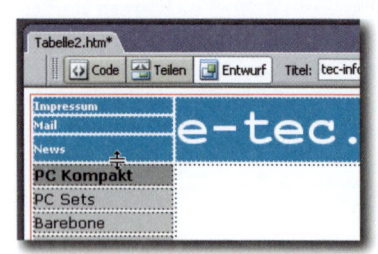

Abb. 3.39 Anpassen der Zellenmaße per Drag & Drop

Dreamweaver verändert dann die Zellenmaße entsprechend. Genauer ist es aber, wenn Sie die betreffenden Tabellenzellen markieren und den Wert für die Zellenhöhe im EIGENSCHAFTEN-Bedienfeld eintippen. Auch hier können Sie wieder wahlweise absolute oder prozentuale Werte eingeben. Wir verwenden in unserem Fall eine Höhe von 22 Pixeln für alle linken Zellen. Im Listenfeld links daneben wird die vertikale Position des Textes angepasst.

Abb. 3.40 Höhe und Ausrichtung der Tabellenzelle anpassen

Wenn Sie die visuellen Hilfsmittel ausblenden, erhalten Sie das nachfolgend abgebildete neue Zwischenstadium.

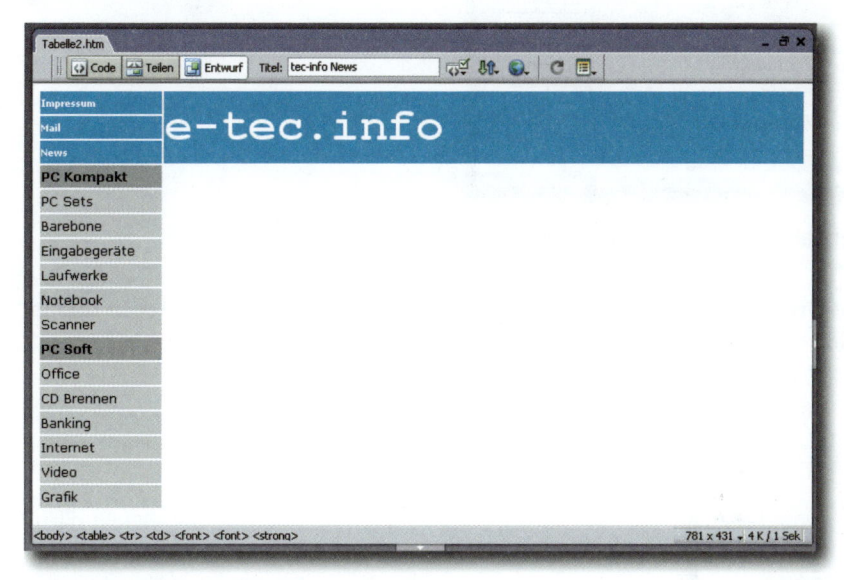

Abb. 3.41 Das nächste Zwischenstadium

Wenn Sie übrigens die zugewiesene Höhe oder Breite zurücknehmen wollen, können Sie das Pfeilmenü der Tabelle öffnen. Dort finden Sie die entsprechenden Optionen.

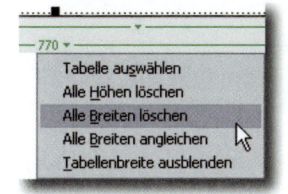

Abb. 3.42 Die Tabellenoptionen

3.2.3 Abstandhalter einsetzen

Nun sieht es nicht sehr schön aus, dass die Texte gleich am Beginn einer jeden Zelle anfangen. Mit Leerzeichen können Sie dies nicht verändern. Die Werte des Zellraums und der Zellauffüllung helfen ebenfalls nicht weiter, da dabei auch die Zeilenhöhe verändert wird. Eine andere, aufwändigere Möglichkeit besteht darin, die Tabellenzellen zu teilen. Dies würde aber in unserem Fall nicht zum gewünschten Ergebnis führen, da die Zellenzwischenräume dort ja auch sichtbar wären.

In solchen Fällen bietet sich der Einsatz eines Blind-GIFs als Abstandhalter an. Auch hier gibt es verschiedene Verfahren. Wir schlagen die folgende Vorgehensweise vor:

1 Klicken Sie beispielsweise in die große Tabellenzelle rechts unten. Rufen Sie die Funktion EINFÜGEN/GRAFIKOBJEKTE/BILD-PLATZHALTER auf. Im folgenden Dialogfeld können Sie die Größe des Platzhalters festlegen. Hier können Sie zunächst die Standardvorgaben übernehmen. Wir passen später das Ergebnis an.

Abb. 3.43 Erstellen eines Bild-Platzhalters

2 Nach dem Bestätigen wird der Platzhalter in der Tabellenzelle eingefügt. Sie sehen dies im folgenden Bild.

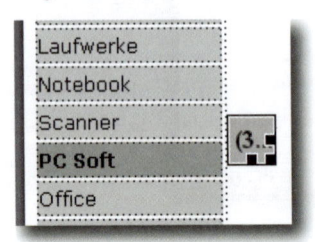

Abb. 3.44 Der Bild-Platzhalter

> **Hilfsmittel**
>
> Der Bild-Platzhalter ist lediglich ein Hilfsmittel beim Layouten. Daher kann er nicht für die fertige Webseite verwendet werden. Dort würde dann ein fehlendes Bild angezeigt.

3 Wenn der Bild-Platzhalter markiert ist, werden im EIGENSCHAFTEN-Bedienfeld die folgenden Optionen angeboten. Dort finden Sie unter anderem die ERSTELLEN-Schaltfläche, mit der Sie Fireworks starten können.

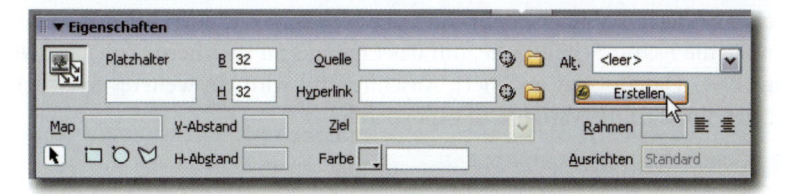

Abb. 3.45 Bearbeiten des Bild-Platzhalters

4 Nach dem Aufruf wird Fireworks gestartet und ein PNG-Bild angezeigt. Sie sehen im Dokument lediglich eine weiße Fläche in den angegebenen Maßen. Sie können es sich nun ganz einfach machen, um ein transparentes GIF zu erstellen. Achten Sie darauf, dass das OPTIMIEREN-Bedienfeld geöffnet und im unteren Listenfeld die Option INDEXTRANSPARENZ eingestellt ist. Rufen Sie in der Fußzeile die linke Schaltfläche auf. Damit können Sie Farben als transparent deklarieren, wenn als Exportformat GIF eingestellt ist.

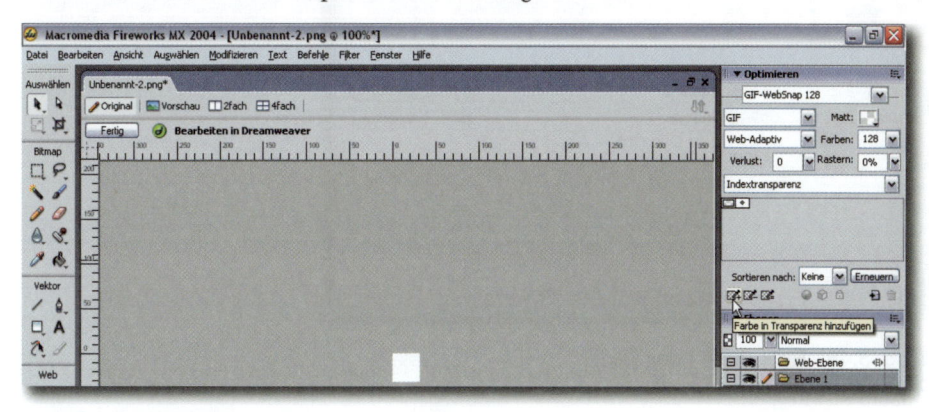

Abb. 3.46 Das Bild in Fireworks

5 Wenn Sie den Mauszeiger in das Dokument halten, sehen Sie eine Pipette. Damit kann die transparente Farbe aufgenommen werden. Klicken Sie irgendwo in das Bild, wo Sie Weiß sehen. Rufen Sie dann die Funktion MODIFIZIEREN/LEINWAND/BILDGRÖSSE auf, um das Bild auf 1 x 1 PIXEL zu verkleinern.

Abb. 3.47 Verkleinern des Bilds

6 Im Dokument sehen Sie jetzt fast nichts mehr – das Ergebnis ist ja nur noch 1 Pixel hoch und breit. Verwenden Sie die FERTIG-Schaltfläche, um das Ergebnis zu speichern. Zunächst wird dann das Bild im PNG-Dateiformat gesichert. Anschließend wird ein weiteres Speichern-Dialogfeld angezeigt, um die GIF-Variante zu exportieren.

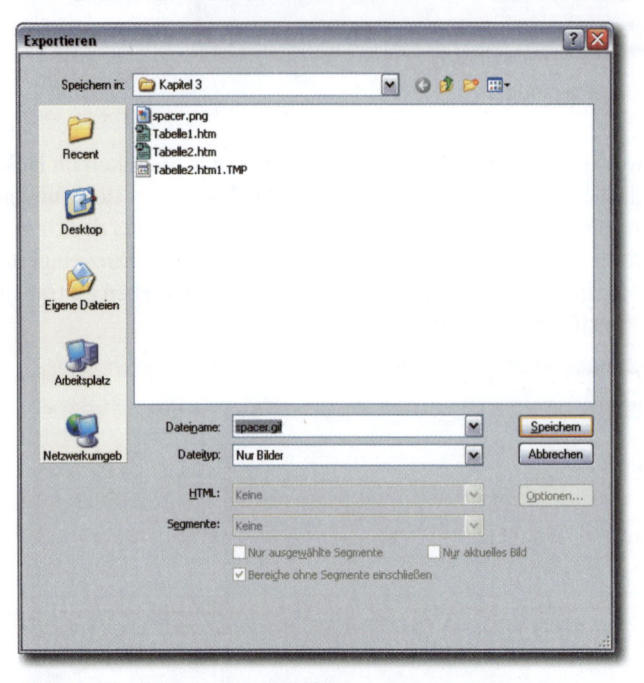

Abb. 3.48 Exportieren des Bilds

7 In Dreamweaver ist anschließend das Ergebnis vermeintlich verschwunden. Das liegt aber nur daran, dass das Bild transparent und sehr klein ist. Ein Blick in das EIGENSCHAFTEN-Bedienfeld belegt, dass hier automatisch die passende Verknüpfung eingestellt und die Bildgröße angepasst wurde.

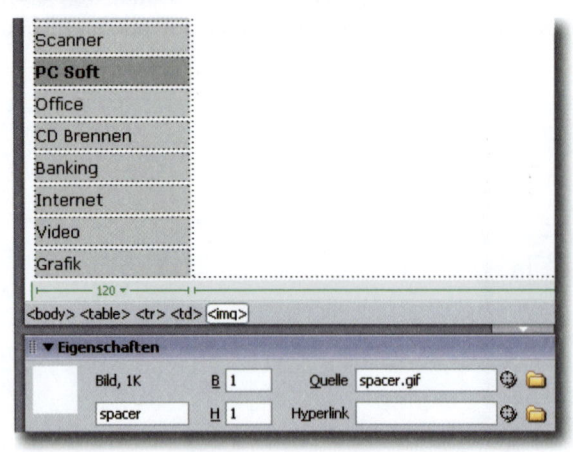

Abb. 3.49 Das in Dreamweaver aktualisierte Bild

Die Blind-GIFs verarbeiten

Da das Blind-GIF noch markiert ist, können Sie es gleich verarbeiten. Stellen Sie eine Breite von 15 Pixeln ein – die Höhe können Sie bei einem Pixel belassen. Schneiden Sie das markierte Bild nun mit der Tastenkombination [Strg]+[X] aus.

Wechseln Sie vor den ersten Buchstaben der oberen Bezeichnung und fügen Sie das Bild als Abstandhalter ein. Dazu können Sie die Tastenkombination [Strg]+[V] verwenden. So erhalten Sie folgende Situation. Das eingefügte Bild ist hier noch markiert.

Abb. 3.50 Der eingefügte Abstandhalter

Fügen Sie den Abstandhalter nun der Reihe nach vor allen Einträgen ein. Sie gelangen am schnellsten zur nächsten Position, wenn Sie die [↓]-Taste zweimal drücken. Nach dem vorübergehenden Ausblenden der visuellen Hilfsmittel sehen Sie folgendes – schon interessanteres – Zwischenergebnis.

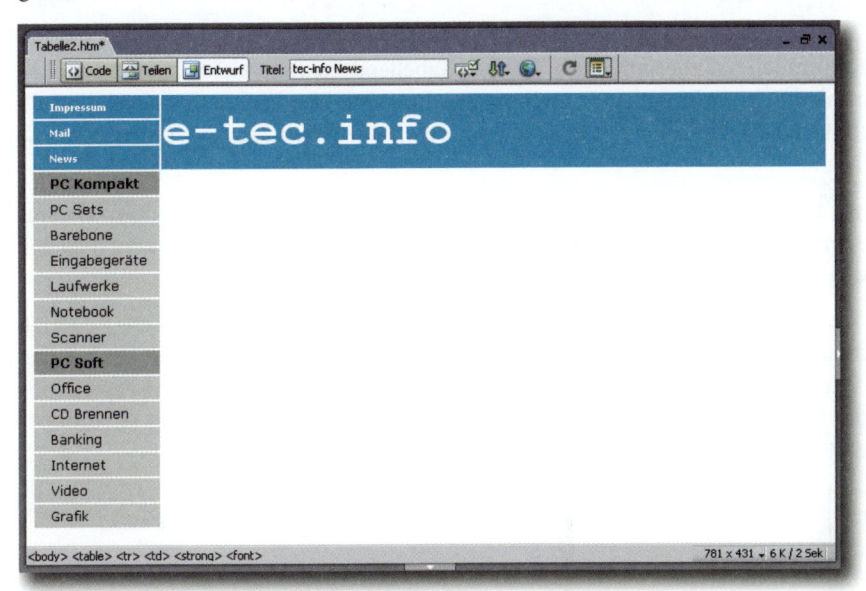

Abb. 3.51 Das nächste Zwischenergebnis

Auch in der Titelzeile wird der Abstandhalter eingesetzt. Hier soll aber ein viel größerer Abstand verwendet werden. Stellen Sie dazu eine Breite von 100 Pixeln ein. So ergibt sich das folgende Ergebnis.

Abb. 3.52 Der Abstandhalter für den Titel

> **Andere Möglichkeiten**
>
> Viele Wege führen nach Rom: So können Sie die Randabstände auch mithilfe von CSS-Stilen einstellen. Sie wissen noch gar nicht, wie man mit CSS-Stilen arbeitet? Deshalb haben wir uns in diesem Kapitel absichtlich für eine sehr einfache Variante entschieden ;–) Es muss nämlich nicht immer der komplizierteste Weg sein ...

3.2.4 Tabellen verschachteln

Im nächsten Arbeitsschritt soll der Hauptbereich der Seite gestaltet werden. Auch hier wollen wir dem aktuellen Trend folgen: Die Seiten sind heutzutage sehr klar gegliedert und dabei schlicht gehalten.

An dieser Stelle kommen wir aber mit der bisherigen Tabellenaufteilung nicht weiter. Ein Teilen der Zellen führt hier nicht mehr zum gewünschten Ergebnis. Wir könnten zum Beispiel die Zellraum-Option nutzen, um die Zellenabstände zu variieren. Diese bezieht sich aber immer auf die gesamte Tabelle.

Daher wollen wir Ihnen nun eine andere interessante Variante vorstellen: Tabellen können nämlich „verschachtelt" werden. Das bedeutet, dass innerhalb von Tabellenzellen weitere Tabellen eingefügt werden können, die eigene Einstellungen erhalten.

Bevor wir die Tabelle einfügen, wird am Ende der bisherigen Tabelle eine weitere Zeile benötigt. Nach dem Einfügen der neuen Zeile werden im rechten Bereich die beiden Zellen zusammengefasst. Die neu entstandene Zelle links ist nötig, damit die anderen Zellen die festgelegte Höhe behalten. Da der Mittelteil länger als die Navigationsleiste wird, würde ansonsten die unterste Zelle vergrößert.

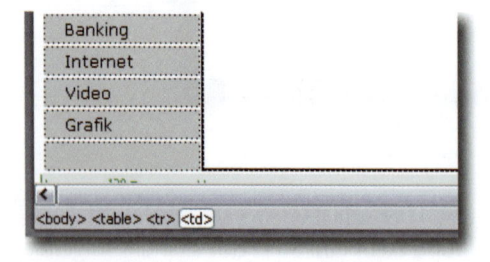

Abb. 3.53 Die neu eingefügte Zelle

Klicken Sie nun in die große Zelle. Verwenden Sie die bereits bekannte Schaltfläche zum Erstellen einer Tabelle im EINFÜGEN-Bereich.

Abb. 3.54 Einfügen einer weiteren Tabelle

Stellen Sie in dem Dialogfeld die nachfolgend gezeigten Werte ein. Wir haben hier eine prozentuale Breite von 95 % angegeben, damit etwas Leerraum an den Seiten entsteht. Der ZELLABSTAND wird auf 15 eingestellt, um die Zellen voneinander abzurücken.

Abb. 3.55 Die Werte der neuen Tabelle

Nach dem Einfügen sehen Sie, dass die prozentuale Angabe auch in der Tabellenlinie angezeigt wird. Zusätzlich finden Sie dort den dazugehörenden Pixelwert.

Abb. 3.56 Die eingefügte Tabelle

Die neue Tabelle wird innerhalb der Zelle standardmäßig links in der vertikalen Mitte platziert. Dies können Sie verändern, indem Sie die „Container"-Zelle markieren. Stellen Sie in den Listenfeldern des EIGENSCHAFTEN-Bedienfelds die Optionen ZENTRIERT und OBEN ein, um das folgende Ergebnis zu erhalten.

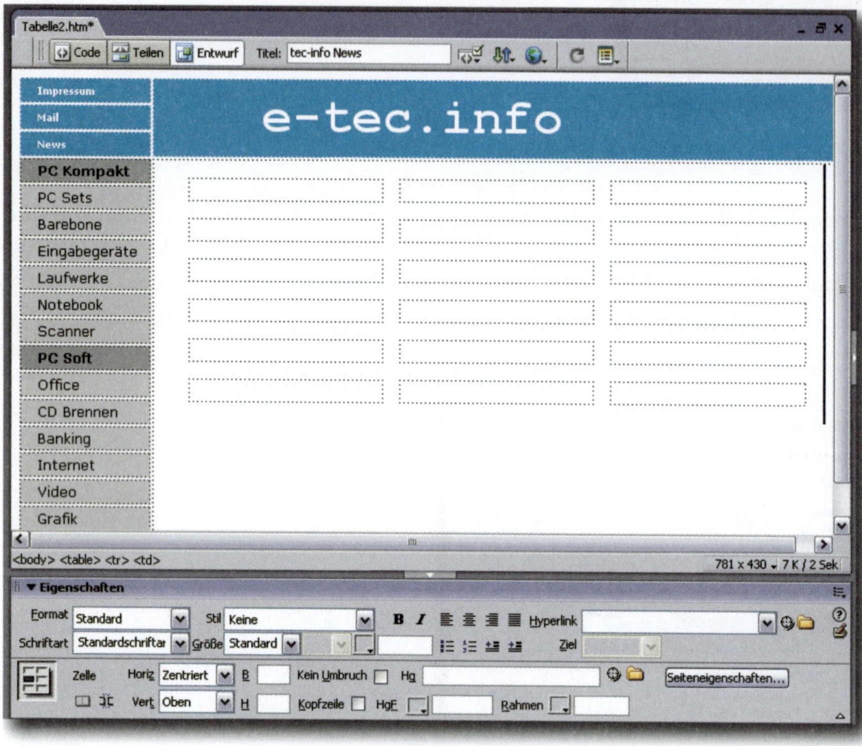

Abb. 3.57 Die Tabelle wurde neu ausgerichtet

Einige Zellen sollen mit den bekannten Arbeitsschritten verbunden werden. Sie sehen die neue Aufteilung nachfolgend.

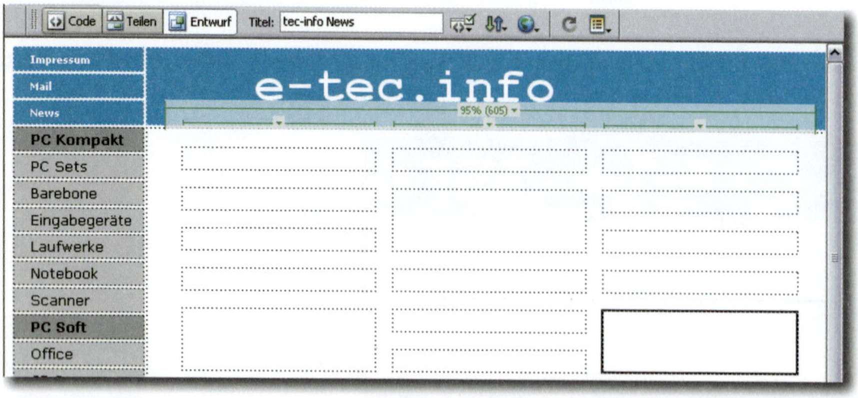

Abb. 3.58 Einige Zellen wurden verbunden

Die Spalten sollen jeweils ein Drittel der Breite erhalten. Dies ist standardmäßig schon der Fall. Falls aber Inhalte eingefügt werden, die länger sind, würde sich die Spaltenbreite verändern. Daher soll nun die Spaltenbreite fixiert werden. Markieren Sie dazu eine Spalte. Was markiert werden kann, zeigt Dreamweaver übrigens mit einer roten Markierungslinie an.

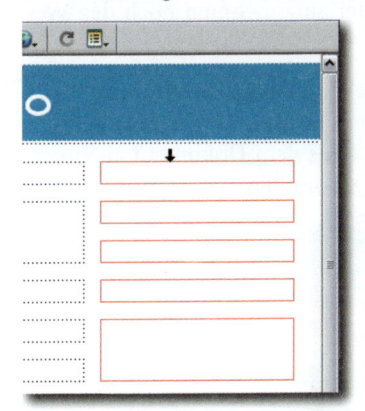

Abb. 3.59 Die Markierungslinie zeigt die Auswahlmöglichkeit an

Sie können auch alle Spalten „in einem Rutsch" anpassen. Ziehen Sie nach dem Markieren einer Spalte einfach den Mauszeiger weiter, bis alle Spalten markiert sind. Geben Sie in dem Breite-Eingabefeld den prozentualen Wert 33 % an.

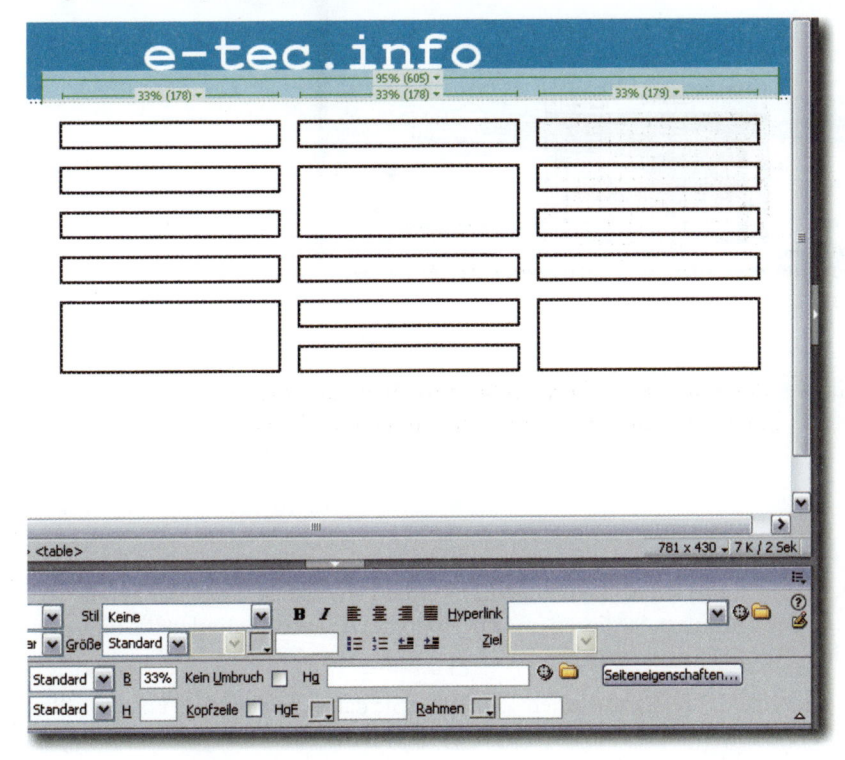

Abb. 3.60 Festlegen der Spaltenbreite

Farben übernehmen

Weisen Sie nun einigen Zellen eine Hintergrundfarbe zu. Sie sehen die Aufteilung nachfolgend. Da die Farbe von den anderen Zellen übernommen werden soll, können Sie es sich sehr einfach machen. Sie brauchen die Farbe weder aus dem Palettenfenster aufzunehmen noch den Wert einzutippen.

Wenn Sie in eine Zelle geklickt haben, klicken Sie auf das Farbfeld und halten Sie die linke Maustaste gedrückt. Wenn Sie den Mauszeiger dann in das Dokument bewegen, sehen Sie ein Pipetten-Symbol. Dies kennzeichnet die Möglichkeit, Farben direkt aus dem Dokument aufzunehmen. Im folgenden Bild wird die Farbe für die Zelle rechts aufgenommen.

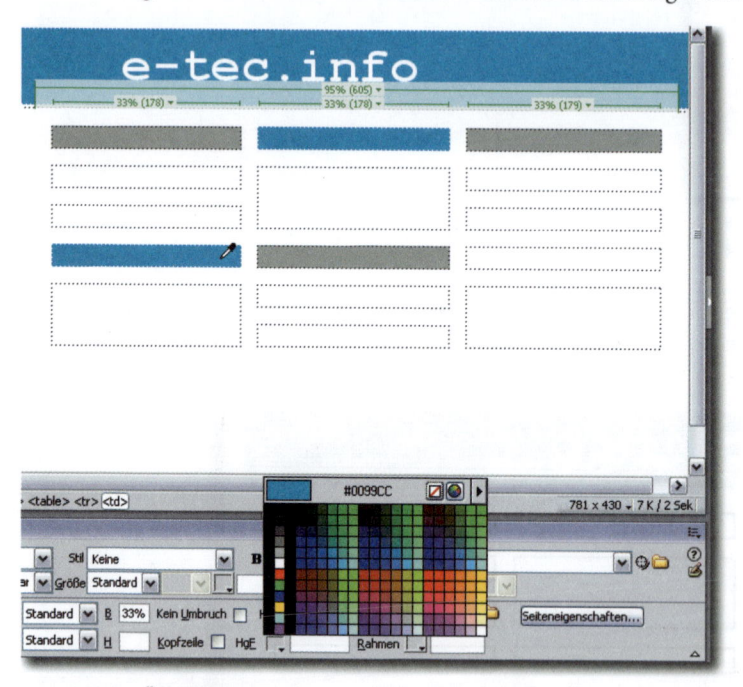

Abb. 3.61 Übernehmen einer Farbe

> Nach dem Einfärben des ersten Felds können Sie natürlich auch die Tastenkombination [Strg]+[Y] verwenden, um alle Felder einzufärben, die dieselbe Farbe erhalten sollen.

3.2.5 Bilder einfügen

In einigen Tabellenzellen sollen jetzt Bilder eingefügt werden. Wir haben die Bilder bereits vorbereitet und für das Web optimiert. Sie liegen im JPEG-Dateiformat vor. Sie finden die Bilder auf der CD zum Buch im Verzeichnis KAPITEL 3.

Klicken Sie in die Zelle, die das Bild aufnehmen soll. Rufen Sie dann die Funktion EINFÜGEN/BILD auf, die Sie auch über die Tastenkombination [Strg]+[Alt]+[I] erreichen. Im folgenden Dialogfeld werden die Bilder ausgewählt.

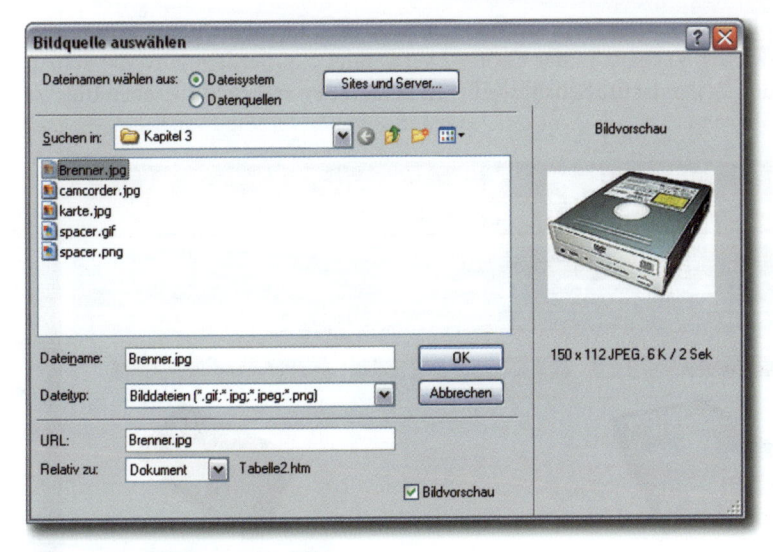

Abb. 3.62 Einfügen von Bildern

Fügen Sie die drei vorbereiteten Bilder wie folgt in die Tabellenzellen ein.

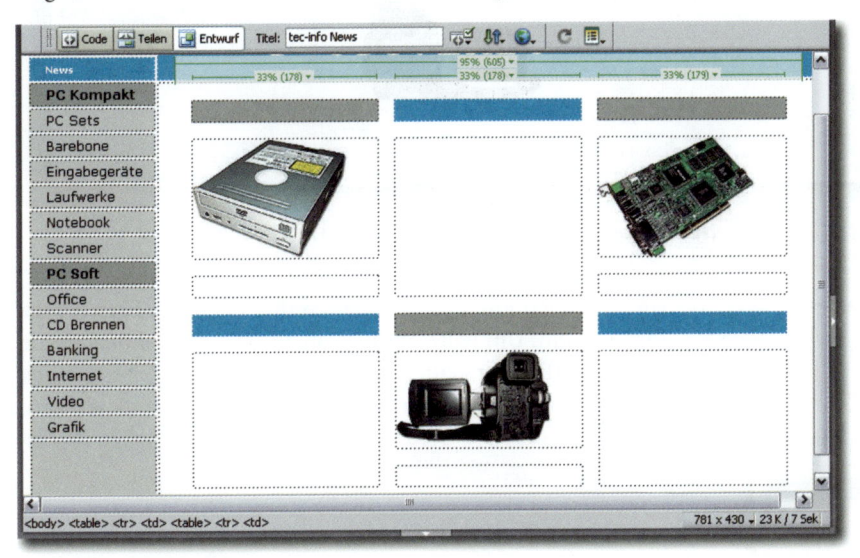

Abb. 3.63 Die eingefügten Bilder

Stellen Sie für die drei Zellen, in denen die Bilder eingefügt wurden, als horizontale Ausrichtung ZENTRIERT ein.

Beschriftungen einfügen

Nun folgen die Texte. In die farbigen Zellen werden die Überschriften der Themen eingetragen. Dabei wird zuerst ein Platzhalter mit einer Breite von 10 Pixeln eingefügt.

Als grafisches Element folgen dann drei Doppelpunkte. Anschließend wird die Bezeichnung eingefügt. Als Schrift wird wieder VERDANA in der Größe 2 verwendet – außerdem wird die Schrift fett gestaltet. In den blauen Zellen ist die Schrift weiß – in den grauen schwarz. Sie sehen dies im folgenden Bild.

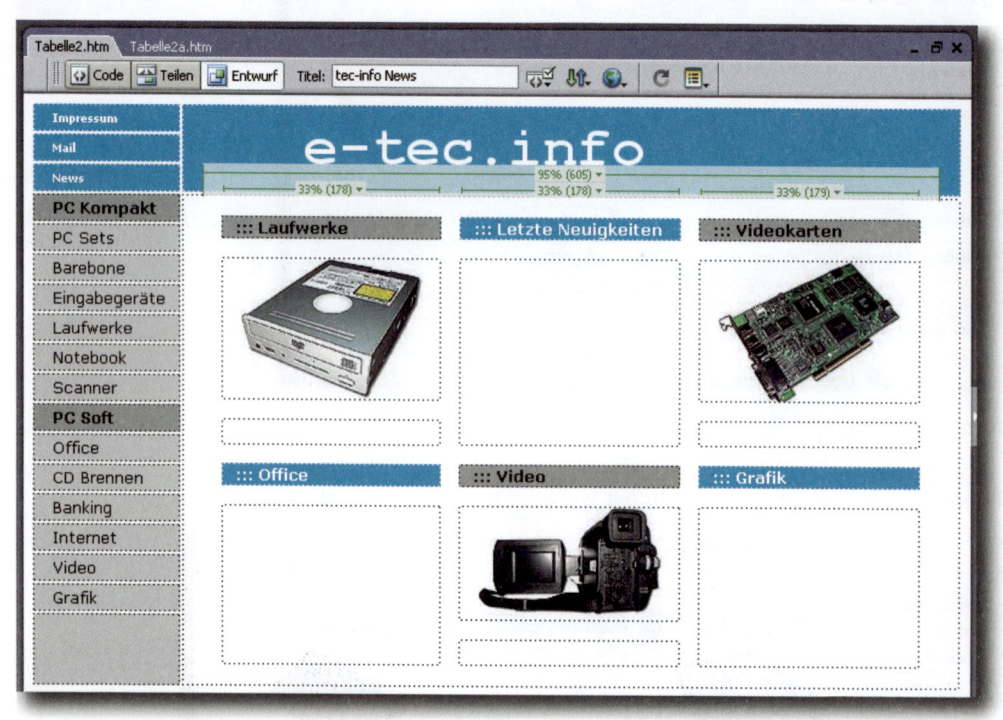

Abb. 3.64 Die Bereiche wurden beschriftet

Als Nächstes werden die verbleibenden Zellen mit Text versehen. Außer bei den Überschriften setzen wir hier nichts sagenden Blindtext ein. Um neue Absätze einzufügen, verwenden Sie am Zeilenende die ⏎-Taste. Da die Überschrift später keinen Abstand erhalten soll, geben Sie hier die Tastenkombination ⇧+⏎ ein, um einen erzwungenen Umbruch zu erstellen. Beide Varianten sehen Sie im folgenden Bild.

Abb. 3.65 Blindtext wurde eingefügt

Stellen Sie nun für diese Zellen die vertikale Ausrichtung OBEN ein, damit der Text an der oberen Zellenkante beginnt.

Abb. 3.66 Anpassen der vertikalen Ausrichtung

Zum Anpassen aller anderen Tabellenzellen können Sie wieder die Tastenkombination [Strg]+[Y] verwenden. Vor dem weiteren Formatieren sollten Sie nun die folgende Ausgangssituation vorfinden.

Abb. 3.67 Die Ausgangssituation vor dem Formatieren

Die Texte werden alle in der Schrift VERDANA formatiert. Sie erhalten die Schriftgröße 2. Die Überschriften werden in derselben Schrift formatiert, erhalten aber die Schriftgröße 4. Außerdem werden sie fett ausgezeichnet.

> Um das Formatieren zu beschleunigen, können Sie mehrere Zellen zusammen markieren. So brauchen Sie nur die Überschriften nachträglich anzupassen.

Abb. 3.68 Die fertig formatierten Texte

3.2.6 Das Ergebnis testen

Damit ist unsere Seite fertig gestellt. Natürlich wollen wir auch ausprobieren, wie die Seite im Webbrowser aussieht. Um „zwischendurch" den Überblick zu behalten, können Sie hin und wieder mit der Tastenkombination [Strg]+[⇧]+[I] die visuellen Hilfsmittel ausblenden.

Abb. 3.69 Die Seite ohne visuelle Hilfsmittel

Nachdem Sie das Dokument gespeichert haben, können Sie es im Webbrowser testen. Falls Sie mehrere Webbrowser installiert haben, können Sie mit der Funktion BEARBEITEN/VOREINSTELLUNGEN oder der Tastenkombination [Strg]+[U] im folgenden Dialogfeld weitere Webbrowser definieren. Wechseln Sie dazu in die Rubrik VORSCHAU IN BROWSER. Über die Schaltfläche mit dem Plussymbol werden weitere Webbrowser in die Liste aufgenommen.

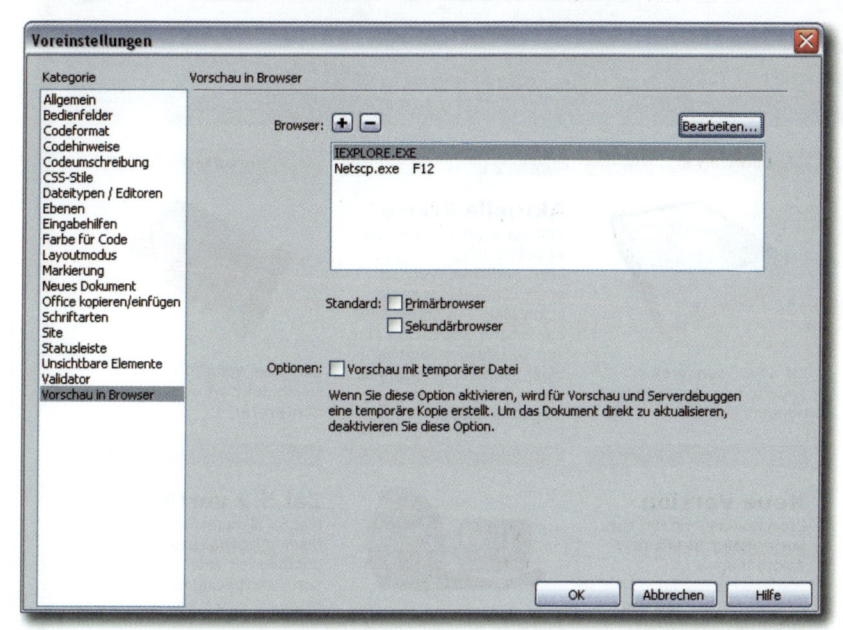

Abb. 3.70 Definieren von Webbrowsern

Die festgelegten Webbrowser können dann im nachfolgend abgebildeten Menü aufgerufen werden.

Abb. 3.71 Aufruf eines Webbrowsers

Mehrere Webbrowser testen

Es ist empfehlenswert, das Ergebnis in möglichst vielen verschiedenen Webbrowsern zu testen, um etwaige Kompatibilitätsprobleme aufzuspüren und sie gegebenenfalls zu korrigieren.

Im Netscape Navigator sehen Sie das folgende Ergebnis:

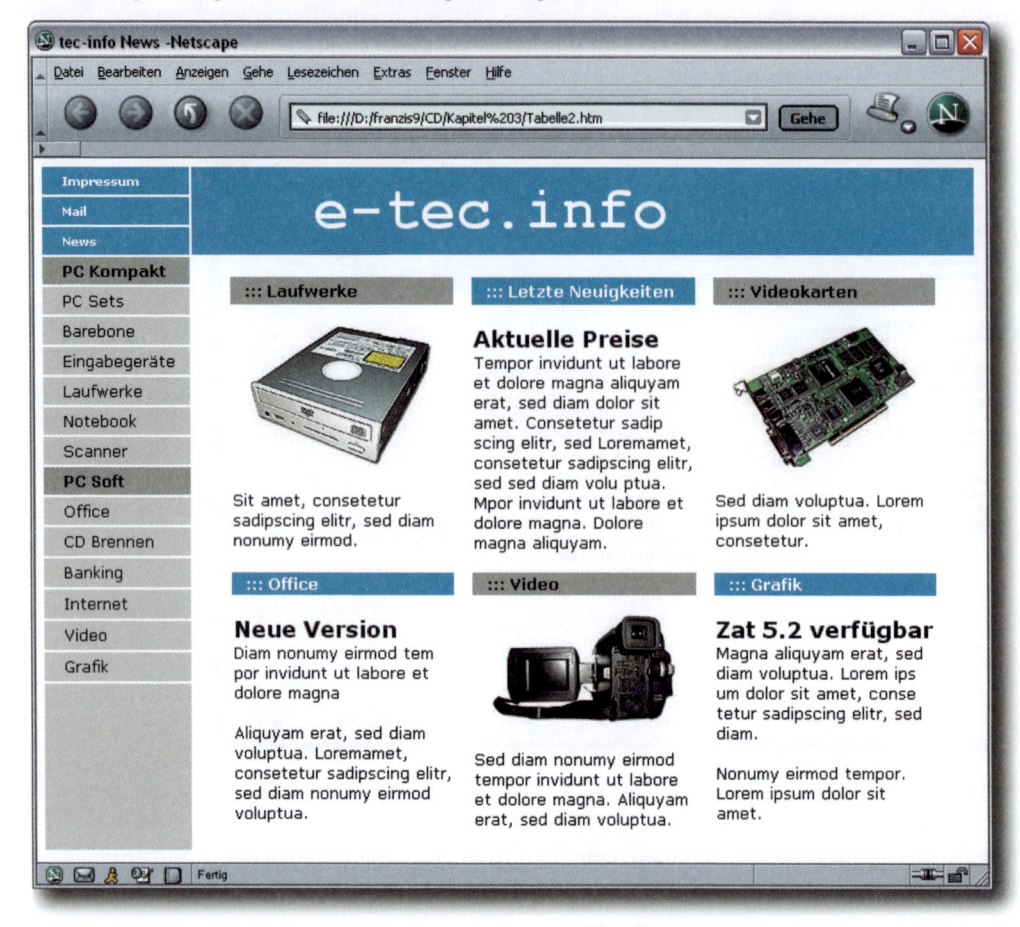

Abb. 3.72 Das Ergebnis im Netscape Navigator

Ein Fazit

In diesem Kapitel haben Sie den kompletten „manuellen" Aufbau in Dreamweaver kennen gelernt. Wir haben dabei absichtlich auf kompliziertere Tabellenaufbauten verzichtet. So entsteht ein sehr „schlankes" Ergebnis ohne redundanten Quellcode. Inklusive der Bilder ist das Ergebnis ganze 25,6 KByte groß und kann somit im Web sehr schnell übertragen werden.

Dreamweaver bietet im CODEFRAGMENTE-Bedienfeld aber auch diverse „Vorlagen" an. So können Sie beispielsweise schnell Tabellen erstellen, die eine dünne Umrandungslinie aufweisen – das ist auch gerade aktuell.

Sie finden diese Vorlagen in der Rubrik INHALTSTABELLEN/EIN-PIXEL-RAHMEN. Dreamweaver fügt dann automatisch den passenden Quellcode ein. Sie brauchen nur noch die gewünschten Formatierungen und Farben zuzuweisen. Ein solches Beispiel sehen Sie im folgenden Bild.

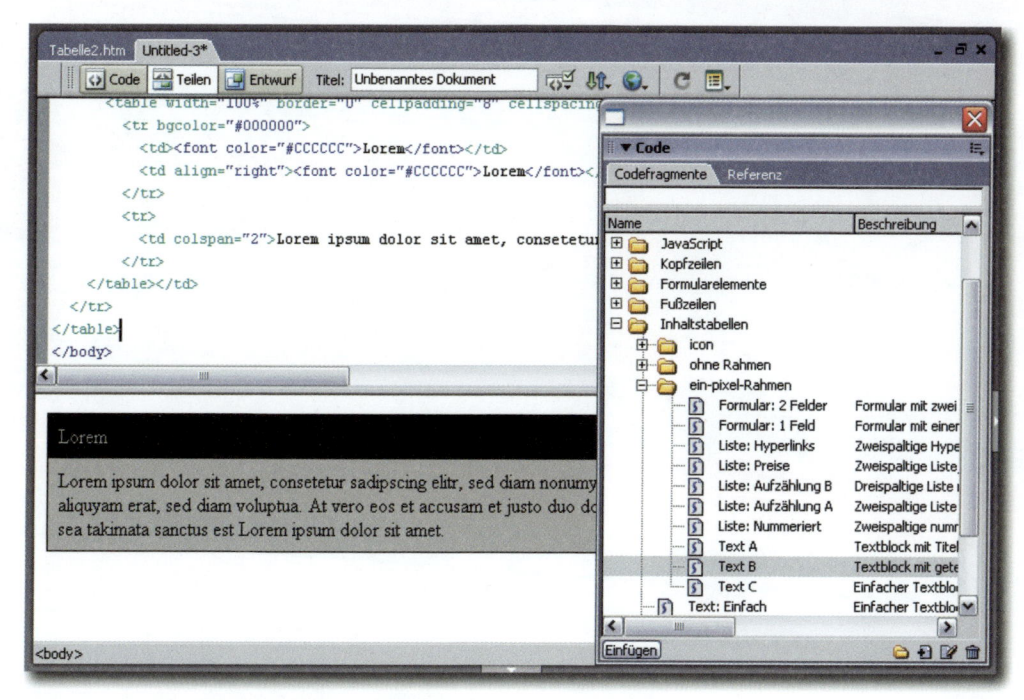

Abb. 3.73 Der Einsatz von Codefragmenten

Kapitel 4

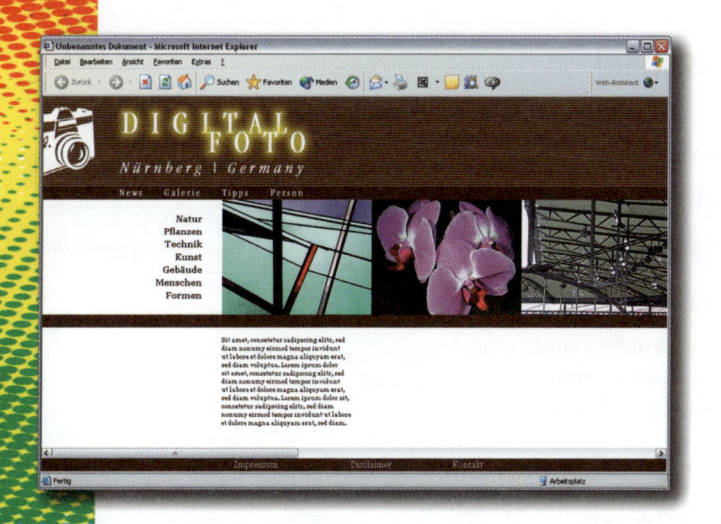

**Frames:
Eine Fotoseite
entwerfen**

In diesem Kapitel ...

4.1 Die Aufgabenstellung 121
4.2 Fotos in Fireworks vorbereiten 121
    4.2.1   Ändern der Bildgröße 124
4.3 Einen Webseitentitel gestalten 126
    4.3.1   Textelemente konstruieren 129
    4.3.2   Ein Symbol einfügen 135
    4.3.3   Objekte ausrichten 136
4.4 Segmentieren des Ergebnisses 137
4.5 Eine Navigationsleiste erstellen 138
    4.5.1   Textebenen erstellen 140
    4.5.2   Segmente exportieren 141
4.6 Eine Frameseite in Dreamweaver aufbauen 143
    4.6.1   Anpassen der Frames 145
    4.6.2   Grafiken übernehmen 147
    4.6.3   Das Hauptframe bearbeiten 149
    4.6.4   Die Fußzeile bearbeiten 152
    4.6.5   Weitere Frame-Optionen 154

4.1 Die Aufgabenstellung

In diesem Kapitel soll eine Foto-Webseite erstellt werden. Dabei lernen Sie die Gestaltung mit Frames kennen. Und natürlich werden wieder Tabellen eingesetzt. Um Tabellen kommen Sie bei der Webseitengestaltung kaum herum. Einige Elemente werden in unserem Beispiel als Pixelbilder benötigt. Daher lernen Sie wieder einige Fireworks-Funktionen kennen.

4.2 Fotos in Fireworks vorbereiten

Auf der Webseite sollen später verschiedene Fotos integriert werden. Es wird oft vorkommen, dass die Ausgangsfotos nicht optimal sind. Fireworks bietet aber diverse Funktionen zur Bildoptimierung an. Starten Sie Fireworks und öffnen Sie das betreffende Bild. Sie finden es auf der Buch-CD im Verzeichnis Kapitel 4. Die Ansichtsgröße des Bilds wird automatisch so im Dokumentfenster angepasst, dass das Bild vollständig zu sehen ist.

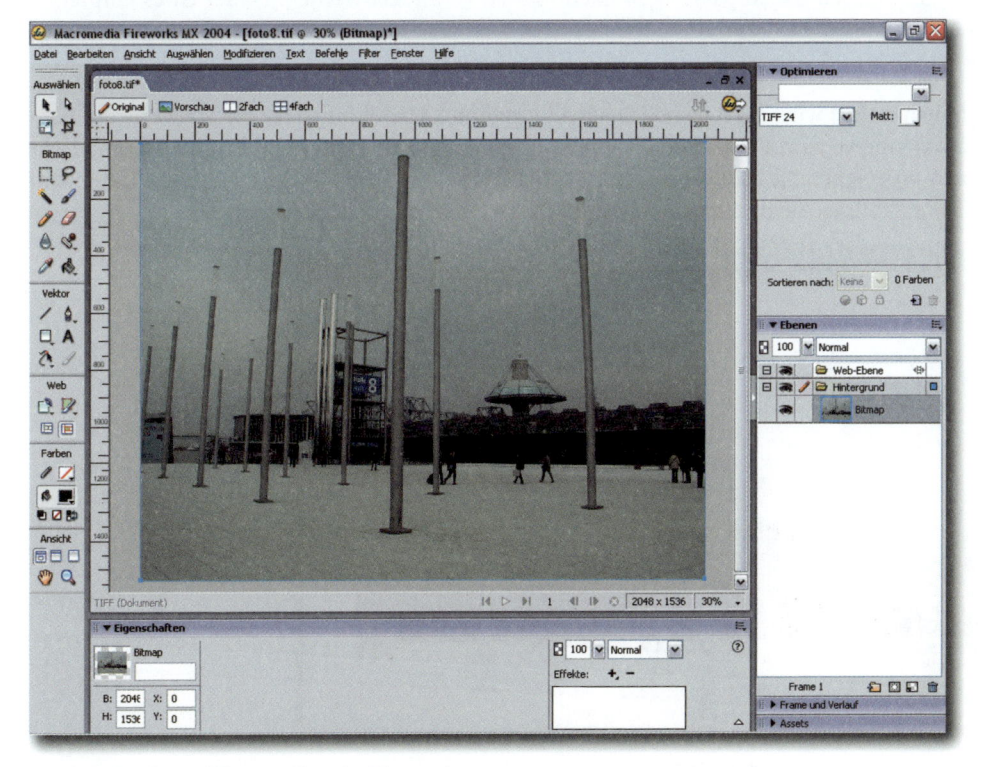

Abb. 4.1 Ein geöffnetes Foto in Fireworks

Das Foto ist etwas zu blass geraten. Über das EFFEKTE-Menü im EIGENSCHAFTEN-Bedienfeld erreichen Sie verschiedene Funktionen zum Optimieren oder Verfremden des Bilds. Wir benötigen für unser Beispielfoto die Funktion FARBE ANPASSEN/STUFEN.

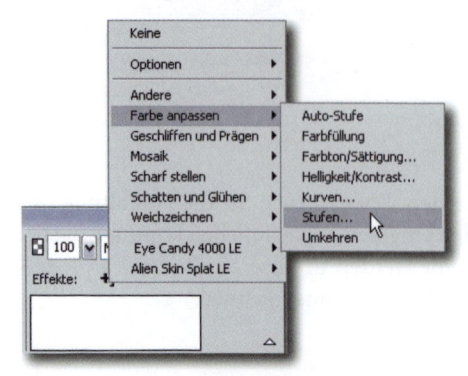

Abb. 4.2 Aufruf eines Effekts

> **Variable Veränderung**
>
> Der Aufruf der Menüfunktion FILTER/FARBE ANPASSEN/STUFEN ändert das Bild dauerhaft. Wird dieselbe Funktion aber über das EFFEKTE-Menü des EIGENSCHAFTEN-Bedienfelds aufgerufen, können die Anpassungen nachträglich verändert werden. Daher ist es empfehlenswert, stets diese Funktion zu verwenden.

Nach dem Aufruf wird das folgende Dialogfeld geöffnet. Hier können Sie die Tonwerte des Bilds anpassen, und so zum Beispiel den Kontrast optimieren. Bei unserem Bild ist die automatische Korrektur geeignet, die Sie über die AUTO-Schaltfläche aktivieren. Ist die VORSCHAU-Option eingeschaltet, können Sie die Optimierung gleich am Originalbild begutachten.

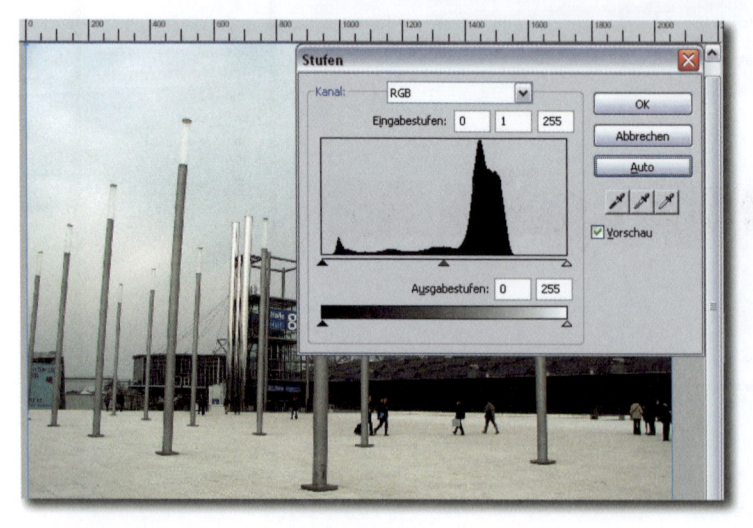

Abb. 4.3 Optimieren des Kontrastes

Nach der Bestätigung sehen Sie den Effekt in der Liste. Mit einem Klick auf das Hakensymbol kann der Effekt ausgeblendet werden. Um später Änderungen vorzunehmen, klicken Sie auf das „i"-Symbol. Dann wird das zuvor gezeigte Dialogfeld wieder geöffnet.

Abb. 4.4 Der angewendete Effekt

Anpassen der Sättigung

Sie können mehrere Effekte anwenden. Rufen Sie daher nun den Effekt FARBTON/SÄTTIGUNG auf, den Sie ebenfalls im Menü FARBE ANPASSEN finden. Hier sollen keine drastischen Änderungen vorgenommen werden. Stellen Sie im folgenden Dialogfeld den SÄTTIGUNG-Wert auf 10 ein. Auch hier sollte die VORSCHAU-Option aktiviert werden, um das Ergebnis begutachten zu können. Sie sehen im folgenden Bild, dass sich gegenüber dem Ausgangsbild schon eine Menge getan hat. Negative Werte lassen die Farben übrigens weniger gesättigt erscheinen.

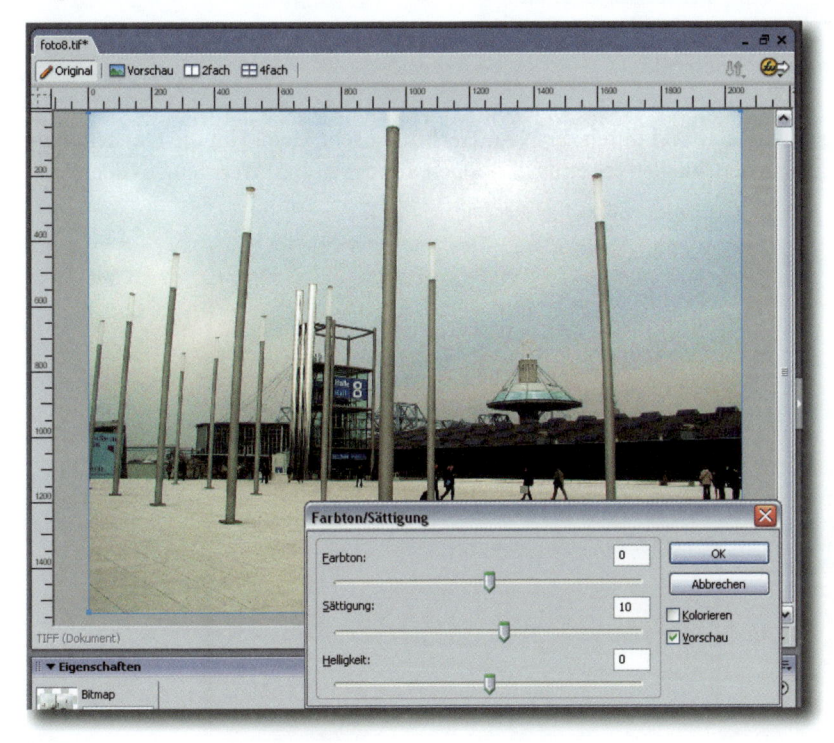

Abb. 4.5 Erhöhen der Sättigung

4.2.1 Ändern der Bildgröße

Das Foto – das mit einer Digitalkamera aufgenommen wurde – ist für die Webseitengestaltung natürlich viel zu groß. Daher soll im nächsten Schritt die Bildgröße verändert werden. Dazu benötigen Sie die Funktion MODIFIZIEREN/LEINWAND/BILDGRÖSSE. Verwenden Sie eine neue Höhe von 180 Pixeln.

Wenn die Option PROPORTIONEN BESCHRÄNKEN aktiviert ist, wird die neue Breite automatisch angepasst. Beachten Sie außerdem, dass auch die Option BILD NEU AUFLÖSEN aktiviert ist, damit die Pixelanzahl des Bilds reduziert wird.

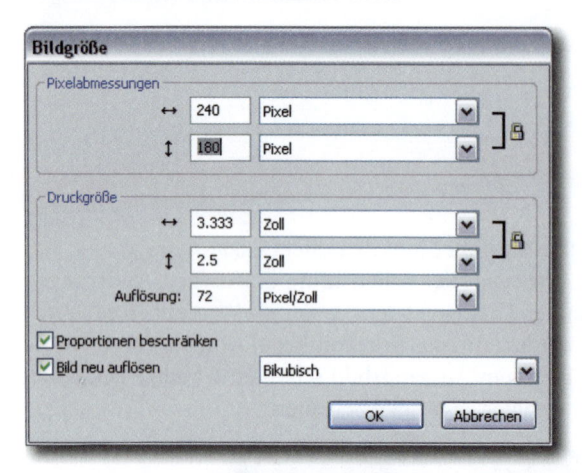

Abb. 4.6 Reduzieren der Bildgröße

Nach dem Bestätigen wird das Bild durch die Neuberechnung sehr klein. Um die Darstellungsgröße auf 100 % einzustellen, klicken Sie einfach doppelt auf das Zoom-Werkzeug in der Werkzeugleiste.

Abb. 4.7 Das Bild wurde verkleinert

Schärfen des Bilds

Im letzten Arbeitsschritt soll nun das Bild noch geschärft werden. Dazu muss es aber zunächst markiert werden, da nach der Größenveränderung die Markierung aufgehoben wurde. Verwenden Sie dazu das Zeigerwerkzeug aus dem Werkzeuge-Bedienfeld. Klicken Sie damit auf das Bild, sodass die blaue Markierungslinie wieder zu sehen ist.

Abb. 4.8 Markieren des Bilds

Verwenden Sie jetzt den Effekt SCHARF STELLEN/MASKE WEICHZEICHNEN. Im folgenden Dialogfeld werden die Einstellungen vorgenommen.

Abb. 4.9 Die Bildschärfe verbessern

Damit entsteht folgendes Ergebnis.

Abb. 4.10 Das fertige Bild

Speichern Sie das Ergebnis mit der Funktion DATEI/SPEICHERN, die Sie auch über die Tastenkombination [Strg]+[S] erreichen. Damit wird das Ergebnis im PNG-Dateiformat gesichert. Außerdem wird eine JPEG-Datei benötigt. Stellen Sie daher im OPTIMIEREN-Bedienfeld für das markierte Bild die folgenden Exportoptionen ein.

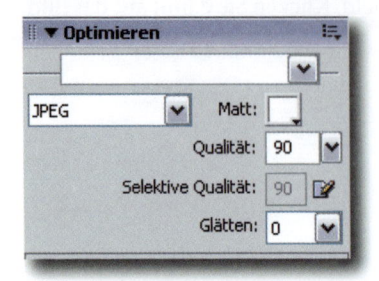

Abb. 4.11 Die Exportoptionen

Verwenden Sie nun die Funktion DATEI/EXPORTIEREN oder die Tastenkombination [Strg]+[⇧]+[R], um das JPEG-Bild zu erzeugen. Auf dieselbe Art müssen auch die weiteren Fotos bearbeitet werden.

> Wenn Sie sich die Arbeit ersparen wollen, können Sie einfach die JPEG-Variante verwenden. Wir haben nämlich alle fertig optimierten Bilder im Verzeichnis KAPITEL 4 auf der CD untergebracht.

4.3 Einen Webseitentitel gestalten

Die nächste Arbeit, die wir in Fireworks erledigen wollen, ist die Gestaltung eines Titels. Hier sollen Schrifteffekte verwendet werden. Außerdem soll ein Symbol als grafischer Blickfang eingefügt werden. Erstellen Sie dazu mit der Funktion DATEI/NEU ein neues Bild.

Stellen Sie eine Höhe von 140 Pixeln ein – die Breite ist nicht so bedeutend, da das Bild anschließend noch zugeschnitten wird. Als LEINWANDFARBE wird die Option WEISS benötigt.

Abb. 4.12 Erstellen einer neuen Datei

Nach dem Bestätigen sehen Sie im Dokumentfenster ein leeres Bild. Es ist recht schmal – die Maße wurden absichtlich so gewählt.

Ein „Hilfsrechteck" konstruieren

Da wir beim Hintergrund einen Effekt anwenden wollen, reicht das Einfärben der Leinwand nicht aus. Daher konstruieren wir als Erstes ein Rechteck, das genau die Größe des Hintergrunds hat. Gehen Sie dazu folgendermaßen vor:

1 Rufen Sie aus dem Werkzeuge-Bedienfeld das RECHTECKWERKZEUG auf – Sie erreichen es auch mit dem Tastenkürzel U.

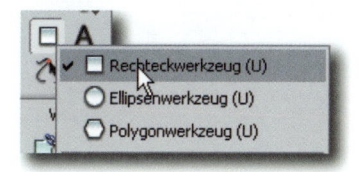

Abb. 4.13 Aufruf des Rechteckwerkzeugs

2 Sie können wahlweise erst die Eigenschaften des Rechtecks einstellen oder diese nach dem Erstellen anpassen. Klicken Sie dann in das Bild und ziehen Sie das Rechteck mit gedrückter linker Maustaste auf.

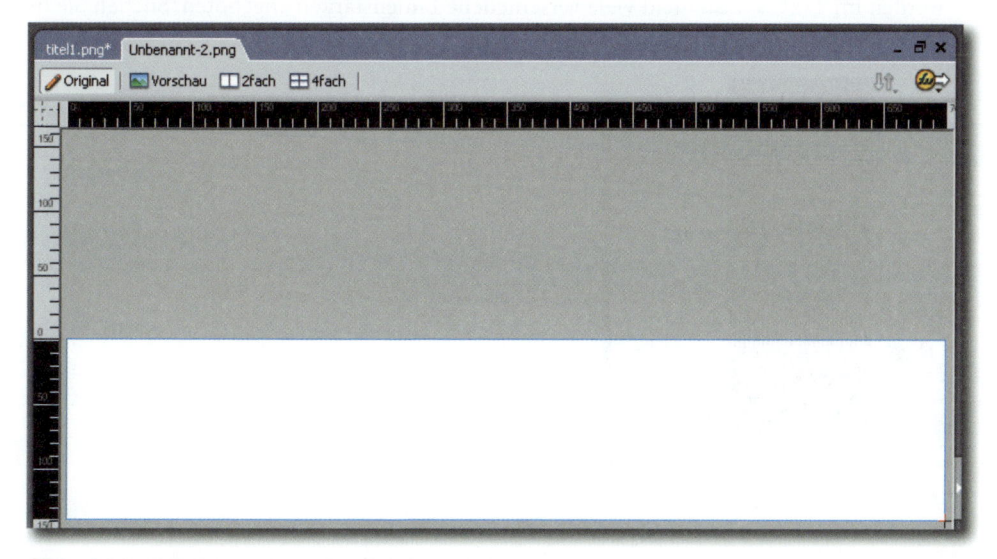

Abb. 4.14 Aufziehen eines Rechtecks

3 Die Markierungen im Lineal erleichtern die Konstruktion. Vermutlich werden Sie nicht auf Anhieb die korrekten Maße erhalten. Sie können aber anschließend im EIGENSCHAFTEN-Bedienfeld schnell die passenden Maße und die Position einstellen. Tippen Sie dazu in die Eingabefelder links die nachfolgend gezeigten Werte ein.

Abb. 4.15 Die Maße und die Position des Rechtecks

4 Stellen Sie als Füllung die Farbe mit dem hexadezimalen Wert #663300 ein. Im Listenfeld rechts neben dem Farbfeld ist die Option EINFARBIG eingestellt.

Abb. 4.16 Die Farbe des Rechtecks

5 Zum momentanen Trend gehören die so genannten Scanlinien. Dabei wechseln sich helle und dunkle Bereiche ab. Diesen Effekt können Sie mit Fireworks sehr leicht realisieren. Dazu werden im TEXTUR-Listenfeld viele verschiedene Linienstärken angeboten. Suchen Sie in der Liste den Eintrag LINIE-HORIZ 3.

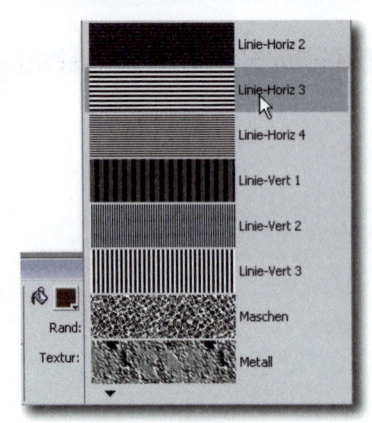

Abb. 4.17 Auswahl einer Textur

> Sie können die Liste über die Pfeile am Anfang und Ende der Liste scrollen, um nicht sichtbare Teile einzublenden.

6 Stellen Sie in dem Eingabefeld rechts daneben die Deckkraft ein. Je niedriger der Wert ist, umso stärker scheint die Farbe des Rechtecks durch. Wir haben uns für den Wert 35 % entschieden.

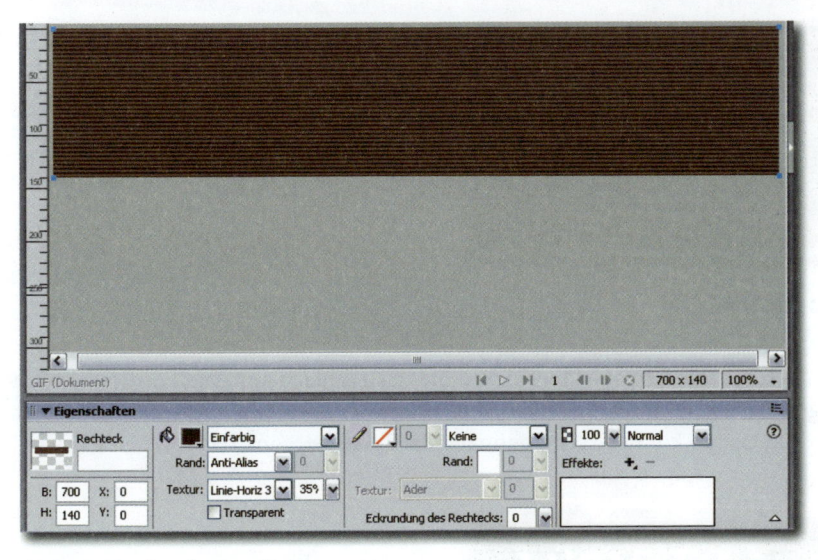

Abb. 4.18 Der fertige Untergrund

4.3.1 Textelemente konstruieren

Als Nächstes benötigen wir einige Textobjekte. Dazu wird das Textwerkzeug eingesetzt, das Sie auch über das Tastenkürzel (T) erreichen.

> Auch bei Textobjekten ist es prinzipiell egal, ob die Eigenschaften vor oder nach dem Erstellen angepasst werden. Ist der richtige Schrifttyp zuvor ausgewählt, haben Sie den Vorteil gleich bei der Eingabe einen Eindruck des Ergebnisses zu erhalten.

Wir beginnen mit den folgenden Einstellungen im Eigenschaften-Bedienfeld. Falls die Schrift Garamond LightCondensed nicht auf Ihrem System installiert ist, können Sie natürlich auch eine andere Schrift verwenden – etwa die Times New Roman.

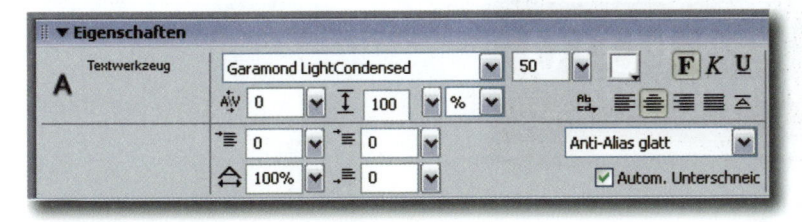

Abb. 4.19 Die Texteinstellungen

Klicken Sie in den Arbeitsbereich und tippen Sie den gewünschten Text ein. In unserem Beispiel verwenden wir nur Versalien. Da dies als direkte Option nicht vorhanden ist, müssen Sie beim Eintippen die (⇧)-Taste gedrückt halten. So könnten Sie zunächst das nachfolgend abgebildete Ergebnis erhalten.

Abb. 4.20 Das Textobjekt

Wir benötigen noch weitere Textobjekte. Klicken Sie dazu einfach auf eine Position außerhalb des Markierungsrahmens des fertigen Textobjekts. Dann wird ein neuer Textrahmen erstellt, in dem Sie den Text eintippen können. Wir benötigen die Texte getrennt, da später eine besondere Anordnung zueinander erfolgen soll.

Abb. 4.21 Ein neues Textobjekt

Für ein drittes Textobjekt wird nach dem Erstellen des Textrahmens eine geringere Größe von 25 Pixeln eingestellt. So erhalten Sie anschließend drei unterschiedliche Textobjekte, die getrennt voneinander bearbeitet werden können.

Abb. 4.22 Das letzte Textobjekt

Neue Ebenen

Für jedes Textobjekt wurde automatisch eine eigenständige Ebene erstellt. Dies belegt ein Blick in das EBENEN-Bedienfeld. Neben der Rechteckebene sind dort jetzt drei Textebenen zu sehen.

Formatieren der Textobjekte

Nach dem Erstellen der Textobjekte sollen diese nun formatiert und positioniert werden. Wählen Sie das zu formatierende Textobjekt mit dem Zeigerwerkzeug aus. Als Texteffekt sollen die Buchstaben der beiden ersten Objekte auseinander gezogen werden.

Da beide Textobjekte dieselben Einstellungen erhalten sollen, markieren Sie beide. Halten Sie dazu beim Anklicken die ⇧-Taste gedrückt – dann ist eine Mehrfachauswahl möglich. Sie erkennen die Auswahl an den blauen Markierungslinien.

Abb. 4.23 Markieren mehrerer Objekte

Weisen Sie diesen Textobjekten nun einen sehr hohen Unterschneidungswert von 40 zu. Sie können wahlweise den Wert in das Eingabefeld eintippen oder den Schieberegler verziehen, den Sie mit einem Klick auf das Pfeilsymbol öffnen.

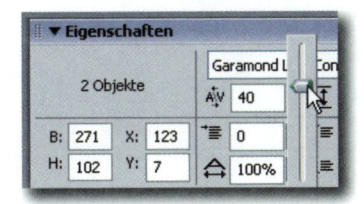

Abb. 4.24 Erhöhen des Unterschneidungswerts

Die Buchstaben sind anschließend deutlich auseinander gezogen, wie die folgende Abbildung belegt. Dies ist ein typografischer Effekt, der Ihnen vermutlich häufiger beim Besuch von Webseiten begegnen wird.

Abb. 4.25 Die auseinander gezogenen Buchstaben

Anwenden von Effekten

Beide Textobjekte sollen nun mit einem weiteren Effekt versehen werden – auch diese Zuweisung ist „in einem Rutsch" möglich, da beide Objekte markiert sind. Rufen Sie aus dem EFFEKTE-Menü die Option SCHATTEN UND GLÜHEN/GLÜHEN auf.

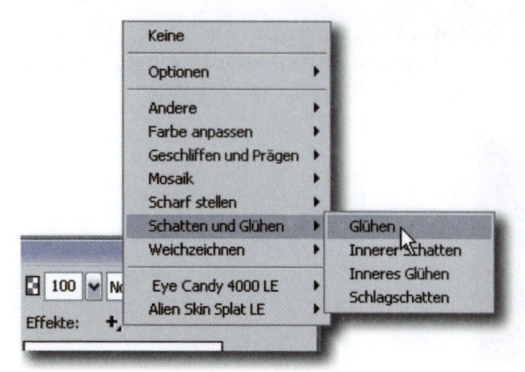

Abb. 4.26 Aufruf eines Effekts

Die standardmäßig vorgeschlagenen Einstellungen können Sie übernehmen – nur die Farbe soll verändert werden. Klicken Sie dazu auf das Farbfeld.

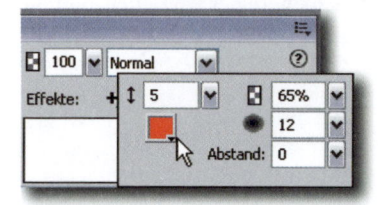

Abb. 4.27 Die Standardeinstellungen

Wählen Sie in der Farbpalette Gelb aus. Die Standardgrundfarben finden Sie am linken Rand der Farbpalette.

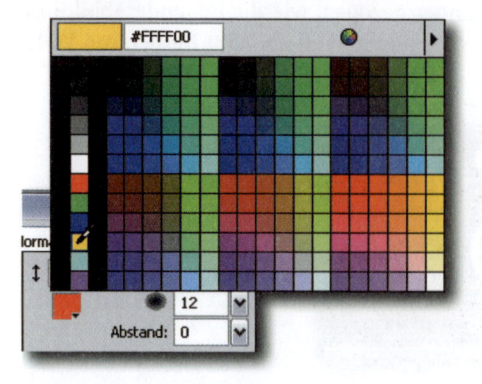

Abb. 4.28 Auswahl einer neuen Farbe

Nach dem Bestätigen mit der ⏎-Taste sehen Sie ein interessantes Ergebnis. Die Textobjekte „leuchten".

Abb. 4.29 Der Text „leuchtet"

Verschieben von Objekten

Nun sollen die Objekte auf neue Positionen verschoben werden. Da nicht beide Textobjekte gemeinsam verschoben werden sollen, muss die Auswahl zunächst aufgehoben werden. Dies erreichen Sie beispielsweise mit der Tastenkombination Strg+D. Schneller klappt es aber, wenn Sie mit aktivem Zeigerwerkzeug einfach außerhalb der markierten Objekte irgendwo in den Arbeitsbereich klicken.

Markieren Sie dann das zweite Textobjekt – dies wollen wir als Erstes verschieben. Zum Verschieben können Sie beispielsweise die Pfeiltasten verwenden. Dann wird die Ebene bei jeden Tastendruck um einen Pixel verschoben. Halten Sie zusätzlich die ⇧-Taste gedrückt, sind es gleich 10 Pixel.

Die neue Position sehen Sie im folgenden Bild. Wir haben die Oberkante des ersten Buchstabens bündig zur Unterkante eines Buchstabens im ersten Textobjekt verschoben.

Abb. 4.30 Das verschobene Textobjekt

Nun soll auch der letzte Schriftzug verändert werden. Hier wird zunächst ein Sonderzeichen zwischen den beiden Wörtern eingefügt – und zwar ein senkrechter Strich, den Sie über die Taste ‹ erreichen. Sie müssen dabei zusätzlich die AltGr-Taste drücken.

Anschließend wird auch für dieses Textobjekt ein anderer Buchstabenabstand eingestellt. In diesem Fall verwenden wir einen Wert von 24, sodass diese Zeile die gleiche Ausdehnung wie die beiden Zeilen darüber hat. Auch dieses Textobjekt wird verschoben. Sie sehen die neue Situation in der folgenden Abbildung.

Abb. 4.31 Der fertige Textblock

Objekte gruppieren

Der Gesamtblock ist nun fertig gestellt. Nach den nächsten Arbeiten sollen diese Textobjekte nur noch gemeinsam verändert werden. Dazu können Sie so genannte Gruppen erstellen. Markieren Sie alle Textobjekte. Sie können Sie nacheinander mit gedrückter ⇧-Taste anklicken, oder einfach außerhalb des Dokuments klicken und mit gedrückter linker Maustaste einen Rahmen um die Objekte aufziehen.

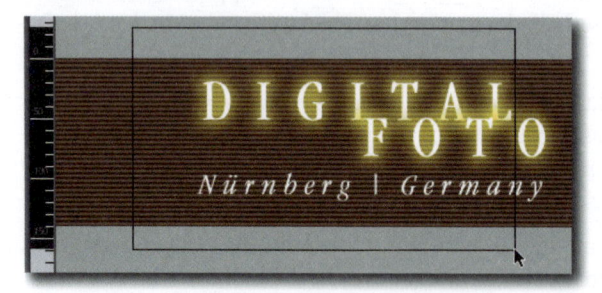

Abb. 4.32 Auswahl durch Aufziehen eines Rahmens

Alle Objekte, die vom Rahmen teilweise erfasst werden, sind nach dem Loslassen der linken Maustaste in der Auswahl enthalten. Das bedeutet in unserem Fall allerdings, dass auch das Hintergrundrechteck in der Auswahl enthalten ist. Wenn Sie es mit gedrückter ⇧-Taste anklicken, wird es wieder aus der Auswahl entfernt. Verwenden Sie dann die Funktion MODIFIZIEREN/GRUPPIEREN oder die Tastenkombination [Strg]+[G], um die markierten Objekte zu einer Gruppe zusammenzufassen. Vier blaue Markierungspunkte kennzeichnen die Gruppierung.

Abb. 4.33 Die gruppierten Objekte

Alle Objekte der Gruppe werden nach der Gruppierung wie ein einzelnes Objekt behandelt. Alle Transformationen oder Positionsveränderungen betreffen dann die gesamte Gruppe. Sie können gruppierte Objekte jederzeit wieder trennen. Verwenden Sie dazu die Tastenkombination [Strg]+[⇧]+[G].

4.3.2 Ein Symbol einfügen

Im linken Bereich benötigen wir nun noch ein grafisches Element. Es soll einem Zeichensatz entnommen werden. Der Schriftsatz WEBDINGS enthält diverse grafische Symbole. Verwenden Sie zur Auswahl eines Symbols die Windows-Zeichentabelle. Sie sehen nachfolgend das Symbol, das wir uns ausgesucht haben.

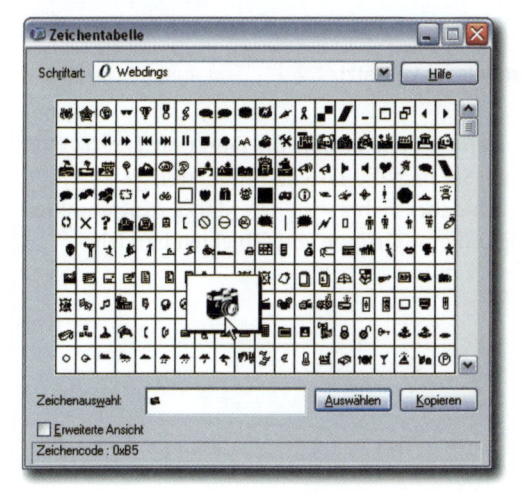

Abb. 4.34 Die Windows-Zeichentabelle

Kopieren Sie das Symbol über die gleichnamige Schaltfläche. Wechseln Sie zu Fireworks und fügen Sie das Symbol dort mit der Tastenkombination [Strg]+[V] ein. Es wird ein neues Textobjekt erstellt, das in der Mitte des Dokuments platziert wird.

Abb. 4.35 Das eingefügte Symbol

Formatieren Sie nun dieses neue Textobjekt. Weisen Sie die Schrift WEBDINGS zu und stellen Sie eine Schriftgröße von 190 ein. Außerdem wird der Text weiß eingefärbt.

Da es sich um einen Text handelt, könnten Sie das Symbol jederzeit gegen ein anderes aus diesem Schriftsatz austauschen. Wir wollen Ihnen aber ein anderes Verfahren vorstellen. Das neue Textobjekt ist durch die Behandlung als Text schwer zu handhaben. So wird der dazugehörende Markierungsrahmen erst in einer kleineren Darstellungsgröße sichtbar, weil er sich außerhalb des Dokuments befindet.

Abb. 4.36 Der Markierungsrahmen des Textsymbols ist versetzt

Um den Text in ein grafisches Element umzuwandeln, sollten Sie jetzt die Funktion TEXT/IN PFADE KONVERTIEREN verwenden. Alternativ dazu können Sie auch die Tastenkombination [Strg]+[⇧]+[P] eingeben. Am Aussehen des Symbols verändert sich dabei nichts – an den Markierungspunkten erkennen Sie, dass es sich nach der Umwandlung um eine Gruppe von Objekten handelt.

Abb. 4.37 Das umgewandelte Objekt

> Nach der Umwandlung handelt es sich um ein „normales" Vektorgrafikobjekt – das Editieren des Textes ist daher nicht mehr möglich.

4.3.3 Objekte ausrichten

Die fertig gestellten Objekte sollen zueinander ausgerichtet werden. Auch dazu war das vorherige Gruppieren der Textobjekte wichtig. Markieren Sie alle Objekte im Dokument. Da jetzt auch das Hintergrundrechteck benötigt wird, können Sie dazu ruhig die Tastenkombination [Strg]+[A] verwenden.

Im Untermenü MODIFIZIEREN/AUSRICHTEN finden Sie unterschiedliche Funktionen, um die markierten Objekte zueinander auszurichten. Praktischer als die Menüfunktionen sind aber die Optionen des AUSRICHTUNG-Bedienfelds, das Sie über das FENSTER-Menü öffnen können.

Mit den nachfolgend abgebildeten Optionen erreichen Sie die zentrierte vertikale Ausrichtung. Beachten Sie, dass die LEINWAND-Option aktiviert wurde, damit die Objekte im Verhältnis zum Dokument ausgerichtet werden.

Abb. 4.38   Ausrichten von Objekten

4.4   Segmentieren des Ergebnisses

Das Ergebnis soll natürlich später wieder in Dreamweaver zusammengesetzt werden. Damit getrennte Pixelbilder erzeugt werden, muss das Bild nun in Segmente aufgeteilt werden. Rufen Sie dazu aus dem Werkzeuge-Bedienfeld das Segmentierwerkzeug auf, das Sie auch über das Tastenkürzel (K) erreichen.

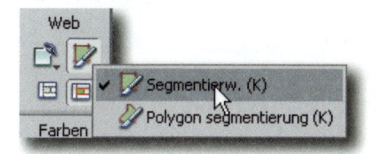

Abb. 4.39   Aufruf des Segmentierwerkzeugs

Ziehen Sie nun mit gedrückter linker Maustaste einen Rahmen um den Bereich auf, der die gestalteten Elemente enthält. Ganz präzise kommt es hier nicht auf die rechte Begrenzung an – Sie sehen unseren Vorschlag im folgenden Bild.

Der Ansichtsmodus für Segmente wird übrigens nach dem Aufziehen des Segments automatisch aktiviert. Die Segmente werden dann transparent grün hervorgehoben.

Abb. 4.40   Das erste Segment

Es soll ein weiteres Segment erstellt werden. Da die Kanten der Segmente magnetisch wirken, ist das Erstellen eines direkt angrenzenden Segments recht einfach. Die Breite ist hier egal – es sollte nur ein schmales Stück segmentiert werden. Orientieren Sie sich an der nachfolgend gezeigten Abbildung.

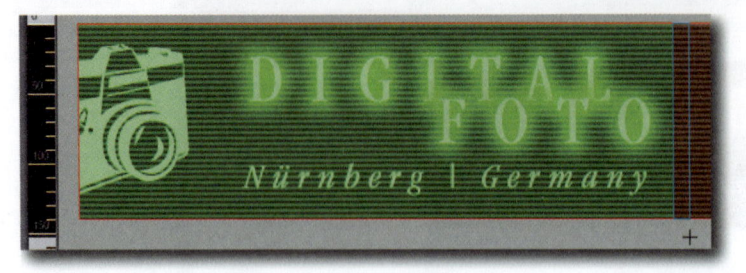

Abb. 4.41   Das nächste Segment

4.5   Eine Navigationsleiste erstellen

Der erste Arbeitsschritt ist erledigt. Jetzt soll unterhalb des fertigen Bereichs eine schmale Navigationsleiste mit Textelementen erstellt werden. Dazu muss das Dokument nach unten vergrößert werden. Rufen Sie dazu die Funktion MODIFIZIEREN/LEINWAND/LEINWANDGRÖSSE auf.

Im folgenden Dialogfeld werden zunächst die aktuellen Maße des Dokuments angezeigt. Die Maßeinheit können Sie über die Listenfelder ändern. Sie sollten hier die Maßeinheit Pixel verwenden.

Stellen Sie als neues Maß für die Höhe 160 PIXEL ein. In der Matrix darunter wird festgelegt, wo die neuen Bereiche hinzugefügt werden sollen. Da bei unserem Beispiel der Bereich unten dazukommen soll, muss die obere Kante verankert werden. Klicken Sie auf das betreffende Feld in der Matrix.

Abb. 4.42   Vergrößern des Dokuments

Der neu eingefügte Bereich zeigt anschließend die Leinwandfarbe – in unserem Beispiel also Weiß.

Abb. 4.43 Die vergrößerte Leinwand

Markieren Sie jetzt den Hintergrund, damit eine neue Farbe zugewiesen werden kann. Dies erreichen Sie am schnellsten, wenn Sie mit dem Zeigerwerkzeug irgendwo außerhalb des Dokuments klicken.

Damit werden nämlich alle Objekte abgewählt und dann werden automatisch die Optionen für den Hintergrund im EIGENSCHAFTEN-Bedienfeld angezeigt. Stellen Sie als neue Hintergrundfarbe die Farbe mit dem hexadezimalen Wert #663300 ein – dies entspricht der Farbe des Hintergrundrechtecks.

Abb. 4.44 Ändern der Leinwandfarbe

Den Ansichtsmodus der Segmente können Sie zur besseren Beurteilung vorübergehend wieder ausblenden. So erhalten Sie das folgende neue Stadium.

Abb. 4.45 Das neue Zwischenstadium

Die Leinwand wurde absichtlich erst in diesem Stadium vergrößert, um den anderen Bereich während der Bearbeitung besser beurteilen zu können.

4.5.1 Textebenen erstellen

Für den benötigten Text verwenden wir denselben Schrifttyp wie bei den bereits fertigen Texten. Dieses Mal verzichten wir aber auf die kursive Darstellung und variieren den Buchstabenabstand. Stellen Sie die folgenden Werte im EIGENSCHAFTEN-Bedienfeld ein.

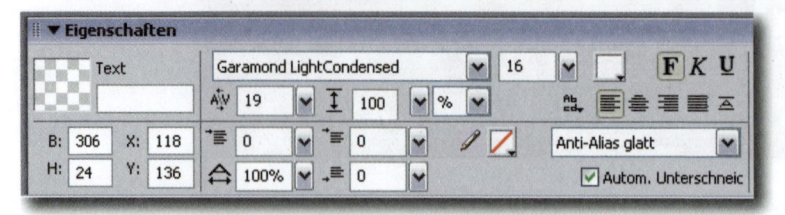

Abb. 4.46 Die verwendeten Einstellungen

Nun könnten Sie mehrere Textebenen mit den einzelnen Texten erstellen. Wir haben uns aber für eine einfachere Variante entschieden. Tippen Sie einfach nach jedem Wort fünf Leerzeichen ein. Damit erhalten Sie das folgende Ergebnis. Wir haben hier das Textobjekt bereits auf die passende Position verschoben.

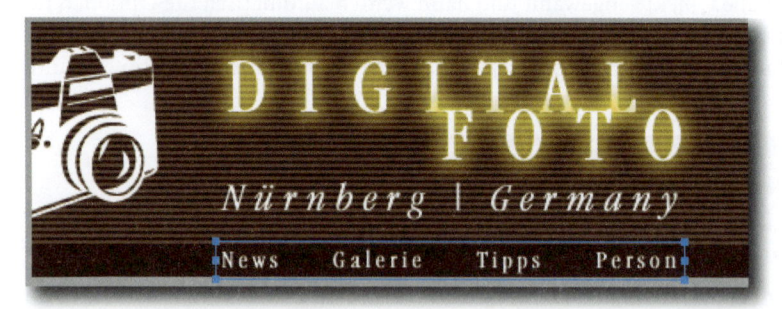

Abb. 4.47 Das neue Textobjekt

Abschließend werden auch hier verschiedene Segmente erstellt. So sollten Sie anschließend das folgende Ergebnis erhalten.

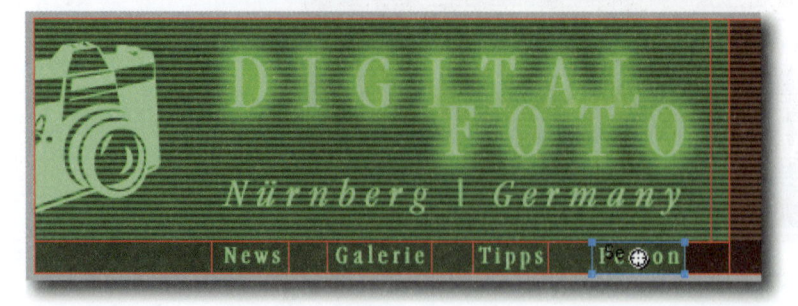

Abb. 4.48 Die neuen Segmente

Das war es schon. Nun müssen die fertig gestellten Segmente nur noch zur Weiterverarbeitung nach Dreamweaver exportiert werden.

4.5.2 Segmente exportieren

Sie können Segmente auch ohne HTML-Datei oder sogar nur ein einzelnes Segment exportieren. In unserem Fall sollen alle erstellten Segmente exportiert werden, und zwar ohne HTML-Datei. Markieren Sie eines der Segmente. Im OPTIMIEREN-Bedienfeld können Sie die Exporteinstellungen vornehmen. Das GIF-Dateiformat bietet sich bei grafischen Elementen mit wenigen Farbnuancen an.

Wenn Sie die ERNEUERN-Schaltfläche verwenden, werden anschließend die vorkommenden Farben in der Palette aufgelistet – in unserem Beispiel sind es 17 Farben.

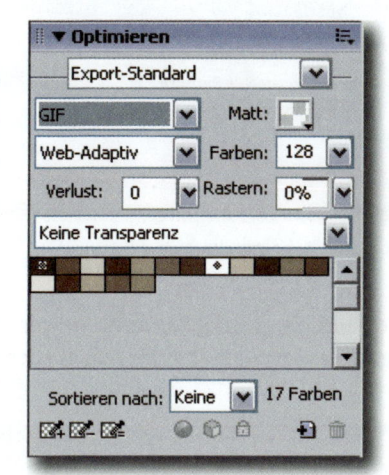

Abb. 4.49 Das Optimieren-Bedienfeld – rechts wurde die Farbpalette erneuert

> Wenn Sie in die VORSCHAU-Ansicht wechseln, wird die Farbpalette übrigens ebenfalls erneuert.

Markieren Sie alle Segmente. Das könnten Sie beispielsweise durch Aufziehen eines Rahmens mit dem Zeigerwerkzeug erledigen. Da dann aber auch die gestalteten Elemente markiert werden, ist es besser, die Segmente der Reihe nach mit gedrückter ⇧-Taste anzuklicken. Sie erkennen die richtige Auswahl an den Eckmarkierungspunkten.

Abb. 4.50 Die Segmente wurden markiert

Die passenden Exporteinstellungen

Verwenden Sie die Funktion DATEI/EXPORTIEREN, die Sie auch über die Tastenkombination [Strg]+[⇧]+[R] erreichen. Mit den nachfolgend abgebildeten Optionen werden lediglich die Bilder exportiert.

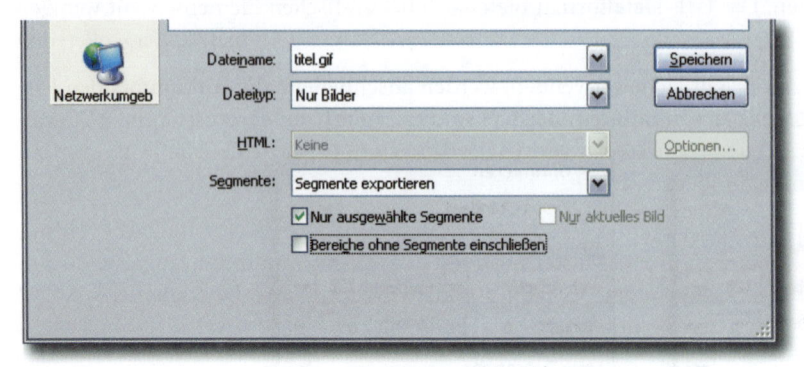

Abb. 4.51 Die verwendeten Exportoptionen

Nach dem Bestätigen erzeugt Fireworks die notwendigen einzelnen Dateien. Ein Blick in den Windows-Explorer zeigt, dass automatisch zehn verschiedene GIF-Dateien im angegebenen Ordner gespeichert wurden.

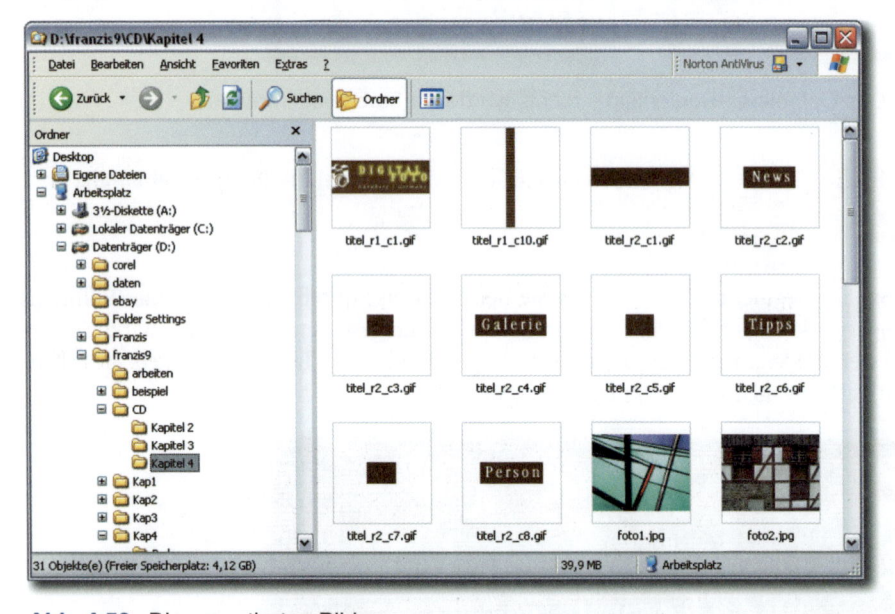

Abb. 4.52 Die exportierten Bilder

Sie können jetzt – nach dem Speichern des Originaldokuments – Fireworks beenden. Die weitere Arbeit soll nun in Dreamweaver erfolgen. Hier werden die Einzelbilder wieder zu einem Gesamtmotiv zusammengesetzt.

4.6 Eine Frameseite in Dreamweaver aufbauen

Bei der Verwendung von Framesets teilen sich die Meinungen. Zum einen sagt man, Frames seien unmodern und längst überholt. Als negative Argumente dienen außerdem die Hinweise darauf, dass Unterseiten eines Framesets von Suchrobotern schlecht indiziert werden.

Andere wiederum loben die gestalterischen Möglichkeiten, die Framesets bieten. Wir wollen den „Glaubenskrieg" offen lassen und Ihnen nun zeigen, wie Sie mit Frames arbeiten.

Frames bieten die Möglichkeit, verschiedene HTML-Dokumente in einem so genannten Frameset zusammenzufassen. Dies hat beispielsweise den Vorteil, dass auch einzelne Seiten ausgetauscht werden können, während andere Seiten des Framesets unverändert bleiben.

Rufen Sie im Startdialog von Dreamweaver aus der Rubrik AUS BEISPIEL ERSTELLEN die Option FRAMESETS auf. Hier finden Sie diverse Muster für unterschiedliche Framezusammenstellungen. Wählen Sie die nachfolgend abgebildete Variante aus, die aus drei HTML-Dokumenten besteht. Eine kurze Beschreibung sehen Sie unter dem Vorschaubild.

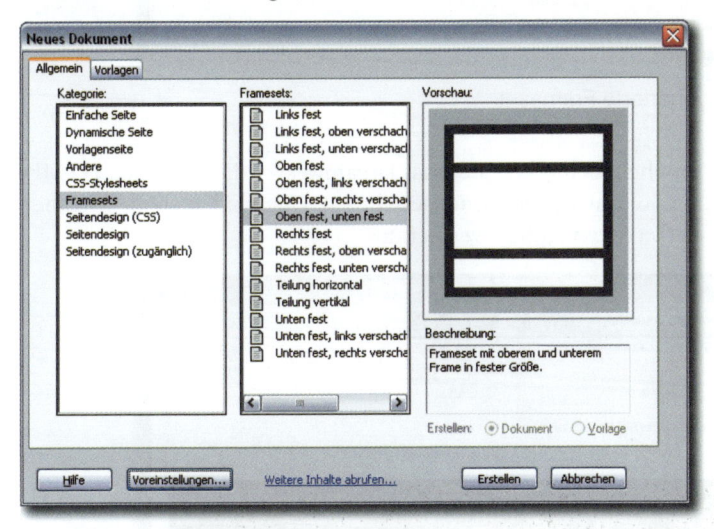

Abb. 4.53 Ein Beispiel-Frameset

> **Verschiedene Seiten**
>
> Framesets beinhalten einzelne HTML-Seiten, die auch als lauter einzelne Dokumente gespeichert werden müssen. Das Frameset „sammelt" lediglich die einzelnen Dokumente zusammen und stellt sie in einem „Gesamtrahmen" dar. Die Anordnung wird in einem weiteren HTML-Dokument gespeichert.

Das neue Dokument erscheint zunächst recht unscheinbar. Es sieht fast so aus, als wäre eine Tabelle mit drei Zeilen entstanden. Sie sehen die erstellte Vorlage in der nachfolgenden Abbildung.

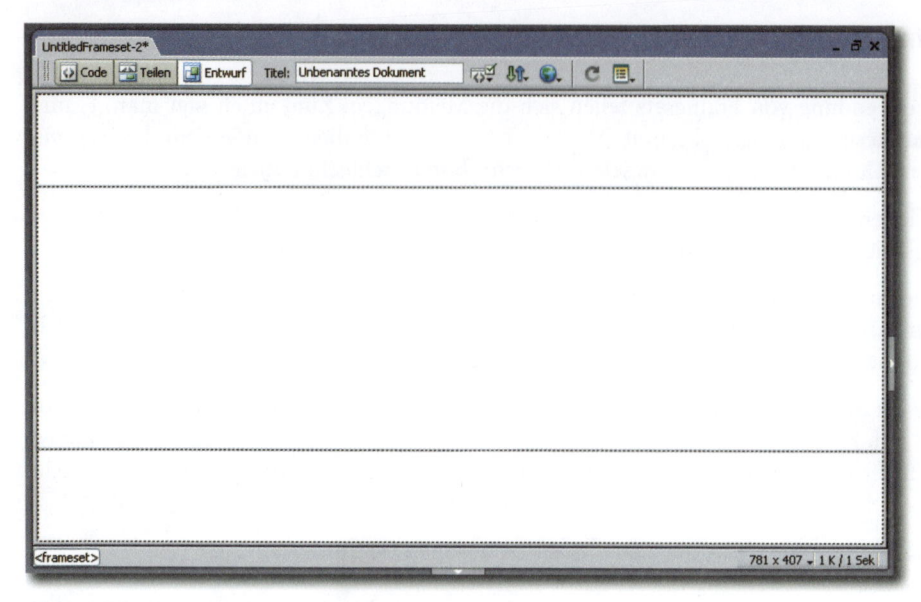

Abb. 4.54 Das automatisch generierte Frameset

Wenn Sie sich den Quellcode ansehen, bemerken Sie, dass Dreamweaver die einzelnen HTML-Dateien benannt und im Sammeldokument zusammengestellt hat. Hier sind auch die Angaben zu den einzelnen Frames – wie etwa deren Höhe – vermerkt.

Abb. 4.55 Der Quellcode des Sammeldokuments

Viermal speichern

Da Frameseiten aus einzelnen HTML-Dateien bestehen, müssen Sie beim Speichern aufpassen: Es müssen nämlich alle Dateien des Framesets gesichert werden. Am besten verwenden Sie dazu die Funktion DATEI/ALLES SPEICHERN. Dann werden nacheinander alle Dateien des Framesets gesichert. Die Namen werden dabei im Sammeldokument automatisch aktualisiert.

4.6.1 Anpassen der Frames

Im Sammeldokument werden auch die Maße für die einzelnen Frames festgelegt. Die einzelnen Frames können Sie durch Anklicken des Bereichs im EIGENSCHAFTEN-Bedienfeld auswählen. Sie finden dann folgende Optionen vor.

Abb. 4.56 Die Optionen des Framesets

Die Frames könnten mit einem Rahmen versehen werden. Auf diese Möglichkeit sollten Sie aber verzichten – das sieht nicht besonders schön und modern aus. Im ZEILE-Eingabefeld wird die Größe des Frames eingestellt. Für den oberen Frame soll eine Höhe von 160 Pixeln verwendet werden – dies entspricht der Höhe der zuvor angefertigten Grafik.

Der untere Frame erhält eine Höhe von 20 Pixeln – hier wird eine weitere Navigationsleiste eingefügt. Der mittlere Frame erhält die Option RELATIV. Das bedeutet, dass hier der verbleibende Platz des Webbrowser-Fensters verwendet wird. Die Höhe ist also variabel. So erhalten Sie folgende neue Anordnung.

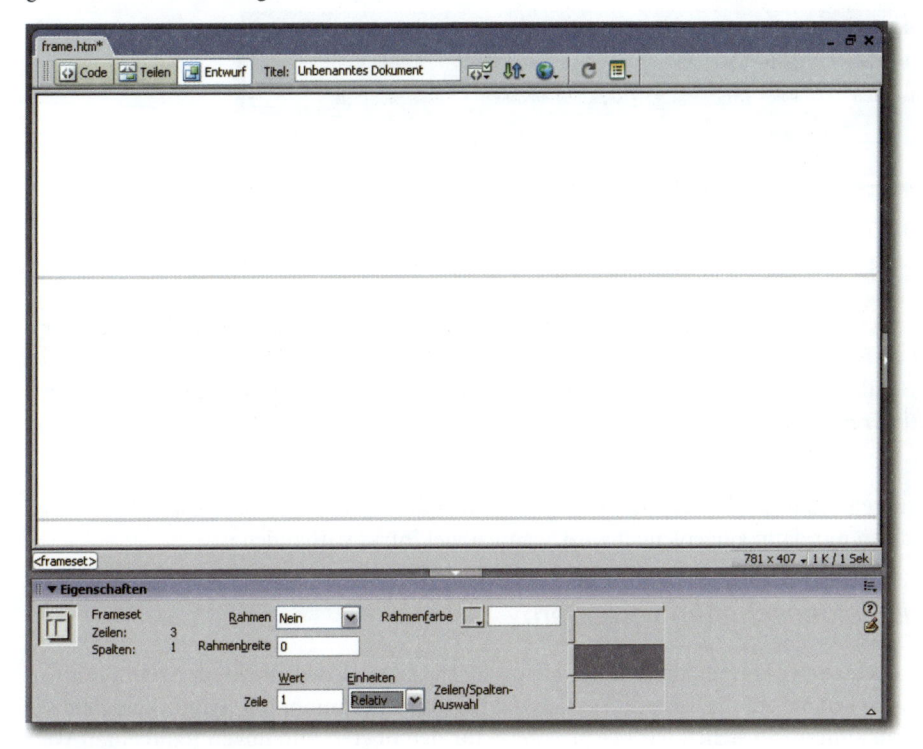

Abb. 4.57 Die angepassten Frames

Die Eigenschaften der einzelnen Frames erreichen Sie, wenn Sie das betreffende Frame im FRAME-Bedienfeld anklicken. Das markierte Frame wird durch einen schwarzen Markierungsrahmen hervorgehoben.

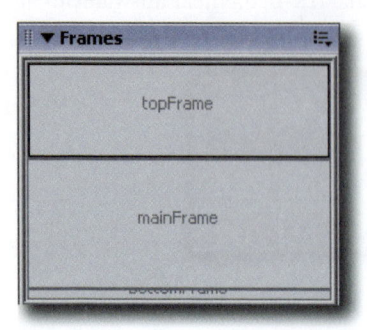

Abb. 4.58 Markieren eines Frames

Im EIGENSCHAFTEN-Bedienfeld können Sie links den Namen des Frames verändern. Die Namensgebung ist bei Frames wichtig, um beispielsweise den Inhalt eines bestimmten Frames austauschen zu können.

Im ROLLEN-Listenfeld wählen Sie aus, ob Scrollbalken eingeblendet werden sollen, falls der Inhalt nicht in das Fenster passt. In unserem Fall soll kein Scrollbalken angezeigt werden, da die Grafik ja genau eingepasst wird.

Abb. 4.59 Die Frame-Eigenschaften

> Standardmäßig können Websurfer die Größe der Frames ändern, indem die Stege der Frames verzogen werden. Dies können Sie unterbinden, wenn die Option KEINE GRÖSSENÄNDERUNG aktiviert wird. Um das Layout zu erhalten, sollten Sie diese Option in jedem Fall aktivieren.

Beim mittleren Frame stellen wir im ROLLEN-Listenfeld die Option AUTO ein. Das bewirkt, dass ein Rollbalken nur dann eingeblendet wird, wenn zuviel Inhalt vorhanden ist.

Die Seiteneigenschaften verändern

Wenn Sie in einen der Frames klicken, werden im EIGENSCHAFTEN-Bedienfeld die Seitenoptionen angezeigt. Klicken Sie auf die SEITENEIGENSCHAFTEN-Schaltfläche, um im folgenden Dialogfeld die Optionen zu ändern. So stellen wir beispielsweise für den oberen und linken Rand einen Wert von 0 ein.

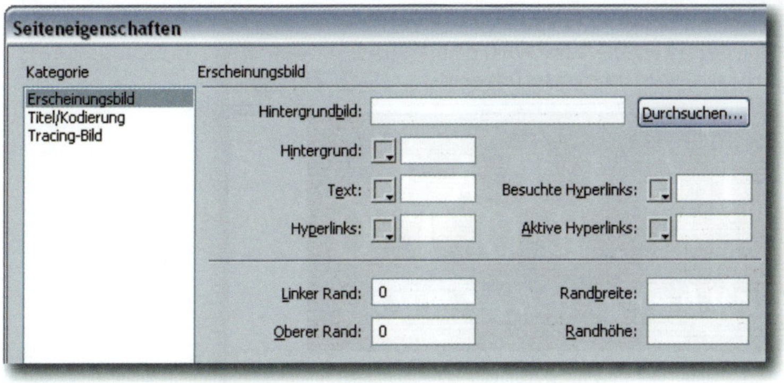

Abb. 4.60 Die Seiteneigenschaften

4.6.2 Grafiken übernehmen

Nachdem die Frames und Seiten vorbereitet sind, können die Einzelseiten gestaltet werden. Die Bearbeitung der einzelnen Seiten erfolgt wie gewohnt. Auch bei dem Beispiel dieses Workshops kommen wir um die Verwendung von Tabellen nicht herum. Im oberen Frame sind zwei Zeilen und zwei Spalten erforderlich. Als TABELLENBREITE wird 100 % eingestellt. Die weiteren Einstellungen sehen Sie im folgenden Bild.

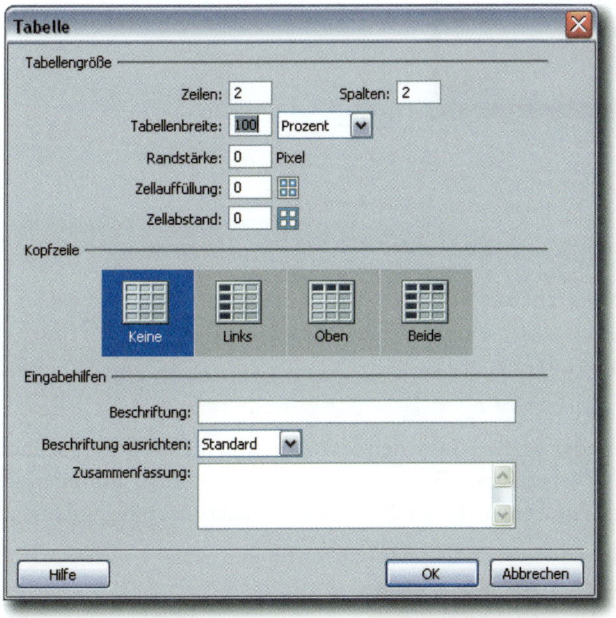

Abb. 4.61 Einfügen einer Tabelle

Klicken Sie nun in die obere linke Tabellenzelle und verwenden Sie die Funktion EINFÜGEN/BILD. Fügen Sie die vorbereitete Hauptgrafik ein. Sie erhalten dann die folgende Situation. Wechseln Sie danach in die zweite Zelle.

Abb. 4.62 Die eingefügte Grafik

Fügen Sie in der rechten Zelle das vorbereitete schmale Segment ein. Markieren Sie dann das Bild und stellen Sie einen hohen Wert für die Breite ein. Damit stellen Sie sicher, dass die Streifen in jedem Fall zu sehen sind – auch wenn der Websurfer mit einer hohen Bildschirmauflösung arbeitet.

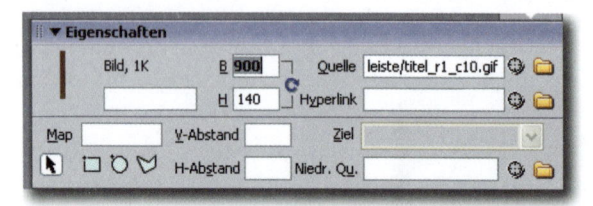

Abb. 4.63 Die verzerrte Grafik

Platzhalter

Die starke Verzerrung des Bilds fällt nicht auf, da das Bild aus horizontalen Linien besteht und auch nur horizontal verzerrt wird. So können Sie das Einfügen größerer Bilder umgehen und die Ladezeit der Seite verkürzen.

Bewegen Sie nun mit den Pfeiltasten oder der ⇥-Taste den Mauszeiger in die nächste Tabellenzelle. Hier werden nacheinander die vorbereiteten Bilder eingefügt. Da die Bilder nummeriert sind, fällt es leicht, die passende Reihenfolge zu finden. So erhalten Sie das nachfolgende neue Zwischenstadium.

Abb. 4.64 Die nächsten eingefügten Bilder

Breiten ausgleichen

In der rechten unteren Spalte wird ebenfalls ein Platzhalter benötigt. Hier können Sie eines der Bilder einfügen, bei denen nur Farbe enthalten ist. Verzerren Sie auch dieses Bild in der Breite. Sie können das Bild einfach markieren und mit der Tastenkombination [Strg]+[C] kopieren. Fügen Sie es anschließend in der rechten Zelle mit der Tastenkombination [Strg]+[V] wieder ein. Sie erhalten dann das folgende Ergebnis.

Abb. 4.65 Der nächste Platzhalter ist eingefügt

Sie sehen im vorherigen Bild eine Lücke. Dies liegt daran, dass die Spaltenbreite durch das linke Bild in der ersten Zeile bestimmt wird. Sie können diese Lücke sehr leicht schließen, indem Sie die beiden Zellen der unteren Zeile verbinden.

> Um einige Byte zu sparen, könnten Sie übrigens die einfarbigen Bilder bis auf eins löschen. Verwenden Sie dann Kopien des verbleibenden Bilds und dehnen Sie dies entsprechend der erforderlichen Breite.

4.6.3 Das Hauptframe bearbeiten

Nun soll der mittlere Frame bearbeitet werden. Hier ist eine Tabelle erforderlich, die eine Zeile und zwei Spalten enthält. Die Breite der linken Spalte wird dabei auf 290 Pixel festgelegt. Die rechte Spalte erhält kein Maß. Im EIGENSCHAFTEN-Bedienfeld wird außerdem als vertikale Ausrichtung die Option OBEN eingestellt.

Abb. 4.66 Eine weitere Tabelle

Fügen Sie ein Blind-GIF ein, um die Spaltenbreite der linken Spalte zu fixieren. Dies ist nötig, da die Bilder in der rechten Spalte über die Fensterbreite hinausgehen werden.

In der rechten Spalte der neuen Tabelle werden die vorbereiteten Fotos eingefügt. Da die Fotos nebeneinander angeordnet werden, wird im Endergebnis ein Scrollbalken eingefügt. Dies ist so beabsichtigt. Sie können das Ergebnis in der Webbrowser-Vorschau betrachten.

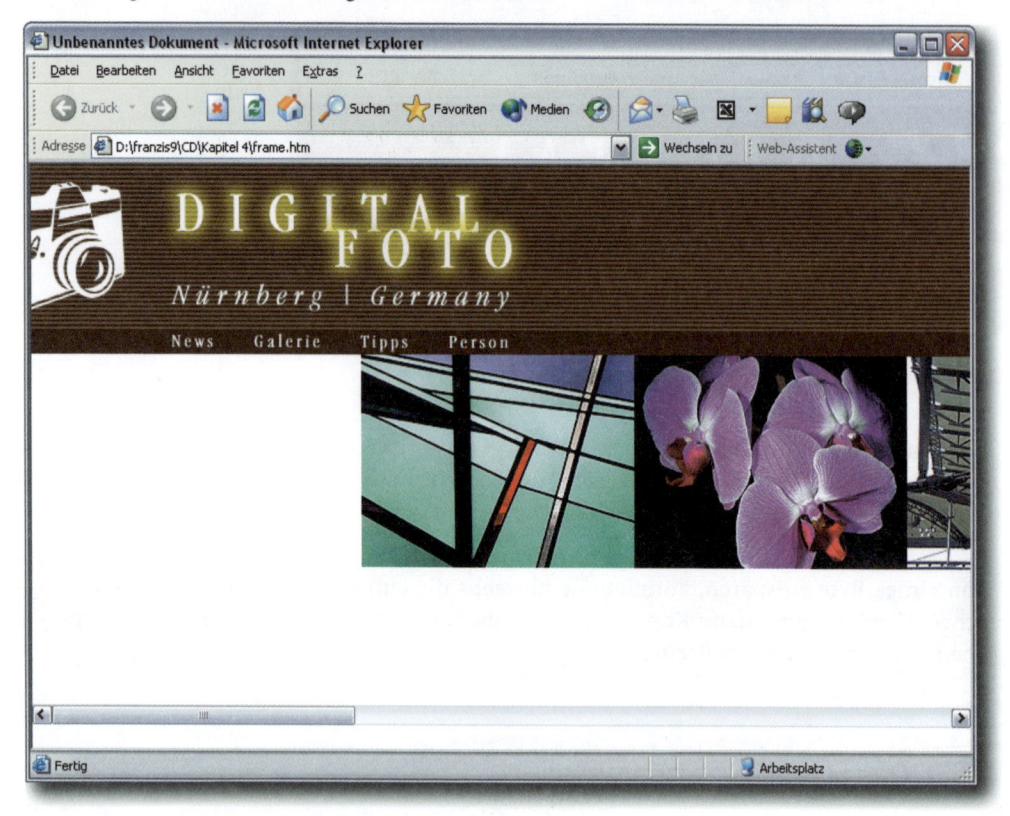

Abb. 4.67 Die Fotos wurden eingefügt

Navigationstexte kommen dazu

In der linken Spalte werden nun einige Texte für die Unterkategorien eingefügt. Dazu wird die erste Zelle in neun Zeilen und zwei Spalten aufgeteilt. In der linken Spalte werden die Texte eingetippt – rechts kommt ein Blind-GIF mit einer Breite von 32 Pixeln als Abstandshalter zum Einsatz. Um diesen Wert muss das bereits bestehende Blind-GIF gekürzt werden. Es ist in der linken Spalte untergebracht und hat nun eine Breite von 258 Pixeln. Den Zellen wird eine Höhe von 20 Pixeln zugewiesen.

Die Texte werden rechtsbündig angeordnet. Sie erhalten den Schrifttyp GEORGIA in der Größe 2. Außerdem wird die Schrift fett gestaltet. Als Schriftfarbe verwenden wir den Braunton der Grafiken – #663300.

So erhalten Sie die nachfolgend gezeigte neue Situation.

Abb. 4.68 Neue Zellen nehmen weitere Texte auf

> Damit die Fotos im rechten Teil nicht auf mehrere Zeilen verteilt werden, aktivieren Sie im EIGENSCHAFTEN-Bedienfeld die Option KEIN UMBRUCH.

Weitere Zellen sind nötig

Fügen Sie nun zwei neue Zeilen ein. Verbinden Sie die drei Spalten der ersten Zeile zu einer Zelle und färben Sie diese mit dem Braunton ein. Die erste Zeile wird ebenfalls 20 Pixel hoch.

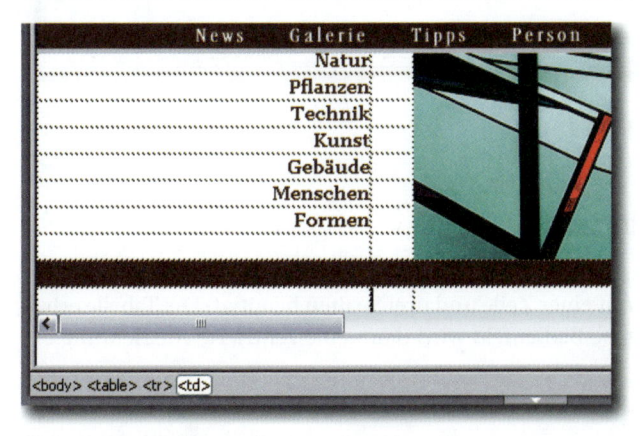

Abb. 4.69 Weitere Zeilen wurden eingefügt

In der rechten Spalte der zweiten Zeile wird einiger Text eingefügt. Wir verwenden hier nichts sagenden Blindtext. Sie könnten hier beispielsweise Text zur Beschreibung der Fotos eingeben.

Die Schriftformatierungen entsprechen fast denen der Navigation – hier haben wir aber die Option FETT deaktiviert und die Schriftgröße 1 verwendet. In der Webbrowser-Vorschau entsteht schon ein recht ansehnliches Ergebnis, wie das folgende Bild belegt.

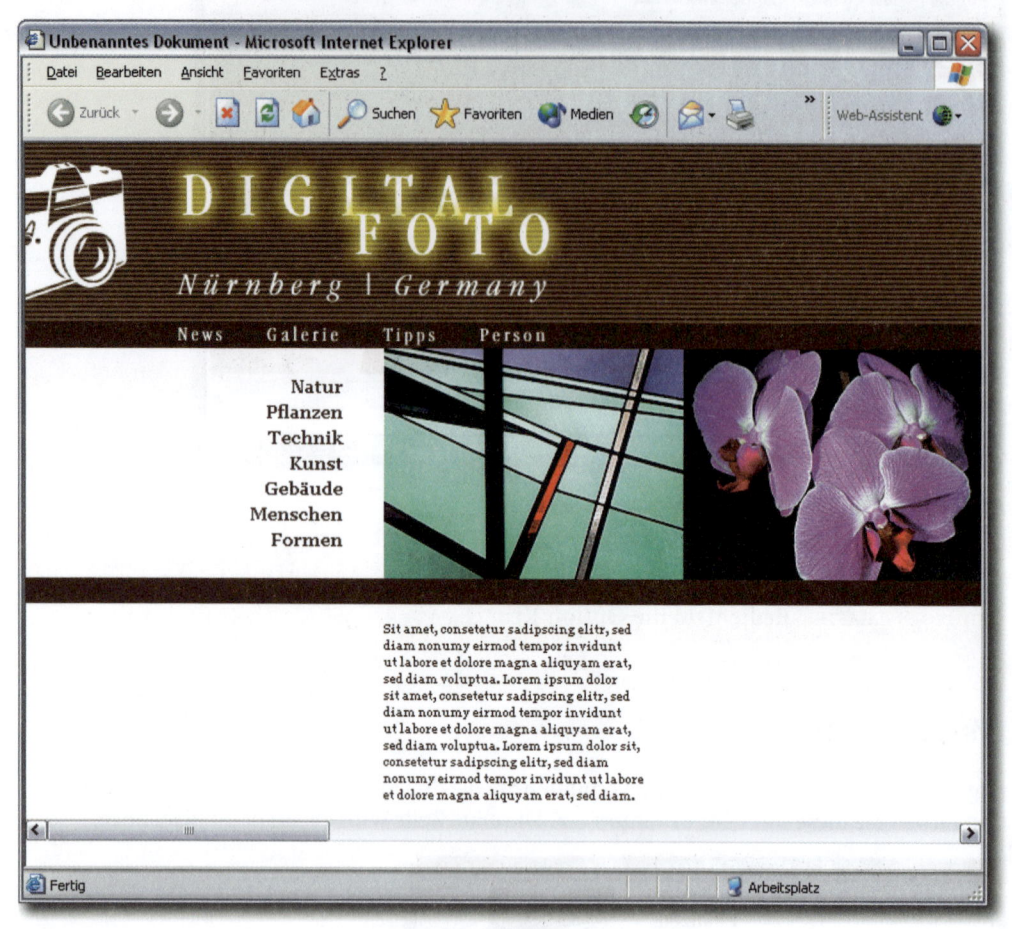

Abb. 4.70 Ein weiteres Zwischenergebnis

4.6.4 Die Fußzeile bearbeiten

Im letzten Frame sollen weitere Links eingefügt werden, um einige Standardinformationen unterzubringen. Hier wird eine Tabelle mit einer Zeile und drei Spalten benötigt. Die Tabelle erhält eine Breite von 50 %. Im EIGENSCHAFTEN-Bedienfeld wird dann eine zentrierte Ausrichtung der Tabelle eingestellt.

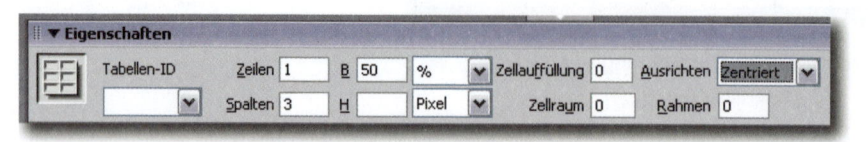

Abb. 4.71 Die Optionen der neuen Tabelle

Die Fußzeile wird unauffällig formatiert, da die Informationen zur „Pflicht" gehören. Sie sollen nicht aufdringlich wirken. Sie sehen die verwendeten Einstellungen im folgenden Bild.

Abb. 4.72 Die Formatierung des neuen Textes

Damit ist das Endergebnis erreicht. Sie sehen es nachfolgend in einer breiteren Variante. Hier erkennen Sie, dass die gestreckten Bilder im Kopfbereich die gewünschte Wirkung erzielen.

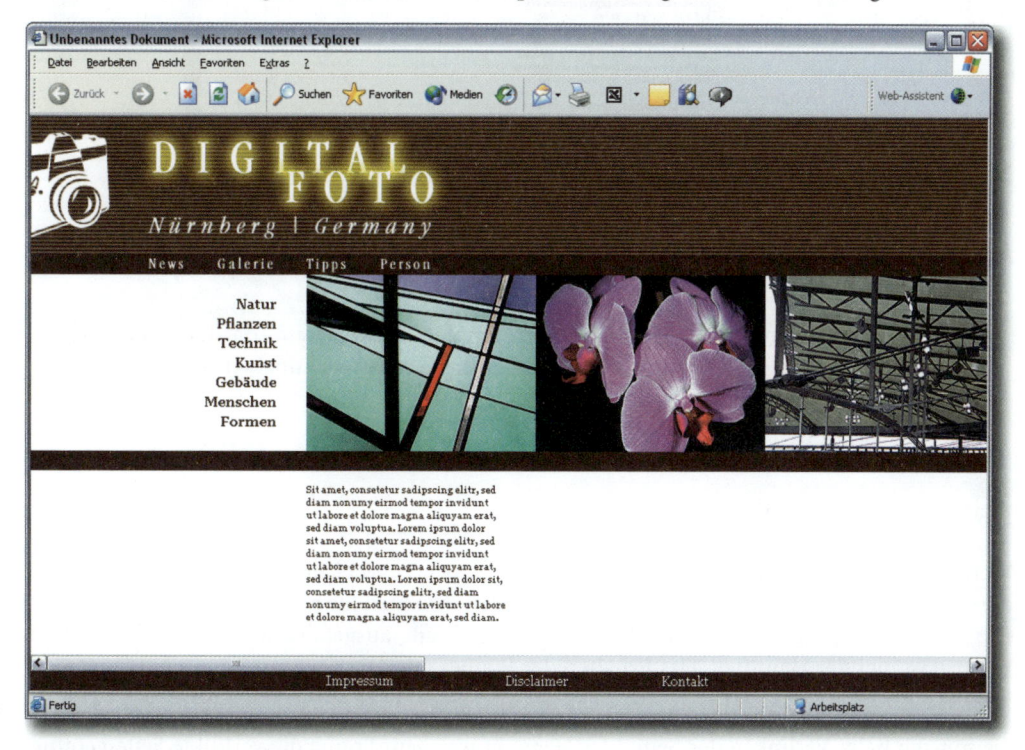

Abb. 4.73 Das Endergebnis

Die „luftige" Gestaltung ist Absicht. Die vielen freien Bereiche im Dokument lassen das Ergebnis „großzügig" wirken. Das ist heute Trend. Viele Webseiten verwenden heutzutage freie Bereiche als Gestaltungsmittel.

4.6.5 Weitere Frame-Optionen

Wenn Sie die Option DATEI/ALLES SPEICHERN verwendet haben, werden alle vier HTML-Dateien gesichert. Sie können auch jederzeit die einzelnen Dateien – ohne Frameset – bearbeiten. Wenn Sie beispielsweise die Hauptseite öffnen, sehen Sie folgenden Inhalt, den Sie ganz „normal" bearbeiten können.

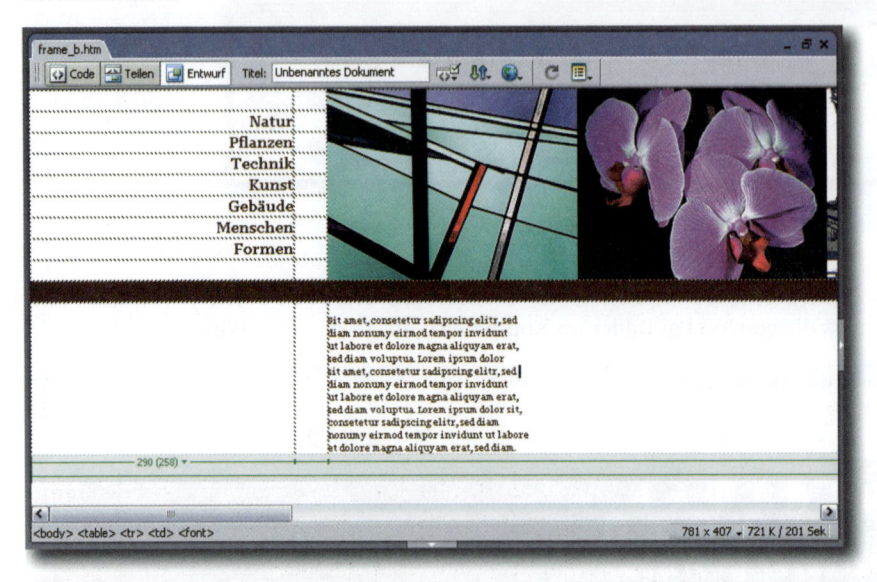

Abb. 4.74 Bearbeiten der Einzeldateien

> Das Bearbeiten der einzelnen Dateien kann empfehlenswert sein, da dann mehr vom Dokument zu sehen ist. Allerdings kann dabei die Gesamtwirkung schlechter beurteilt werden.

Das Ziel festlegen

Wenn Sie bei einer normalen Webseite einen Link platzieren, verschwindet nach dem Anklicken die aktuelle Seite und die verlinkte Seite wird geladen. Arbeiten Sie mit Framesets, ist dies natürlich nicht erwünscht. Vermutlich soll dabei nur eine Seite ausgetauscht werden – in unserem Beispiel ist dies der Hauptteil. Das Erhalten der Frames mit den Navigationen ist ein Vorteil der Frames.

Sie müssen beim Verlinken der Seiten festlegen, in welchem Frame die verlinkte Seite geöffnet werden soll. Im ZIEL-Listenfeld des EIGENSCHAFTEN-Bedienfelds werden zunächst verschiedene Voreinstellungen angeboten. _BLANK lädt dabei das Dokument in ein neues, eigenständiges Webbrowser-Fenster.

Mit der Option _PARENT wird das Dokument im übergeordneten Frame eines Framesets geöffnet. Die Option _SELF lädt das Dokument im aktuellen Rahmen. Mit der Option _TOP werden alle Frames gelöscht und das Dokument im aktuellen Webbrowser-Fenster geöffnet.

Danach folgen alle Namen, die Sie bei der Framebenennung vergeben haben. Daher ist es wichtig, sinnvolle Namen zu vergeben. So fällt die Auswahl des passenden Frames leicht.

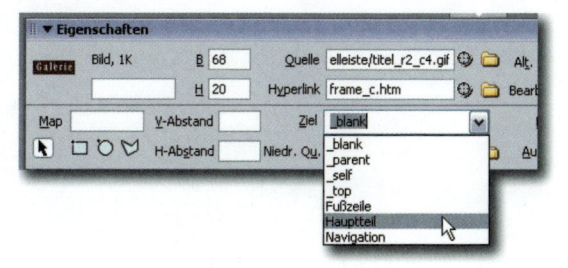

Abb. 4.75 Festlegen des Ziels

Zu guter Letzt

Mit dem Einsatz von Frames haben Sie unendlich viele gestalterische Möglichkeiten. So könnte unsere Beispielseite auch ganz anders aufgebaut werden. Vielleicht wollen Sie ja lediglich die Fotos scrollbar machen – die Texte dagegen starr belassen. Dann müssten Sie im Mittelteil weitere Frames einfügen.

Im Menü MODIFIZIEREN/FRAMESET finden Sie verschiedene Funktionen, um bestehende Frames neu aufzuteilen. Über die folgende Schaltfläche der EINFÜGEN-Leiste werden ebenfalls zahlreiche Funktionen angeboten, um Frames neu aufzuteilen. Hier sind Ihrer Kreativität keine Grenzen gesetzt. Viel Spaß beim Experimentieren!

Abb. 4.76 Optionen zur Frameaufteilung

Kapitel 5

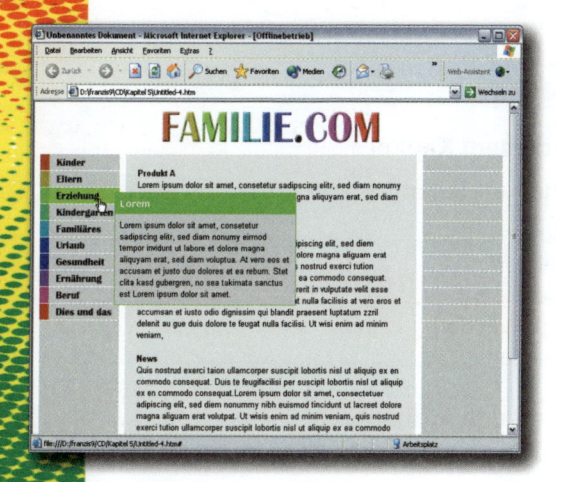

**Ebenen:
Eine Familienseite
erstellen**

In diesem Kapitel ...

5.1	Das erfahren Sie in diesem Kapitel		159
5.2	Rollover-Schaltflächen erstellen		159
	5.2.1	Hilfslinien einrichten	160
	5.2.2	Formen konstruieren	161
	5.2.3	Symbole erstellen	163
	5.2.4	Schaltflächenstatus ändern	164
	5.2.5	Instanzen verwenden	167
5.3	Textelemente erstellen und formatieren		171
5.4	Die Seite in Dreamweaver aufbauen		176
	5.4.1	Rollover-Schaltflächen einfügen	177
5.5	Vorlagen erstellen		187
	5.5.1	Bearbeitbare Bereiche erstellen	188
	5.5.2	Vorlagen einsetzen	190
5.6	Ebenen erstellen		191
	5.6.1	Mit Ebenen arbeiten	197

5.1 Das erfahren Sie in diesem Kapitel

Im Workshop dieses Kapitels wollen wir Ihnen weitere interessante Funktionen vorstellen. So erfahren Sie, wie Navigationselemente ihr Aussehen verändern können. Dies erledigen Sie in Fireworks recht einfach.

Außerdem lernen Sie eine weitere Gestaltungstechnik von Dreamweaver kennen. Mit Ebenen lassen sich nämlich beispielsweise interessante Menüs erstellen. Außerdem lernen Sie kennen, wie Sie in Dreamweaver mit Vorlagen arbeiten können.

5.2 Rollover-Schaltflächen erstellen

Auch in diesem Workshop dient Fireworks wieder als „Zulieferer" für die spätere Gestaltung in Dreamweaver. Erstellen Sie in Fireworks eine neue Datei. Dabei verwenden wir die folgenden Einstellungen.

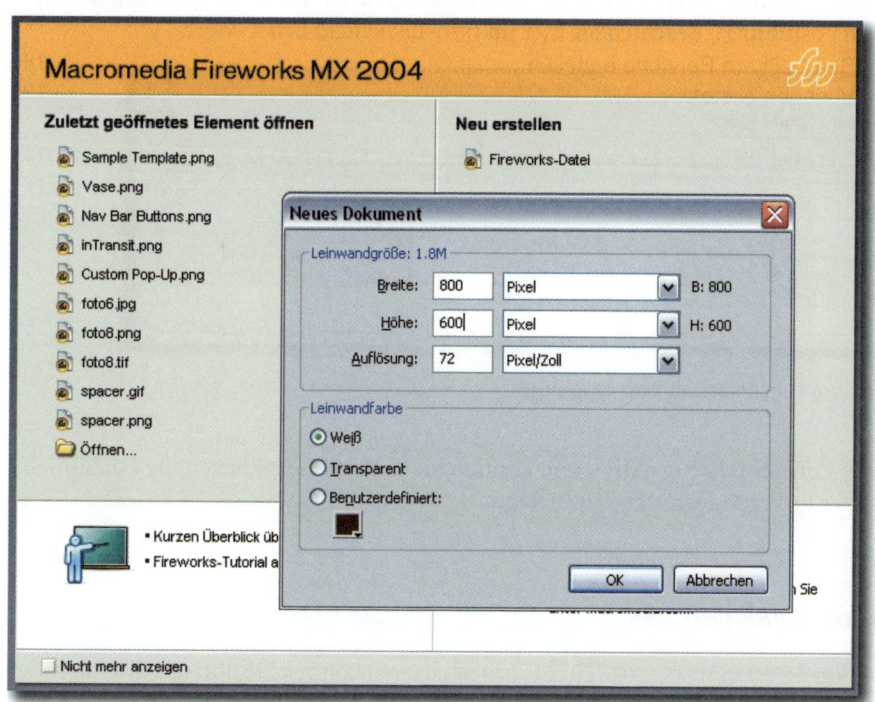

Abb. 5.1 Erstellen eines neuen Dokuments

5.2.1 Hilfslinien einrichten

Für den Aufbau der Navigation sollen als Erstes Hilfslinien eingerichtet werden. Blenden Sie dazu zunächst mit der Funktion ANSICHT/LINEALE die Lineale ein. Sie können dazu auch die Tastenkombination [Strg]+[Alt]+[R] verwenden. Blenden Sie außerdem das INFO-Bedienfeld ein – es wird zur Orientierung benötigt.

Ziehen Sie aus dem oberen Lineal mit gedrückter linker Maustaste eine Hilfslinie heraus und positionieren Sie diese bei 100 Pixeln. Sie können die Position im INFO-Bedienfeld unter dem Y-Wert ablesen.

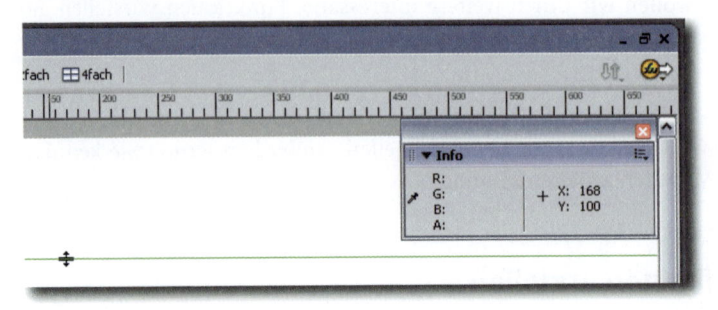

Abb. 5.2 Platzieren einer Hilfslinie

Eine weitere horizontale Hilfslinie wird bei 125 Pixeln benötigt. Anschließend werden drei vertikale Hilfslinien erstellt, die Sie aus dem linken Lineal herausziehen können. Sie werden bei 20, 35 und 150 Pixeln positioniert. Beachten Sie hier im INFO-Bedienfeld den X-Wert.

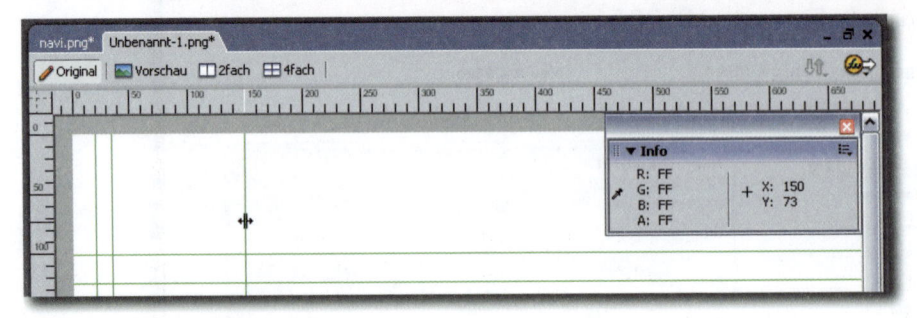

Abb. 5.3 Weitere Hilfslinien wurden eingefügt

> Wenn Sie das Zeigerwerkzeug aktivieren, können Sie nach dem Anklicken die Hilfslinien mit gedrückter linker Maustaste verschieben.

Optionen für Hilfslinien

Mit der Funktion ANSICHT/HILFSLINIEN/HILFSLINIEN BEARBEITEN können Sie übrigens im folgenden Dialogfeld die Einstellungen der Hilfslinien verändern. So können hier unter anderem eine andere Farbe eingestellt oder bestehende Hilfslinien gelöscht werden. Beachten Sie, dass die Option AN HILFSLINIEN AUSRICHTEN aktiviert ist.

Abb. 5.4 Optionen für die Hilfslinien

5.2.2 Formen konstruieren

Durch die Hilfslinien ist es nun möglich, präzise Formen zu erstellen. Rufen Sie dazu das Rechteckwerkzeug auf. Um die Farbe für die Füllung festzulegen, klicken Sie auf das Farbfeld im Werkzeuge-Bedienfeld. Wenn die gewünschte Farbe nicht in der Farbpalette enthalten ist, klicken Sie auf das folgende Symbol in der Titelzeile.

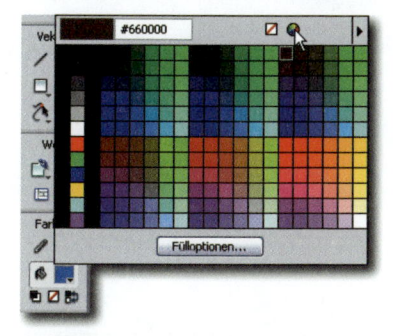

Abb. 5.5 Aufruf des Farbwählers

Sie können dann die gewünschte Farbe im Windows-Farbwähler aussuchen.

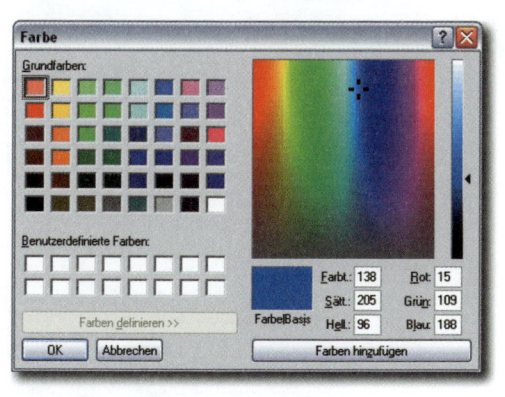

Abb. 5.6 Auswahl einer Farbe

Ziehen Sie nun ein Rechteck zwischen den nachfolgend gezeigten Hilfslinien auf. Die Hilfslinien wirken bei der Konstruktion „magnetisch".

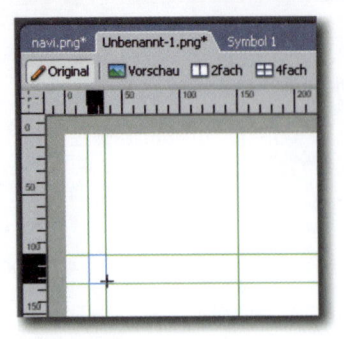

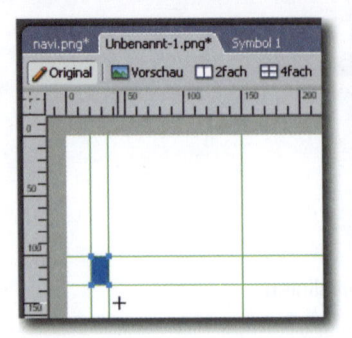

Abb. 5.7 Aufziehen eines Rechtecks

Ein weiteres Rechteck erhält als Füllung den Grauton mit dem hexadezimalen Farbwert #DDDDDD. Sie können diesen Wert im Eingabefeld der Farbpalette eintippen.

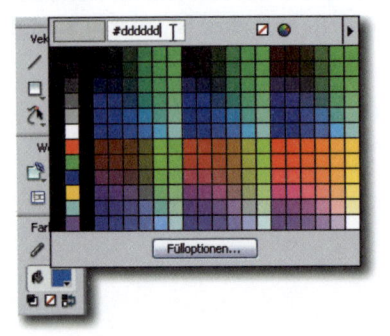

Abb. 5.8 Bestimmen einer neuen Farbe

> Damit bei der Auswahl der neuen Farbe nicht das bereits konstruierte Rechteck umgefärbt wird, müssen Sie zuvor die Auswahl aufheben.

Ziehen Sie das nächste Rechteck wie nachfolgend abgebildet auf.

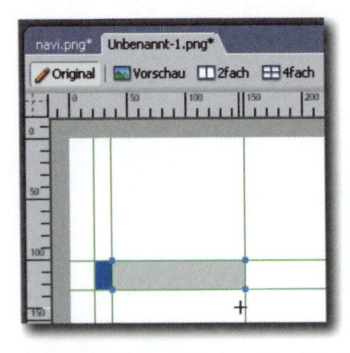

Abb. 5.9 Ein weiteres Rechteck

5.2.3 Symbole erstellen

Die beiden Rechtecke sollen nun in ein Symbol konvertiert werden, um die folgenden Arbeitsschritte zu erleichtern. Unter Symbolen versteht Fireworks Objekte, die in einer Sammlung – der so genannten Bibliothek – gespeichert werden. Aus dieser Bibliothek können jederzeit Kopien eines Symbols entnommen werden. Diese Kopien bezeichnet Fireworks als Instanzen.

Dieses Verfahren bietet den Vorteil, dass bei einer Änderung des Symbols automatisch alle Instanzen mit geändert werden.

1 Markieren Sie die beiden Rechtecke, indem Sie sie nacheinander mit gedrückter ⇧-Taste anklicken.

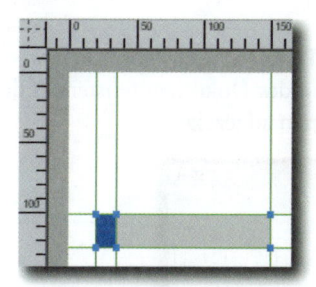

Abb. 5.10 Markieren der beiden Rechtecke

2 Rufen Sie die Funktion MODIFIZIEREN/SYMBOL/IN SYMBOL KONVERTIEREN auf. Alternativ dazu können Sie auch das Tastenkürzel F8 verwenden. Im folgenden Dialogfeld wird der Symboltyp vorgegeben. Wir verwenden hier die Option SCHALTFLÄCHE.

Abb. 5.11 Erstellen eines Symbols

3 Symbole werden besonders gekennzeichnet. Nach der Umwandlung sehen Sie die nachfolgend gezeigte Situation. Sie erkennen außerdem, dass das Dokument damit automatisch segmentiert wurde.

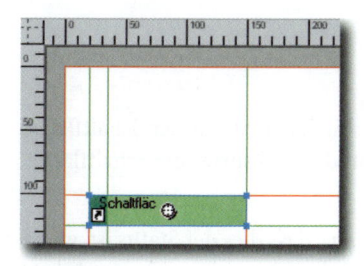

Abb. 5.12 Das neu erstellte Symbol

4 Sie finden das Symbol im BIBLIOTHEK-Bedienfeld wieder.

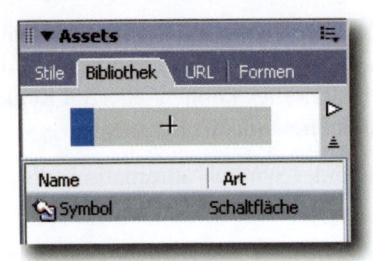

Abb. 5.13 Das Symbol in der Bibliothek

5 Wenn Sie doppelt auf das Vorschaubild oder das Symbol im Dokumentfenster klicken, wechseln Sie in den Symbolbearbeitungsmodus. Die Darstellung des Dokumentfensters ändert sich dann wie folgt. Im unteren Bereich werden Informationen angezeigt.

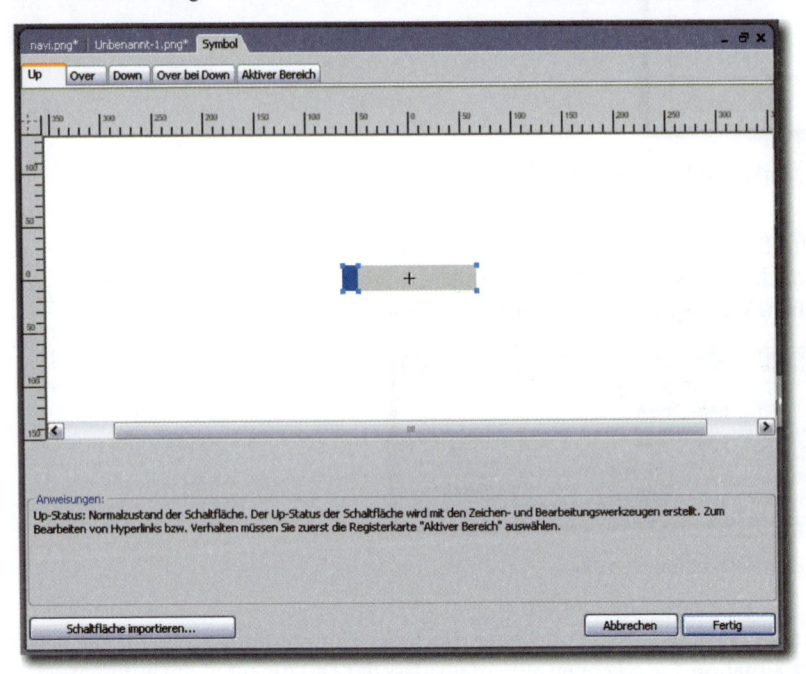

Abb. 5.14 Der Symbolbearbeitungsmodus

5.2.4 Schaltflächenstatus ändern

Über die oberen Registerkartenreiter erreichen Sie die verschiedenen Status der Schaltfläche. So können Sie beispielsweise Veränderungen vornehmen, wenn der Websurfer die Schaltfläche mit dem Mauszeiger überfährt oder sie anklickt.

Wechseln Sie zur Registerkarte OVER. Der Name sagt bereits aus, dass dies der Status ist, wenn der Besucher den Mauszeiger über die Schaltfläche bewegt. Der Arbeitsbereich ist hier zunächst leer.

Verwenden Sie die Schaltfläche UP-GRAFIK KOPIEREN, um die Situation des normalen Status zu kopieren. Markieren Sie nun das graue Rechteck und weisen Sie hier die Farbe des kleinen Rechtecks zu.

Die Farbe soll allerdings etwas heller ausfallen als der Balken links, damit noch eine optische Trennung vorhanden ist. Hier wollen wir eine elegante Variante wählen. Die Veränderung der Helligkeit können Sie nämlich als Effekt anwenden. Rufen Sie dazu aus dem EFFEKTE-Menü die Option FARBE ANPASSEN/HELLIGKEIT/KONTRAST auf.

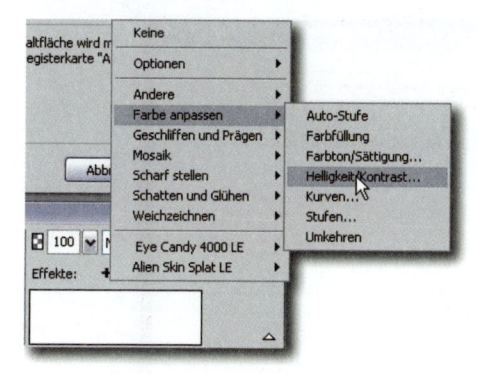

Abb. 5.15 Anwenden eines Effekts

Stellen Sie im folgenden Dialogfeld für die HELLIGKEIT einen Wert von 40 ein. Positive Werte hellen das Bild auf – negative Werte dunkeln es ab.

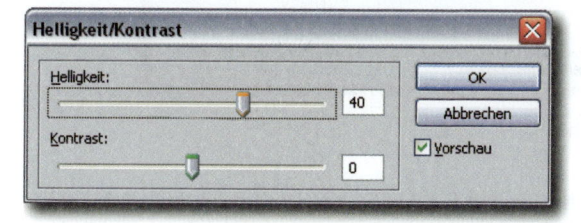

Abb. 5.16 Aufhellen des Bilds

Damit erhalten Sie das folgende neue Ergebnis.

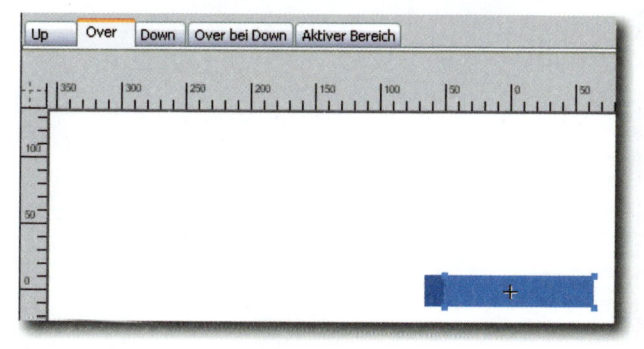

Abb. 5.17 Das veränderte Ergebnis

Die anderen Status wollen wir für unser Beispiel nicht belegen. Die Option Down wird benötigt, wenn die Schaltfläche angeklickt wurde – Over bei Down, wenn sich der Mauszeiger in diesem Zustand über der Schaltfläche befindet.

Interessant ist noch die Registerkarte Aktiver Bereich. Hier legen Sie fest, welcher Bereich „anklickbar" ist. Dies muss nicht zwangsläufig die standardmäßig vorgegebene Gesamtfläche sein. Im Eigenschaften-Bedienfeld können Sie gegebenenfalls auch gleich eine URL angeben, zu der verzweigt werden soll.

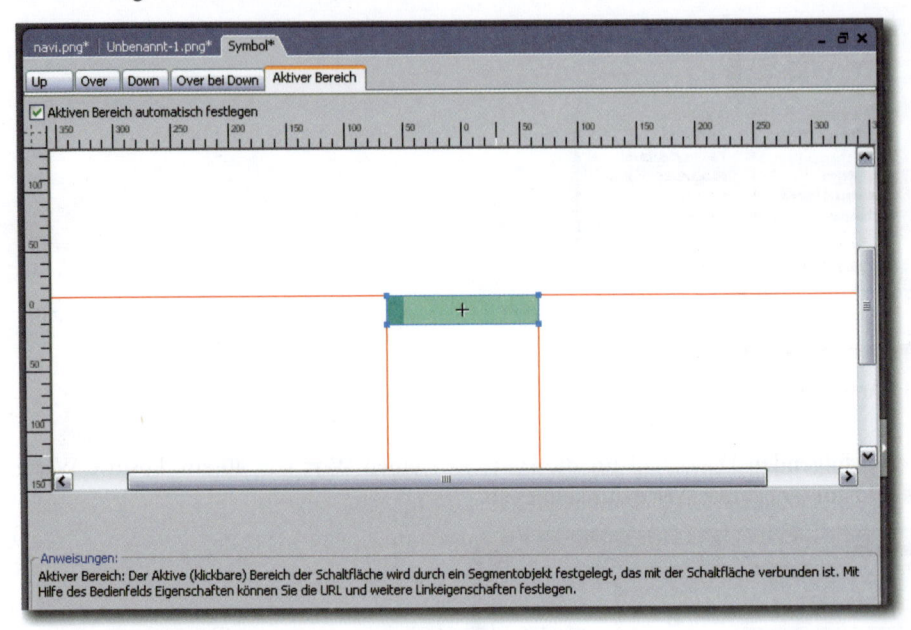

Abb. 5.18 Festlegung des aktiven Bereichs

Beenden Sie den Symbolbearbeitungsmodus, indem Sie das Dokumentfenster mit dem Kreuzsymbol in der oberen rechten Ecke des Fensters schließen. Im Vorschau-Modus können Sie dann testen, dass sich das Aussehen der Schaltfläche tatsächlich verändert, wenn Sie den Mauszeiger darüber bewegen.

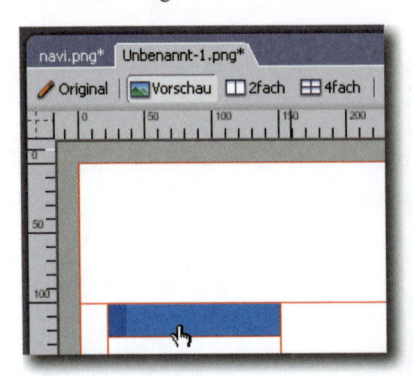

Abb. 5.19 Testen der Rollover-Schaltfläche

5.2.5 Instanzen verwenden

Nun benötigen wir für die Navigation insgesamt zehn Schaltflächen-Elemente. Da wir ein Symbol erstellt haben, ist die Anfertigung der anderen neun Schaltflächen sehr einfach. Gehen Sie wie folgt vor.

1 Ziehen Sie den Symboleintrag mit gedrückter linker Maustaste aus der Bibliothek in das Dokumentfenster – Sie sehen dann das folgende Mauszeigersymbol.

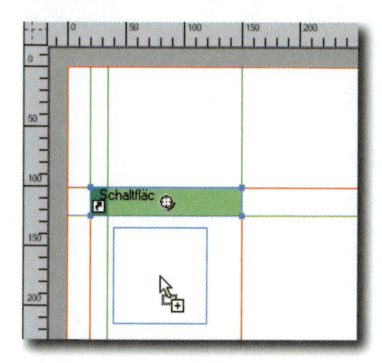

Abb. 5.20 Einfügen einer Instanz

2 Beim präzisen Positionieren können Sie wieder gut die anschnappenden Hilfslinien nutzen. In der Vertikalen wird die Instanz genau ein Pixel unter das bestehende Symbol geschoben. Dies können Sie entweder mit den Pfeiltasten oder über die Eingabefelder im EIGENSCHAFTEN-Bedienfeld erledigen. Die Instanz muss genau 26 Pixel unter dem Symbol platziert werden.

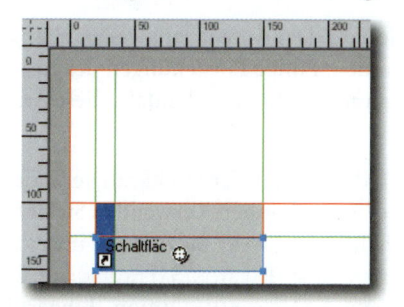

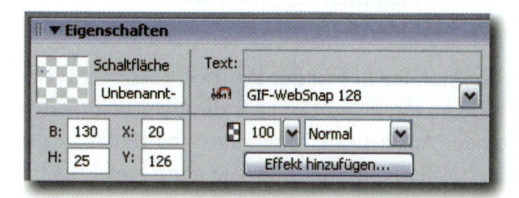

Abb. 5.21 Positionieren der Instanz

> Da auch die Unterkante des Objekts magnetisch wirkt, können Sie die Instanz auch zunächst an das Symbol „andocken", um es anschließend mit der ⬇-Schaltfläche ein Pixel nach unten zu schieben.

3 Auf dieselbe Art werden auch die weiteren Instanzen eingefügt. Das Einfügen per Drag & Drop klappt sehr schnell. Wenn alles fertig ist, sehen Sie für die letzte Instanz den vertikalen Wert 334 im EIGENSCHAFTEN-Bedienfeld. Die fertige Anordnung zeigt das folgende Bild. Die Segment-Hilfslinien und die Hilfslinien haben wir zur Verdeutlichung über das ANSICHT-Menü ausgeblendet.

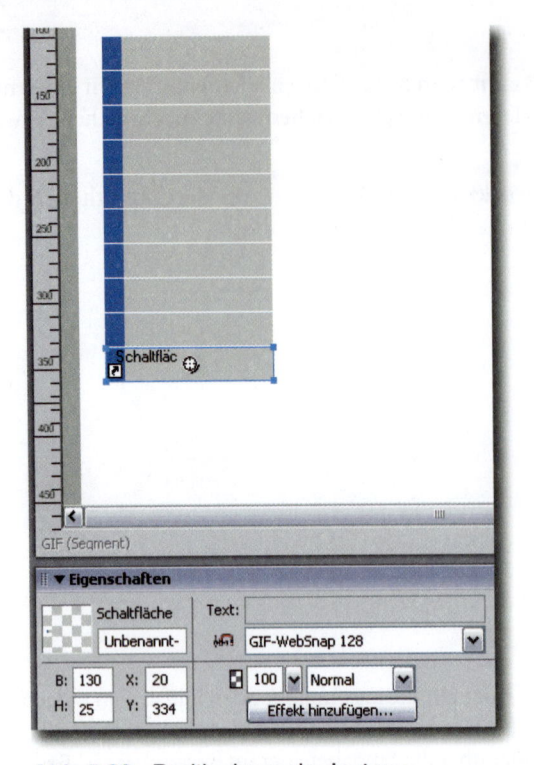

Abb. 5.22 Positionieren der Instanz

4 Natürlich sollen die Instanzen nicht so bleiben wie sie sind. Das wäre ja langweilig. Hier soll eine weitere, interessante Möglichkeit angewendet werden. Einige Einstellungen der Instanzen können nämlich verändert werden, ohne dass alle anderen Kopien ebenfalls diese Änderung zugewiesen bekommen.

So könnten Sie neben der Position beispielsweise auch die Größe oder Deckkraft verändern. Besonders interessant ist aber die Option, Effekte einsetzen zu können. Verwenden Sie dazu – nach der Auswahl der obersten Schaltfläche – die Schaltfläche EFFEKT HINZUFÜGEN im EIGENSCHAFTEN-Bedienfeld. Rufen Sie dann den Effekt FARBE ANPASSEN/FARBTON/SÄTTIGUNG auf. Ziehen Sie den FARBTON-Schieberegler ganz nach links. Wenn die VORSCHAU-Option aktiviert ist, sehen Sie das Ergebnis gleich im Bild.

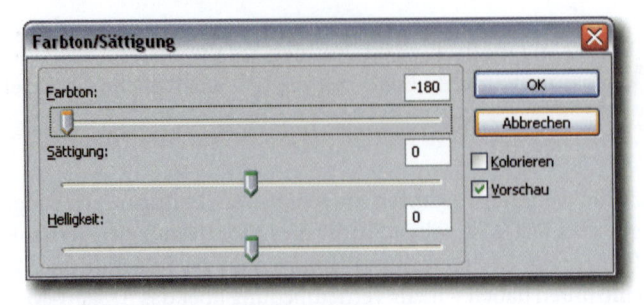

Abb. 5.23 Ändern des Farbtons

5 Sie sehen nach dem Bestätigen, dass sich auch automatisch die OVER-Darstellung verändert hat. Das Grau verändert sich dagegen nicht, weil es ja keine Farbe enthält.

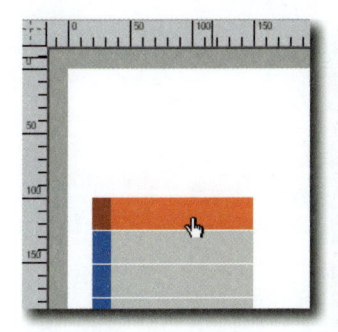

Abb. 5.24 Die geänderte Farbe

6 Auch alle anderen Schaltflächen erhalten jetzt einen anderen Farbton. Es ist praktisch, dass zunächst die zuvor eingestellten Werte angeboten werden. Dabei kommen die folgenden FARB-TON-Werte zum Einsatz: Die zweite Schaltfläche erhält den Farbton -145. Dann folgen die Werte -120, -45, -10, 25, 60, 95, 120 und 160. Damit werden alle Farben des Farbspektrums abgedeckt, sodass das folgende Ergebnis entsteht.

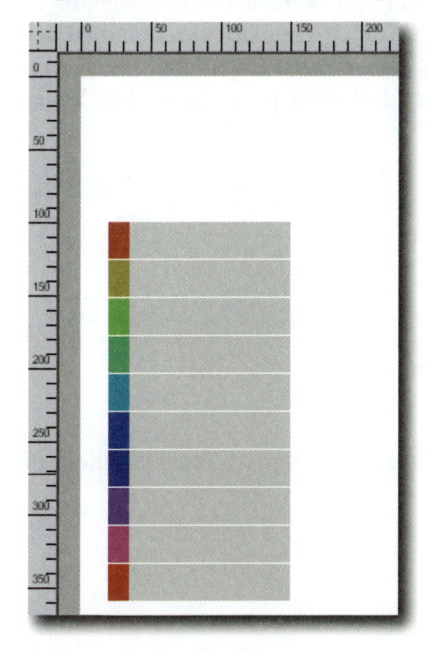

Abb. 5.25 Die eingefärbten Schaltflächen

7 Das Arbeiten mit Symbolen ist nicht nur sehr einfach – es ist auch sehr flexibel. So können Sie mit einem Schritt alle Schaltflächen verändern. Beim Testen des Ergebnisses fällt auf, dass die Farben etwas „matt" wirken. Dies können Sie leicht ändern, indem Sie das Ausgangssymbol verändern. Klicken Sie im BIBLIOTHEK-Bedienfeld doppelt auf das Symbol.

Stellen Sie für das farbige Rechteck einen hohen SÄTTIGUNG-Wert von 80 ein. Die Auswirkungen sehen Sie im folgenden Bild.

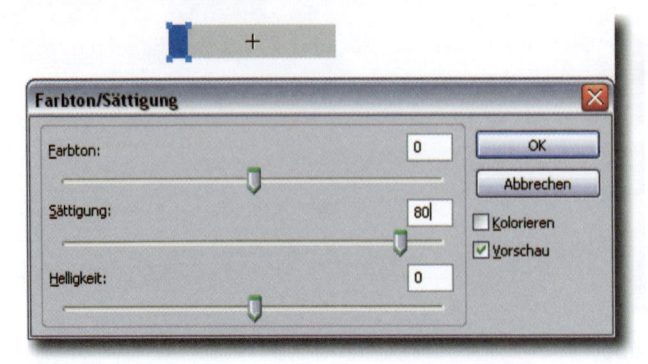

Abb. 5.26 Die Sättigung des Symbols wird erhöht

8 Die Änderung muss zusätzlich im DOWN-Status durchgeführt werden – dies geschieht nämlich nicht automatisch. Dass beim rechten Reckteck bereits ein Effekt zugewiesen wurde, macht nichts.

Sie können mehrere Effekte „übereinander stapeln". Sie werden in der Reihenfolge der Auflistung angewendet. Die Reihenfolge können Sie durch Verziehen eines Eintrags verändern. Ziehen Sie den neuen Effekt auf die oberste Position in der Liste, damit er zuerst angewendet wird. Ein dicker Balken zeigt beim Verziehen die Einfügeposition an – diese Situation sehen Sie im folgenden Bild.

Abb. 5.27 Zuweisen eines zweiten Effekts

9 Mit diesem Arbeitsschritt wurden sämtliche Schaltflächen angepasst. Testen Sie dies einmal in der Vorschau.

Abb. 5.28 Die geänderte Sättigung

5.3 Textelemente erstellen und formatieren

Die Schaltflächen sollen jetzt mit Beschriftungen versehen werden. Außerdem wollen wir einen Titel für die Seite gestalten. Für die Beschriftung der Schaltflächen haben wir die folgenden Einstellungen vorgenommen. Als Farbe wurde ein sehr dunkles Grau mit dem hexadezimalen Wert #333333 verwendet.

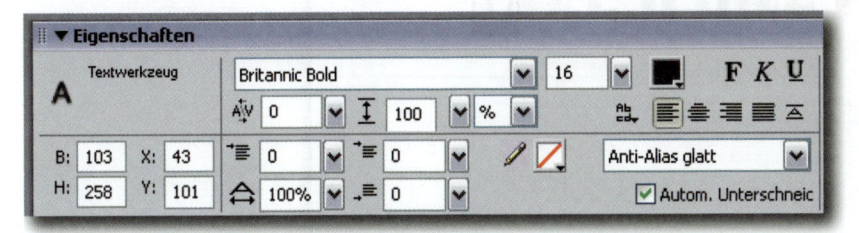

Abb. 5.29 Die Einstellungen für den Text

Beim Positionieren der Elemente können Sie entweder die Hilfslinien oder die Ausrichtungs-Optionen verwenden. In unserem Fall ergibt sich das folgende Ergebnis. Wir haben die Texte mit den Pfeiltasten ein Stück von den linken Farbfeldern abgerückt.

- Kinder
- Eltern
- Erziehung
- Kindergarten
- Familiäres
- Urlaub
- Gesundheit
- Ernährung
- Beruf
- Dies und das

Abb. 5.30 Die fertig gestellten Schaltflächen

Für den Titeltext werden ähnliche Formatierungen verwendet. Allerdings haben wir hier eine andere Schriftgröße und Breite eingestellt.

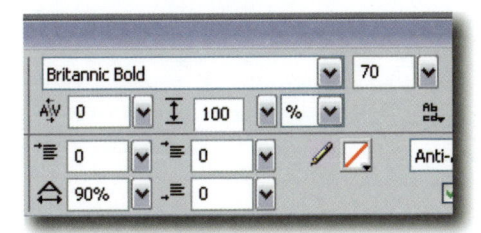

Abb. 5.31 Die Werte der Überschrift

Bei der Farbgebung haben wir uns etwas Besonderes einfallen lassen: Jeder Buchstabe erhält eine andere Farbe. Markieren Sie dazu den betreffenden Buchstaben. Wenn Sie anschließend die Farbpalette öffnen, können Sie den Mauszeiger aus der Palette herausbewegen. Dann wird eine Pipette angezeigt, mit der Sie die gewünschte Farbe aufnehmen können.

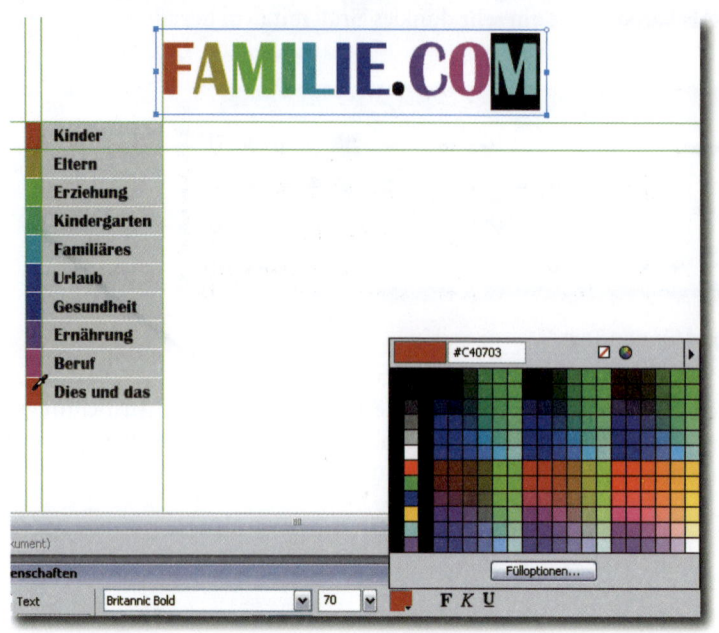

Abb. 5.32 Aufnehmen einer Farbe aus dem Bild

Einen Effekt zuweisen

Der Überschrift soll ein schwacher Effekt zugewiesen werden. Auch hier bietet Fireworks diverse Möglichkeiten an. Wir wollen den Effekt GESCHLIFFEN UND PRÄGEN/INNEN GESCHLIFFEN verwenden.

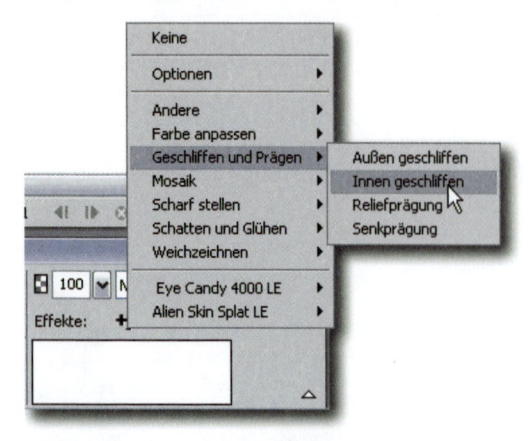

Abb. 5.33 Aufruf eines Effekts

5.3 Textelemente erstellen und formatieren

Wir nehmen dann die folgenden Einstellungen vor.

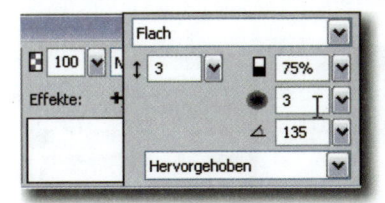

Abb. 5.34 Die verwendeten Einstellungen

Das Ergebnis sieht ein wenig „edler" aus als vorher.

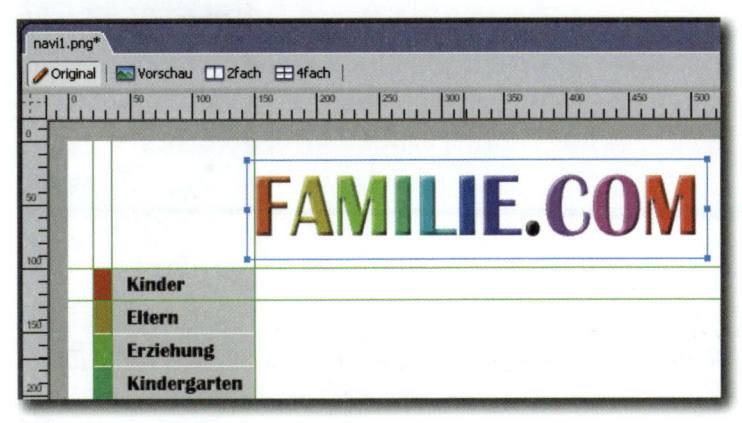

Abb. 5.35 Der angewandte Effekt

Um auch für den Schriftzug ein Segment zu erstellen, können Sie die Funktion SEGMENT EINFÜGEN aus dem Kontextmenü des Zeigerwerkzeugs verwenden. Alternativ dazu erreichen Sie diese Funktion auch mit der Tastenkombination [Alt]+[⇧]+[U].

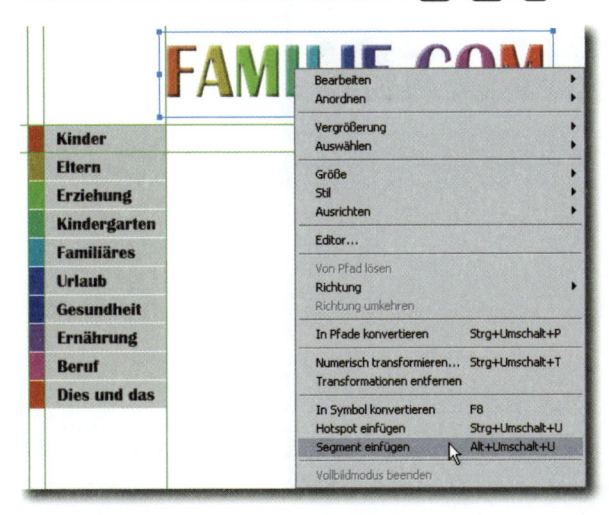

Abb. 5.36 Aufruf des Kontextmenüs

Das folgende Ergebnis kann nun exportiert werden. Wir haben das GIF-Dateiformat als Exportoption verwendet.

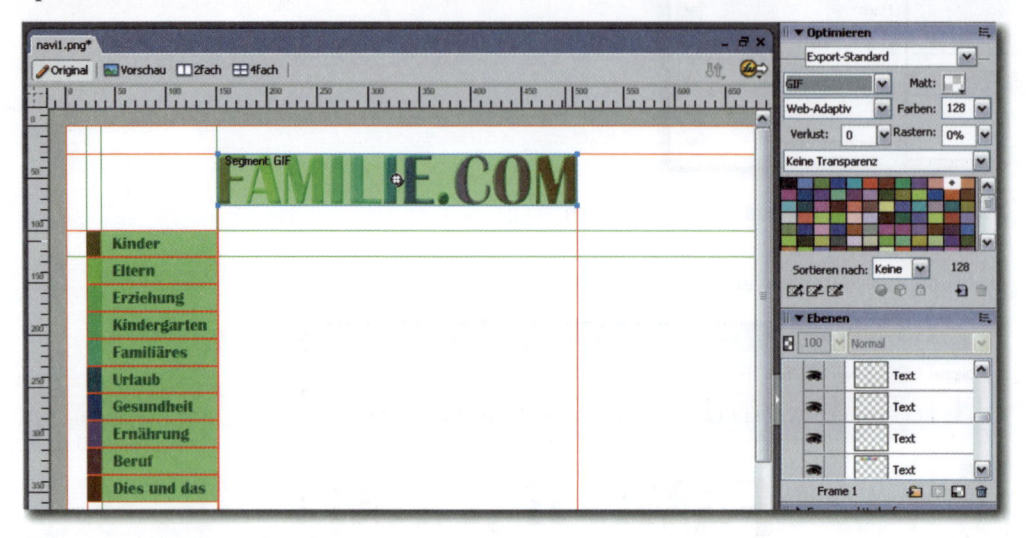

Abb. 5.37 Die Exportsituation

> Das Maß des Dokuments spielt bei derartigen Layoutaufgaben keine Rolle. Da nur einzelne Bilder exportiert werden sollen, brauchen die überflüssigen Bildteile nicht abgeschnitten zu werden.

Markieren Sie alle Segmente. Die richtige Auswahl erkennen Sie an den Markierungen und Symbolen der Segmente.

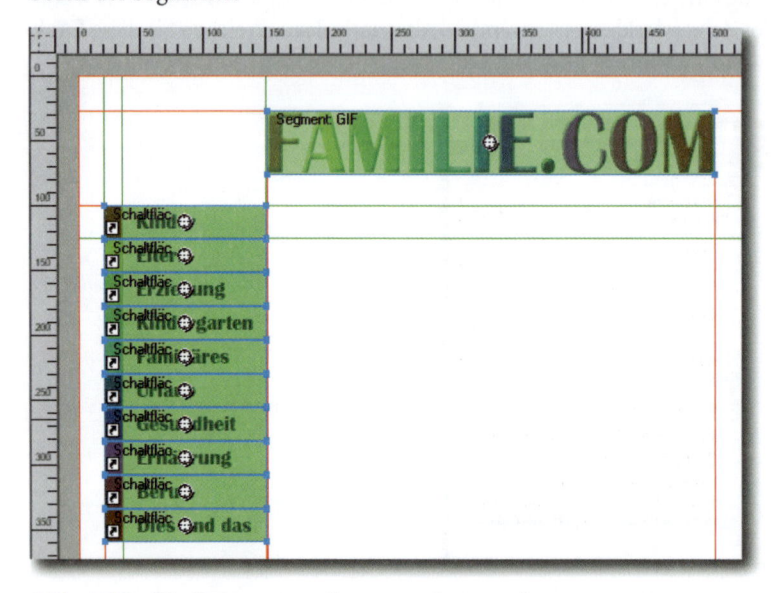

Abb. 5.38 Die Segmente sollen exportiert werden

Wenn Sie das Ergebnis beim Export begutachten oder auch ändern wollen, können Sie die Funktion DATEI/EXPORTVORSCHAU verwenden, die Sie auch über die Tastenkombination [Strg]+[⇧]+[X] erreichen.

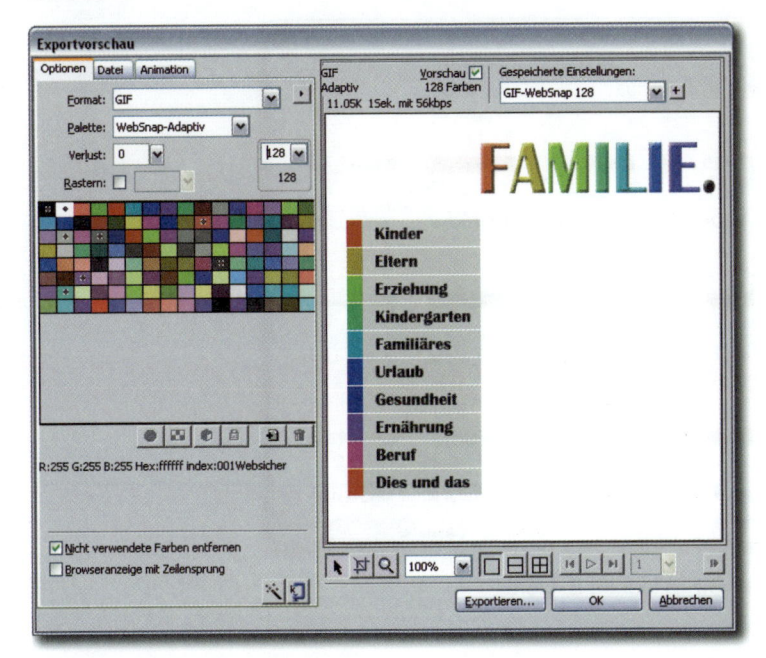

Abb. 5.39 Die Exportvorschau

Über die DATEI-Registerkarte erreichen Sie Optionen, um das Bild zu skalieren oder zu beschneiden.

Achten Sie nach dem Aufruf der EXPORTIEREN-Schaltfläche darauf, dass im folgenden Dialogfeld die Option NUR BILDER im DATEITYP-Listenfeld aktiviert ist. Außerdem haben wir die Option NUR AUSGEWÄHLTE SEGMENTE aktiviert – alle anderen Teile des Dokuments werden nämlich nicht benötigt.

Abb. 5.40 Exportieren der Bilder

Beim Export generiert Fireworks eine ganze Menge GIF-Bilder, wie ein Blick in den Windows-Explorer belegt. Für jede Schaltfläche gibt es ein Bild für den Normalzustand und eins für den OVER-Status.

Abb. 5.41 Die generierten GIF-Bilder im Explorer

5.4 Die Seite in Dreamweaver aufbauen

Der Aufbau der Seite in Dreamweaver erfolgt wieder – vielleicht haben Sie es sich schon gedacht – mithilfe einer Tabelle. Damit Dreamweaver automatisch CSS-Stile erstellt, können Sie in den Voreinstellungen unter der Rubrik ALLGEMEIN die Option CSS ANSTELLE VON HTML-TAGS VERWENDEN aktivieren.

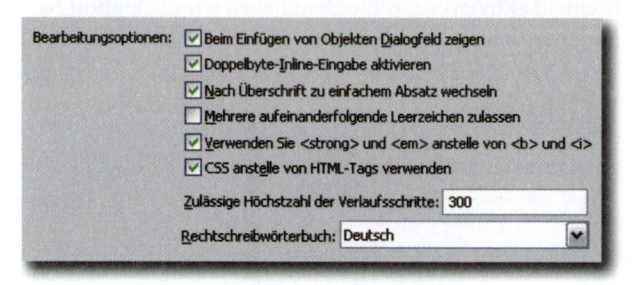

Abb. 5.42 Ändern der Voreinstellungen

Erstellen Sie über die Funktion DATEI/NEU ein neues Dokument. Stellen Sie als Kategorie die Option EINFACHE SEITE ein. Wählen Sie in der rechten Liste dann die Option HTML. In das neu erstellte Dokument wird eine Tabelle eingefügt, die zunächst aus den folgenden Einstellungen generiert wird. Wir werden sie später erweitern.

Abb. 5.43 Die Tabelleneinstellungen

In der mittleren oberen Tabellenzelle wird die vorbereitete Titelgrafik eingefügt. Klicken Sie in die Tabellenzelle und rufen Sie die Funktion EINFÜGEN/BILD oder die Tastenkombination ⌘+Alt+I auf.

Abb. 5.44 Die eingefügte Grafik

Richten Sie das Bild über die folgende Schaltfläche in dem EIGENSCHAFTEN-Bedienfeld zentriert aus.

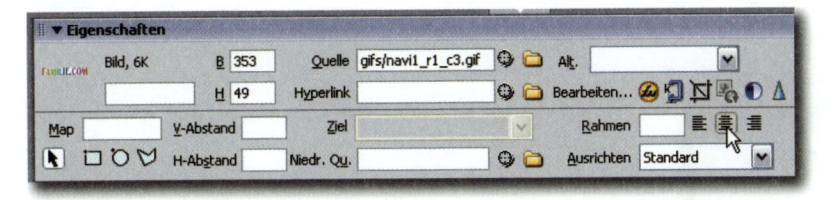

Abb. 5.45 Die zentrierte Ausrichtung einstellen

5.4.1 Rollover-Schaltflächen einfügen

Zum Einfügen der Schaltflächen wird eine andere Funktion benötigt. Da wir den Fireworks-Export auf die GIF-Bilder beschränkt haben, fehlt nun natürlich die Rollover-Funktionalität.

Da die Rollover-Funktion auch in Dreamweaver angeboten wird, wollen wir diese nutzen. Verwenden Sie dazu die Funktion EINFÜGEN/GRAFIKOBJEKTE/ROLLOVER-BILD. Im folgenden Dialogfeld werden die beiden Bilder angegeben. Verwenden Sie dazu jeweils die DURCHSUCHEN-Schaltfläche, um das Bild auszuwähen. Gegebenenfalls können Sie im letzten Eingabefeld auch gleich die URL einstellen, zu der nach dem Anklicken der Schaltfläche verzweigt werden soll.

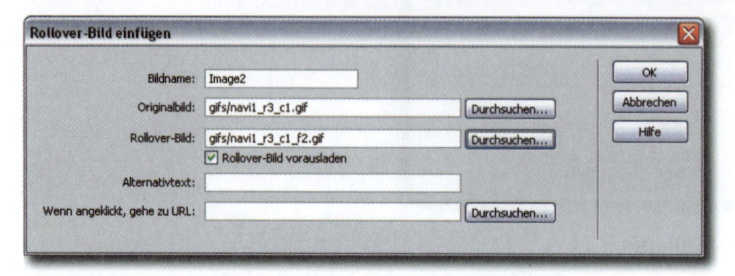

Abb. 5.46   Erstellen einer Rollover-Schaltfläche

Wenn Sie den Quelltext einblenden, bemerken Sie, dass Dreamweaver automatisch die `onMouseOver`-Funktion neben dem notwendigen JavaScript-Code eingefügt hat.

Abb. 5.47   Der automatisch eingefügte Quelltext des Rollover-Bilds

Ein Blick in das VERHALTEN-Bedienfeld belegt dies ebenfalls.

Abb. 5.48   Die Rollover-Funktionalität im Verhalten-Bedienfeld

Platzhaltergrafiken einsetzen

Nun sollen die Breiten der Tabellenzellen eingestellt werden. Zuerst wird die mittlere Spalte formatiert. Sie erhält eine Breite von 100 % zugewiesen. Diese Spalte gleicht später die variablen Fenstergrößen der Webbrowser aus.

Das Markieren fällt leicht. Wenn die visuellen Hilfsmittel eingeblendet sind, erkennen Sie an den roten Markierungslinien, was bei einem Mausklick markiert wird. Für die Spaltenauswahl wird die folgende Markierung angezeigt.

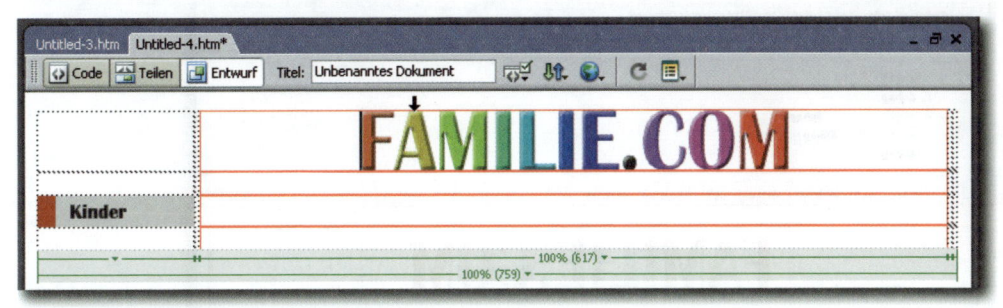

Abb. 5.49 Markieren einer Spalte

In der zweiten und vierten Spalte wird in der obersten Zeile jeweils ein Blind-GIF mit einer Breite von 10 Pixeln eingefügt. Die letzte Spalte enthält in der ersten Zeile ein Blind-GIF mit einer Breite von 130 Pixeln. Das entspricht der Breite der Schaltflächen. Schalten Sie für diese Arbeit in die erweiterte Ansicht.

Abb. 5.50 Hier wurden Blind-GIFs eingefügt

> **Absolute Breiten**
>
> Natürlich könnten Sie auch alle Spaltenbreiten als absolute Spaltenwerte angeben. Das vorgestellte Verfahren erscheint uns aber etwas flexibler und praktischer. Außerdem entfallen mögliche Fehlerquellen.

Zeilenhöhen variieren

Beim Erstellen einer Tabelle werden in den Zellen automatisch geschützte Leerzeichen eingesetzt, durch die die Tabellenzellen eine Höhe erhalten. Ansonsten könnten Sie die Tabellenzellen gar nicht auswählen. Wenn Sie eine niedrige Zeilenhöhe erreichen wollen, sind diese geschützten Leerzeichen hinderlich. Die geschützten Leerzeichen erkennen Sie im Quellcode an der Bezeichnung . Sie sehen die vier geschützten Leerzeichen einer Zeile im folgenden Bild in der Quellcode-Ansicht.

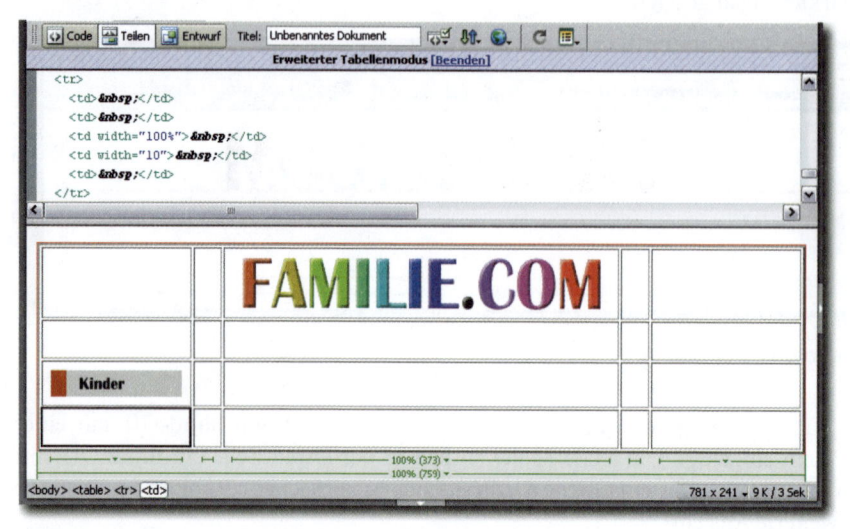

Abb. 5.51 Hier sind geschützte Leerzeichen vorhanden

Wenn Sie diese geschützten Leerzeichen aus dem Quelltext löschen, werden die Kanten in der erweiterten Tabellenansicht gepunktet dargestellt. Dies sehen Sie in der nachfolgend gezeigten Abbildung.

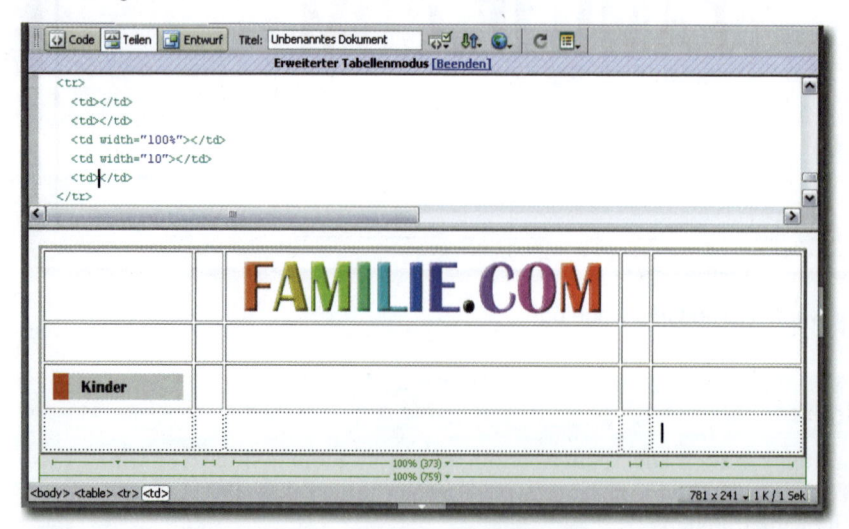

Abb. 5.52 Die geschützten Leerzeichen wurden entfernt

Anschließend können Sie in die erste Zelle der letzten Zeile ein Blind-GIF einfügen, das eine Höhe von 1 Pixel erhält. Die Breite spielt hier keine bedeutende Rolle – sie darf nur nicht größer sein, als die Breite des Schaltflächenbilds. Durch die Bearbeitung im erweiterten Tabellenmodus lässt sich diese Arbeit leicht erledigen.

> Nach dem Einfügen des Bilds verschwindet die gepunktete Markierung für diese Zelle. So erkennen Sie schnell, welche Zellen Inhalte besitzen und welche nicht.

In einem weiteren Arbeitsschritt werden einige Zellen eingefärbt. So erhalten die beiden unteren Zellen der mittleren Spalte die Hintergrundfarbe #EEEEEE, die vorletzte Zelle der letzten Spalte wird etwas dunkler eingefärbt. Verwenden Sie hier den hexadezimalen Wert #DDDDDD. Dies entspricht der Farbe des Hintergrunds der Schaltflächenbilder.

Abb. 5.53 Die neu formatierten Zeilen

Neue Zeilen auf die Schnelle

Nun werden viele weitere Zeilen benötigt, um die verbleibenden neun Rollover-Schaltflächen aufzunehmen. Hier wollen wir es uns so einfach wie möglich machen. Das stetige neue Formatieren würde viel Zeit in Anspruch nehmen.

Daher sollen einfach Kopien bearbeitet werden – das geht viel schneller. Dazu werden die beiden unteren Zeilen eingesetzt. Markieren Sie dann die obere der beiden Zeilen und ziehen Sie den Mauszeiger mit gedrückter linker Maustaste nach unten, sodass die folgende Hervorhebung zu sehen ist.

Abb. 5.54 Markieren von zwei Zeilen

Kopieren Sie die markierten Zellen mit der Tastenkombination [Strg]+[C]. Wechseln Sie in die letzte Zelle und verwenden Sie die [↹]-Taste, um eine neue Zeile zu erstellen. Wechseln Sie in die erste Zelle der neuen Zeile und fügen Sie dort die zuvor kopierten Zellen ein. Wiederholen Sie dies, bis Sie insgesamt zehn Schaltflächen eingefügt haben.

Nach jedem Einfügen müssen Sie übrigens erneut in die erste Zelle der untersten Zeile klicken, damit die weiteren Zeilen eingefügt werden können. Sie sehen anschließend im normalen Ansichtsmodus das folgende Ergebnis.

Abb. 5.55 Die kopierten Zellen

Nun müssen die Bilder der Schaltflächen ausgetauscht werden. Dies erreichen Sie recht schnell, wenn Sie zunächst die Verlinkung des markierten Bilds im EIGENSCHAFTEN-Bedienfeld anpassen. Verwenden Sie die folgende Schaltfläche, um das SUCHEN-Dialogfeld zu öffnen.

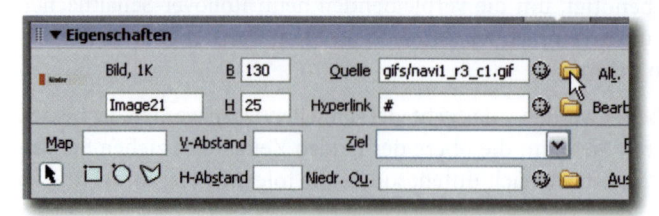

Abb. 5.56 Austausch der Verlinkung

Klicken Sie anschließend im VERHALTEN-Bedienfeld doppelt auf die Option BILD AUSTAUSCHEN.

Abb. 5.57 Ändern des Verhaltens

Im folgenden Dialogfeld können Sie das Bild einstellen, das im OVER-Status erscheinen soll. Das markierte Bild ist in der Liste mit einem Sternchen versehen.

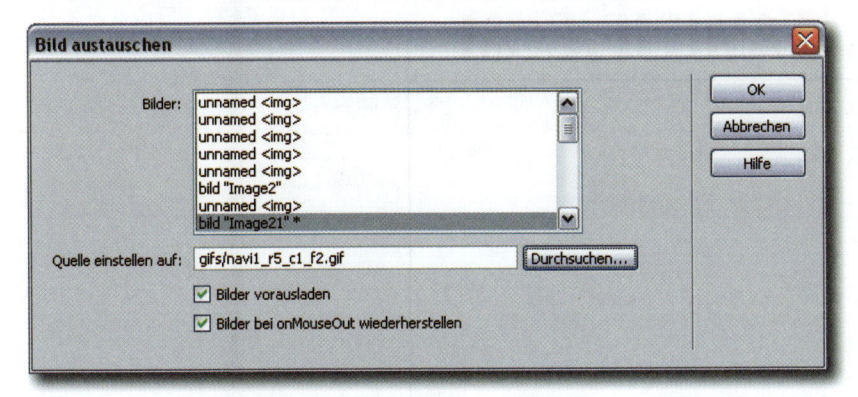

Abb. 5.58 Einstellen des Austauschbildes

Wiederholen Sie diese Arbeitsschritte auch für die anderen Schaltflächen. Wenn Sie die visuellen Hilfsmittel ausblenden, erkennen Sie das nächste interessante Zwischenergebnis.

Abb. 5.59 Ein weiteres Zwischenergebnis

Um das Dokument zu verlängern, wird nun noch die letzte Zeile formatiert. Fügen Sie dazu in der linken Spalte ein Blind-GIF ein. Mit der Höhe legen Sie fest, wie weit das Dokument verlängert werden soll. Wir verwenden hier einen Höhe-Wert von 300 Pixeln. Außerdem erhält die Zelle ebenfalls die Hintergrundfarbe #DDDDDD. Diesen Farbwert weisen wir auch der rechten Zelle zu. Im letzten Arbeitsschritt werden alle Zellen im Mittelteil verbunden, sodass hier eine große Zelle entsteht, die den Inhalt des Hauptteils aufnehmen kann.

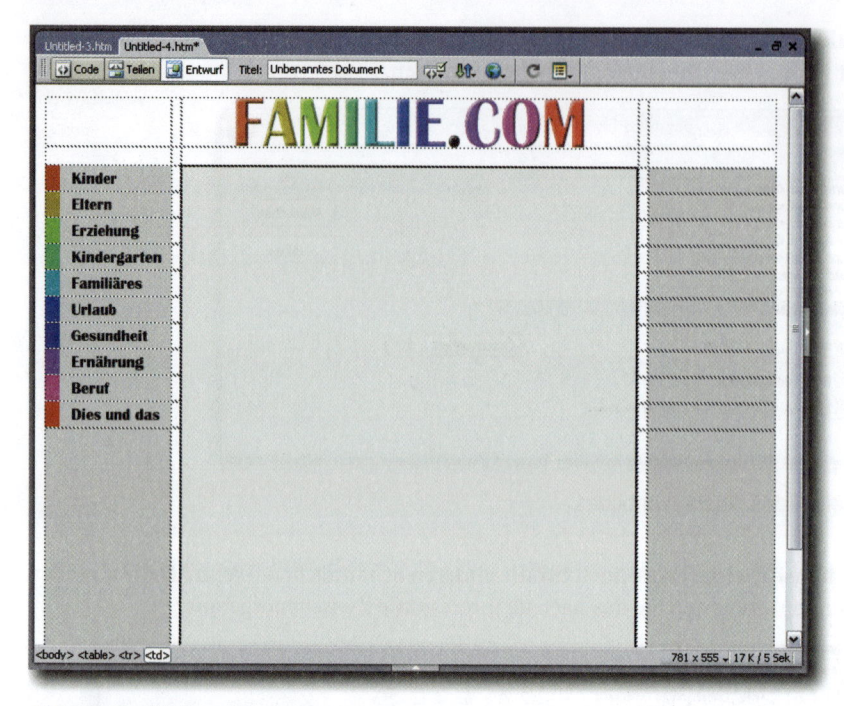

Abb. 5.60 Weitere Formatierungen

Zum Einfügen von Fließtext im Mittelteil soll eine neue Tabelle verwendet werden, damit der Wert für die Zellauffüllung verändert werden kann. Weisen Sie der neuen Tabelle die folgenden Einstellungen zu.

Abb. 5.61 Eine neue Tabelle einfügen

Fügen Sie Text in die neue Tabelle ein. Wir verwenden hier nichts sagenden Blindtext, der nun formatiert werden soll.

Abb. 5.62 Einfügen von Blindtext

Da die CSS-Optionen eingestellt sind, sind etwas andere Optionen im EIGENSCHAFTEN-Bedienfeld verfügbar. So werden für die Schriftgröße diverse Werte angeboten. Wenn der gewünschte Wert nicht in der Liste zu finden ist, können Sie ihn auch in dem Eingabefeld eintippen. So wollen wir hier 13 Pixel verwenden.

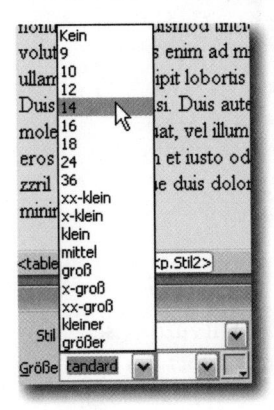

Abb. 5.63 Ändern der Schriftgröße

Sobald Sie eine Einstellung verändert haben, legt Dreamweaver einen neuen Stil an. Sie finden diesen beispielsweise in der STIL-Liste. Weisen Sie diesen Stil zu.

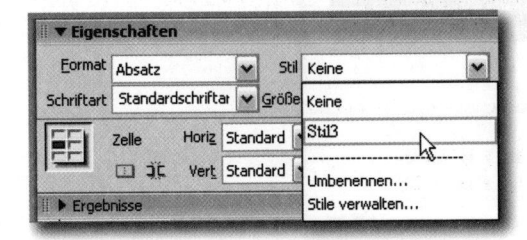

Abb. 5.64 Der automatisch erstellte Stil

Über die Funktion STILE VERWALTEN können bestehende Stile verändert werden. Der Aufruf kann aber ebenso über das CSS-Bedienfeld erfolgen.

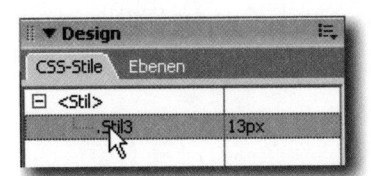

Abb. 5.65 Der Stil im Bedienfeld

Die Formatierungen sind im folgenden Dialogfeld in unterschiedliche Themenbereiche aufgeteilt. In der SCHRIFT-Kategorie werden die nachfolgend abgebildeten Einstellungen bereitgestellt. Hier finden Sie mehr Optionen, als Sie es von der reinen HTML-Formatierung gewohnt sind. So können Sie beispielsweise auch den Zeilenabstand variieren. Geben Sie hier eine ZEILENHÖHE von 18 PIXEL an.

Abb. 5.66 Formatieren des CSS-Stils

Um alle anderen Absätze zu formatieren, brauchen Sie nun nur noch den Stil zuzuweisen. Markieren Sie alle verbleibenden Texte und weisen Sie den gerade erstellten Stil über das Listenfeld zu.

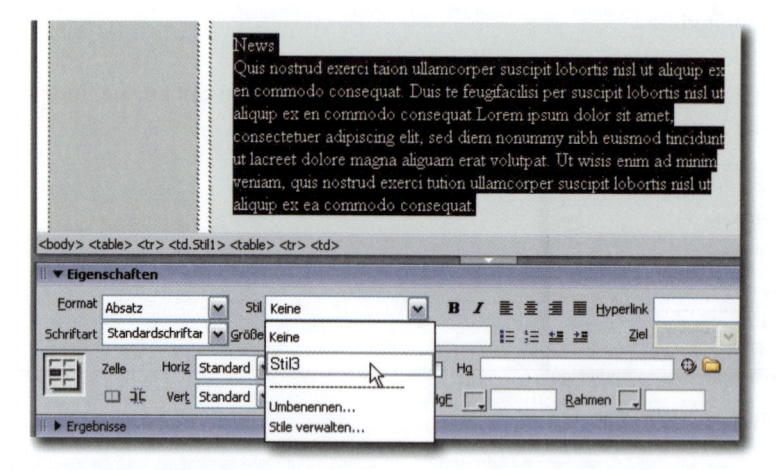

Abb. 5.67 Zuweisen des CSS-Stils

Die Überschriften sollen fett dargestellt werden. Dies können Sie auch ohne das Erstellen eines neuen Stils erreichen.

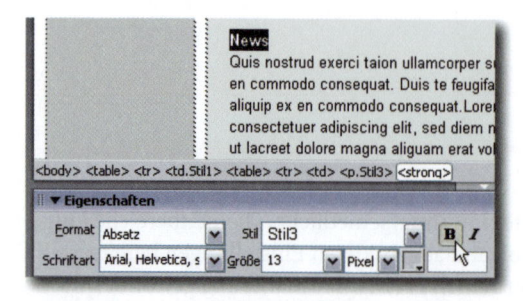

Abb. 5.68 Ändern der Schriftattribute

5.5 Vorlagen erstellen

In der Praxis wird es häufig vorkommen, dass viele Elemente einer Webseite auch für andere Seiten des Webs benötigt werden. Vielleicht sind es sogar nur einzelne Bereiche, die auf einer anderen Seite ausgetauscht werden sollen. Nun müssen Sie nicht jedes Mals das Rad „neu erfinden". Dreamweaver bietet interessante Optionen an, um Vorlagen zu speichern, die für weitere Webseiten verwendet werden können.

> Es ist egal, ob Sie mit der Funktion DATEI/NEU eine Vorlagenseite erstellen, oder nachträglich eine bestehende Seite in eine Vorlagenseite umwandeln.

Wählen Sie im EINFÜGEN-Bereich die Rubrik ALLGEMEIN aus. Rufen Sie über das nachfolgend abgebildete Menü die Funktion VORLAGE ERSTELLEN auf.

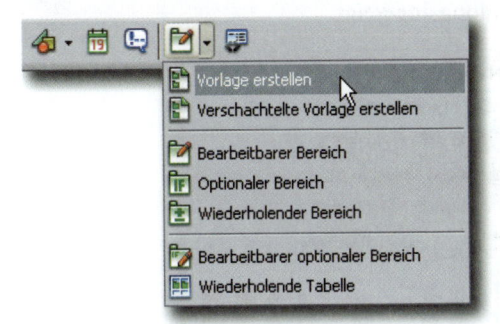

Abb. 5.69 Erstellen einer Vorlage

Im folgenden Dialogfeld finden Sie bestehende Vorlagen. Geben Sie im unteren Eingabefeld einen Namen für die neue Vorlage an. Nach dem Bestätigen wird abgefragt, ob die Links aktualisiert werden sollen. Bestätigen Sie dies.

Abb. 5.70 Benennen der Vorlage

Im Stammordner der aktuellen Site finden Sie anschließend einen neuen Ordner mit der Bezeichnung TEMPLATES. Dort ist die gerade gespeicherte Vorlage mit der Dateiendung *.dwt abgelegt.

Abb. 5.71 Die neu erstellte Vorlage

Am Aussehen des Dokuments hat sich nichts verändert. Dass Sie nun eine Vorlage bearbeiten, erkennen Sie nur an der neuen Bezeichnung in der Titelzeile des Programmfensters. Dort wird der Hinweis <<Vorlage>> und die neue Dateiendung angezeigt.

Abb. 5.72 Die geänderte Titelleiste

5.5.1 Bearbeitbare Bereiche erstellen

Im nächsten Arbeitsschritt müssen nun Bereiche festgelegt werden, die bearbeitet werden können.

> Innerhalb einer Tabellenkonstruktion können dies nur einzelne Tabellenzellen oder die gesamte Tabelle sein – mehrere Zellen einer Tabelle können Sie nicht als bearbeitbaren Bereich deklarieren.

Markieren Sie die Tabellenzelle des Hauptteils. Neben den bereits bekannten Markierungsoptionen können Sie übrigens auch einfach auf das `<td>`-Tag in der Statuszeile des Dokumentfensters klicken.

Rufen Sie dann aus dem Vorlagen-Menü des Einfügen-Bereichs die Option Bearbeitbarer Bereich auf. Im folgenden Dialogfeld können Sie den Bereich mit einem aussagekräftigen Namen versehen.

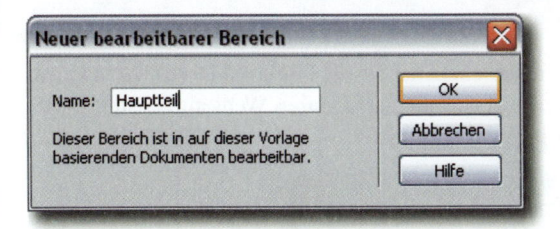

Abb. 5.73 Benennen des bearbeitbaren Bereichs

Nach dem Bestätigen sehen Sie ein hellblaues Schildchen mit der Bezeichnung des Bereichs. Außerdem ist eine dünne Umrandungslinie um den editierbaren Bereich zu erkennen.

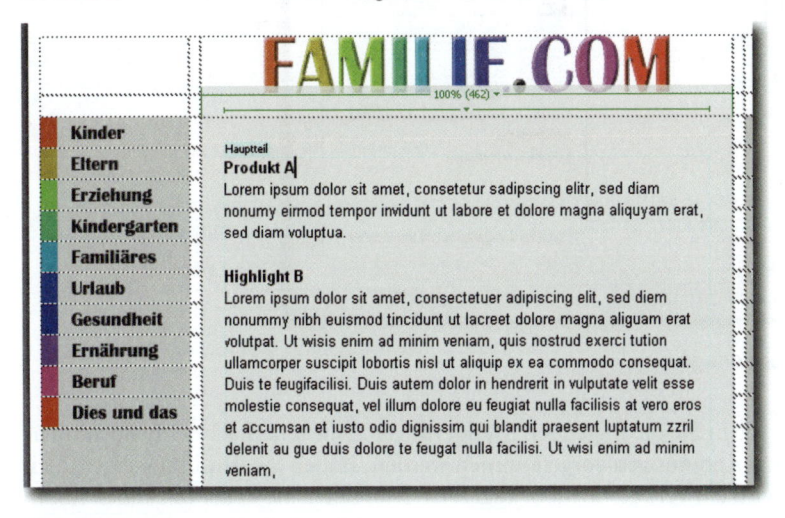

Abb. 5.74 Der markierte Bereich

Mehrere Bereiche

Sie können auch mehrere bearbeitbare Bereiche im Dokument festlegen. Wechseln Sie dazu einfach zur neuen Position und führen Sie die Arbeitsschritte erneut durch. Bei mehreren bearbeitbaren Bereichen sind die Schildchen mit den Bezeichnungen zur Unterscheidung hilfreich.

In dem Vorlagen-Menü gibt es weitere Funktionen zur Anpassung der Vorlagen. So können Sie beispielsweise Vorlagen verschachteln, indem in einer Vorlagenseite eine weitere Vorlage erstellt wird.

Außerdem können Sie sich wiederholende Bereiche oder Tabellen erstellen. Dabei kann der Benutzer der Vorlage auch den Inhalt des sich wiederholenden Elements bearbeiten. Das Design selbst ist dabei aber vom Hersteller der Vorlage festgelegt. In optionalen Bereichen können Texte oder Grafiken angegeben werden, die entweder sichtbar oder unsichtbar sind – dies kann vom Benutzer der Vorlage festgelegt werden.

5.5.2 Vorlagen einsetzen

Um neue Seiten auf der Basis der Vorlagen zu erstellen, rufen Sie die Funktion DATEI/NEU auf. Auf der VORLAGEN-Registerkarte werden in der linken Liste alle verfügbaren Webs aufgelistet. In der rechten Liste sind die dazu vorhandenen Vorlagen aufgeführt.

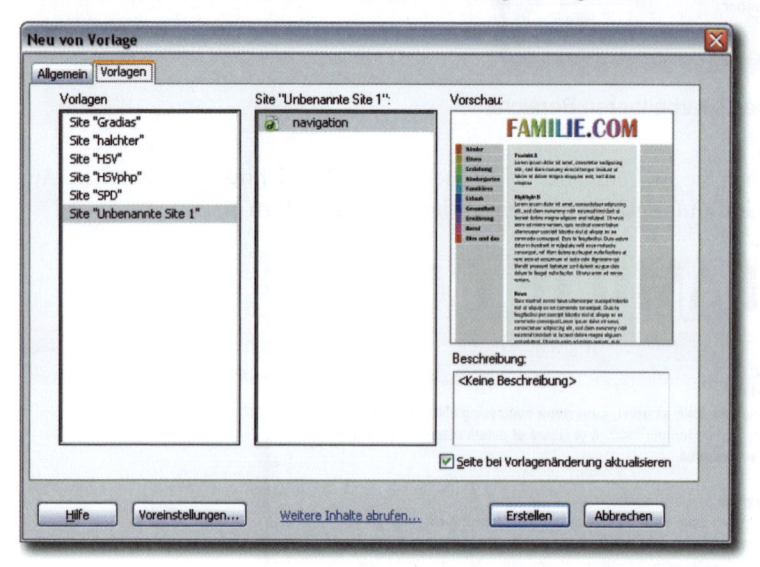

Abb. 5.75 Aufruf einer Vorlage

Ist die Vorlage erstellt, sehen Sie die folgenden Markierungen. Nur innerhalb des hellblau markierten Bereichs können Änderungen vorgenommen werden. Halten Sie den Mauszeiger in einen anderen Bereich, wird ein Verbots-Symbol angezeigt. Dies sehen Sie in der folgenden Abbildung oben rechts.

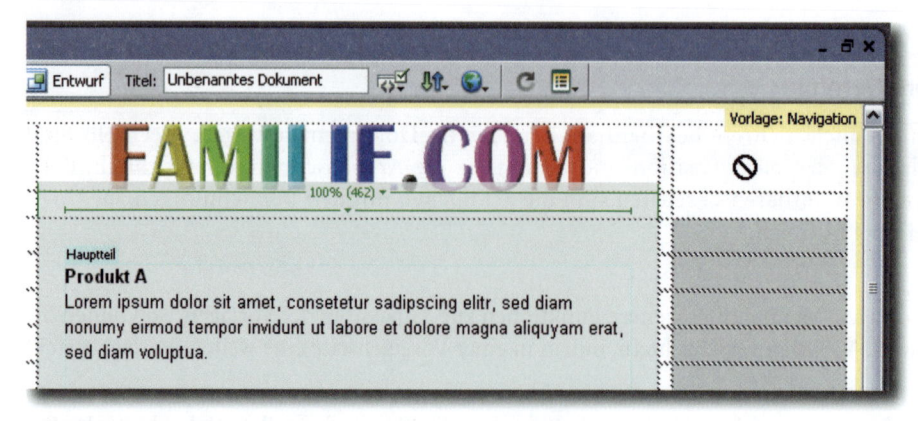

Abb. 5.76 Dieses Dokument basiert auf einer Vorlage

> Sie können das Dokument jederzeit von der Vorlage trennen. Verwenden Sie dazu die Funktion MODIFIZIEREN/VORLAGEN/VON VORLAGE LÖSEN.

5.6 Ebenen erstellen

Im letzten Teil dieses Workshops wollen wir uns einem sehr spannenden Thema widmen. Neben Frames und Tabellen lernen Sie nun ein weiteres Gestaltungsmittel kennen: die so genannten Ebenen.

> **Vielseitig**
>
> Ebenen können Sie für die unterschiedlichsten Aufgabenstellungen verwenden. So können Sie Popupmenüs, Banner oder einen Bildertausch mithilfe der Ebenen erstellen. Theoretisch könnten Sie auch komplette Webseiten mithilfe der Ebenen gestalten. Inzwischen sollte es auch mit den meisten Webbrowsern keine Kompatibilitätsprobleme mehr geben, sodass Ebenen eine echte Alternative geworden sind.

Ebenen können direkt in das Dokument „gezeichnet" werden. Die dazu nötige Funktion finden Sie im EINFÜGEN-Bedienfeld im LAYOUT-Bereich. Verwenden Sie die nachfolgend abgebildete Schaltfläche.

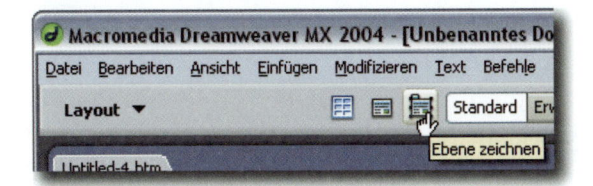

Abb. 5.77 Aufruf der Ebenen-Funktion

Die Ebenen können Sie – unabhängig von den bestehenden Tabellen – irgendwo auf der Webseite aufziehen. Ziehen Sie den Bereich mit gedrückter linker Maustaste auf.

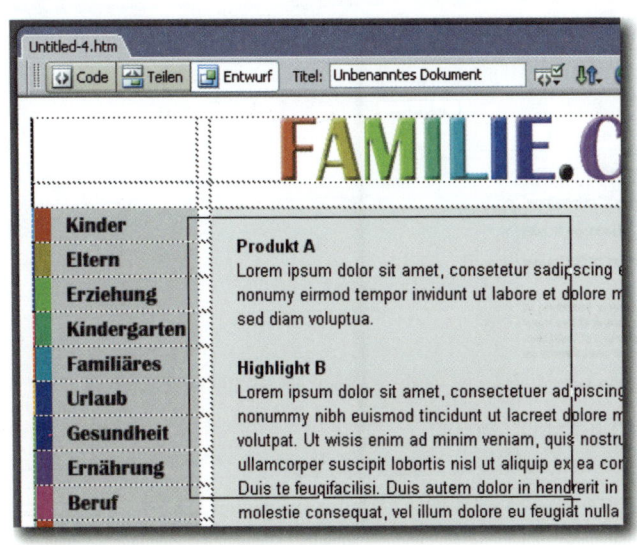

Abb. 5.78 Zeichnen einer Ebene

Codefragmente nutzen

Nach dem Loslassen der linken Maustaste sehen Sie das Ebenensymbol sowie den Eingabecursor. Wir wollen in dieser Ebene eine Tabelle einfügen. Dabei soll eine Tabelle erstellt werden, die einen dünnen Rahmen aufweist – das ist nämlich momentan voll im Trend.

Für diese Aufgabenstellung bietet Dreamweaver im CODEFRAGMENTE-Bedienfeld vorgefertigte Vorlagen an. Sie können die Codefragmente entweder per Drag & Drop in das Dokument ziehen oder Sie klicken einfach doppelt auf den betreffenden Eintrag. Es wird dann an der aktuellen Position eingefügt. Verwenden Sie das folgende Codefragment.

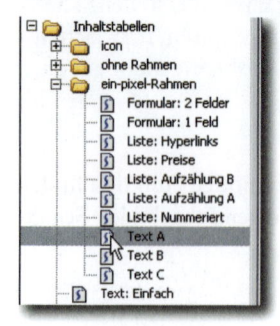

Abb. 5.79 Einsatz von Codefragmenten

Wenn Sie im CODEFRAGMENTE-Bedienfeld einen Eintrag mit der rechten Maustaste anklicken, finden Sie im Kontextmenü einige Funktionen. Rufen Sie dort beispielsweise die BEARBEITEN-Funktion auf.

Im folgenden Dialogfeld erkennen Sie den Aufbau der Tabelle. So wird deutlich, dass der dünne Rand nicht durch die Verwendung eines Rahmens entsteht – er entsteht durch zwei verschachtelte Tabellen, denen jeweils eine Breite von 100 % zugewiesen wurde.

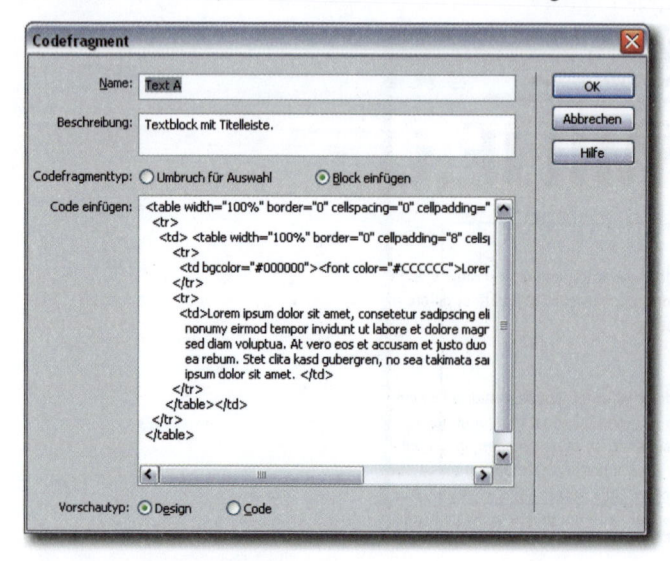

Abb. 5.80 Das Codefragment

Nachfolgend sehen Sie das in die Ebene eingefügte Codefragment. Die Tabelle soll nun formatiert werden.

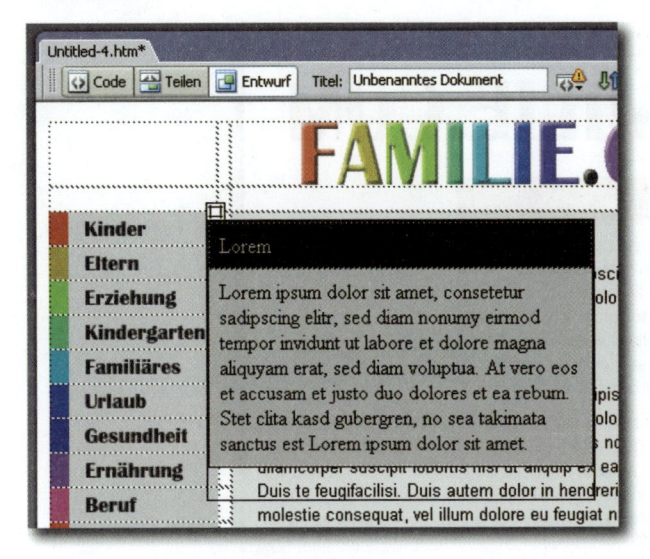

Abb. 5.81 Die Tabelle aus den Codefragmenten

Wir färben die „untere" Tabelle in der Farbe der ersten Schaltfläche ein. Am leichtesten erreichen Sie die Tabelle über die Tags in der Statuszeile des Dokumentfensters. Markieren Sie hier den ersten <table>-Tag und stellen Sie die neue HG-Farbe wie folgt ein. Damit wird aber nur die Umrandungslinie umgefärbt. 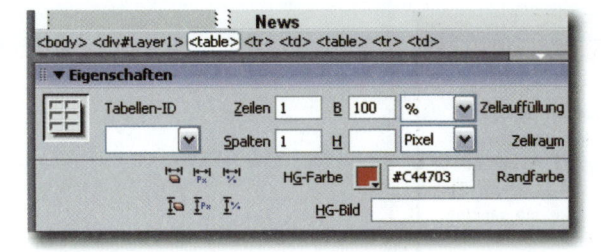

Abb. 5.82 Die neue Hintergrundfarbe

> Die Auswahl von Tabellenbestandteilen ist meist am schnellsten über die Tags in der Statuszeile zu erreichen. Falls nicht auf Anhieb das passende Element gewählt wurde, klicken Sie einfach auf das nächste Tag.

Die Hintergrundfarbe des zweiten <table>-Tags wird auf #DDDDDD eingestellt. Zusätzlich muss nun die obere Tabellenzelle mit derselben Farbe umgefärbt werden. Anschließend werden noch die Texte formatiert. Ihnen wird der zuvor definierte Stil zugewiesen. Für die Überschrift wird ein neuer Stil erstellt. Hier wird die Schriftgröße 14 Pixel verwendet. Außerdem wird die Schrift fett und in Weiß formatiert.

Wenn Sie die visuellen Hilfsmittel ausblenden, erhalten Sie nun das folgende neue Zwischenstadium:

Abb. 5.83 Die fertige Tabelle

Wenn Sie die Ebene anklicken, werden Markierungspunkte sichtbar, mit denen Sie die Größe der Ebene verändern können. Soll die Größe oder Position der Ebene nummerisch präzise angegeben werden, verwenden Sie die Eingabefelder des EIGENSCHAFTEN-Bedienfelds.

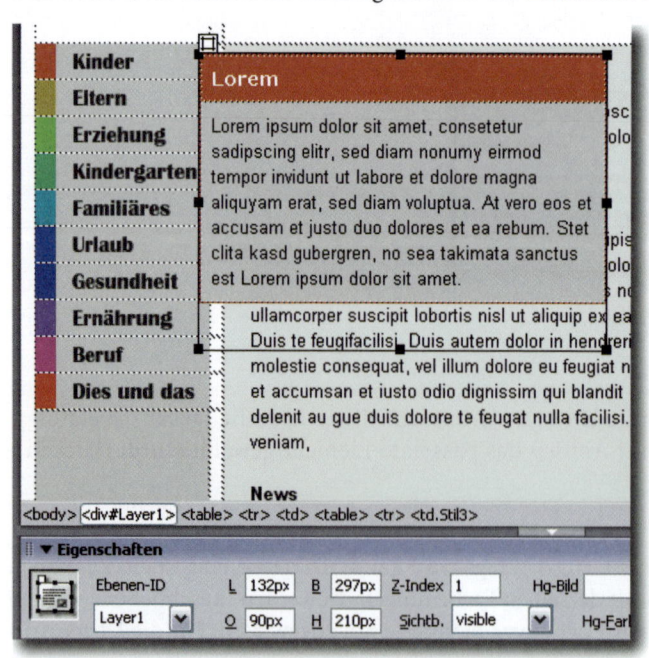

Abb. 5.84 Nummerisch präzises Anpassen der Ebenenposition oder -größe

Weitere Ebenen erstellen

Wir wollen nun weitere Ebenen erstellen. Markieren Sie dazu die Ebene und kopieren Sie diese mit der Tastenkombination [Strg]+[C]. Heben Sie die Markierung der Ebene auf und fügen Sie eine Kopie mit der Tastenkombination [Strg]+[V] ein.

Die Ebene wird exakt auf der Position des Originals eingefügt. Verschieben Sie die neue Ebene auf die vertikale Position 116. Dies erreichen Sie über das O-Eingabefeld im EIGENSCHAFTEN-Bedienfeld. Damit wird das Duplikat genau um die Höhe einer Schaltfläche nach unten geschoben, sodass sich folgende neue Situation ergibt.

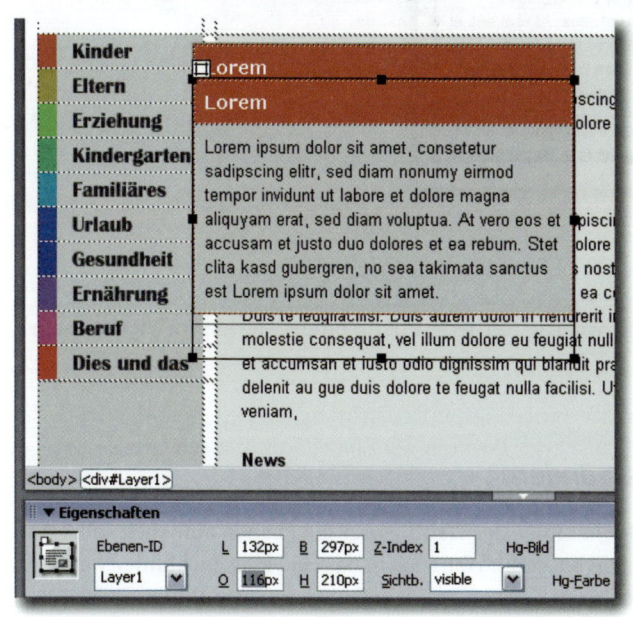

Abb. 5.85 Die duplizierte Ebene

Im EBENEN-Bedienfeld finden Sie alle Ebenen aufgelistet. Mit einem Klick auf das Augensymbol vor dem Eintrag können Sie übrigens die markierte Ebene ein- oder ausblenden. Wenn Sie zweimal auf die Bezeichnung der Ebene klicken, wechseln Sie in den Editiermodus. Sie können dann die Ebene mit einem neuen Namen versehen.

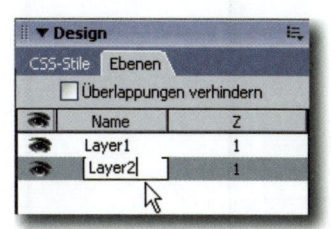

Abb. 5.86 Umbenennen der Ebene

Beim Ebenenduplikat werden nun die Tabellenzellen umgefärbt. Sie erhalten die Farbe der zweiten Schaltfläche.

Ein weiteres Duplikat erhält die Farben der dritten Schaltfläche. Es wird erneut um 26 Pixel nach unten geschoben.

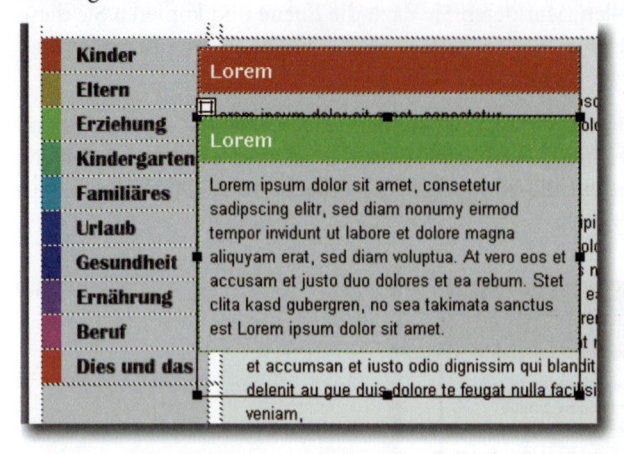

Abb. 5.87　Ein weiteres Dupllikat

> Das Umbenennen der Ebenen ist wichtig, da jede Ebene eindeutig identifizierbar sein muss.

Die Reihenfolge der Ebenen ändern

Sie können bestimmen, in welcher Reihenfolge der Webbrowser die Ebenen aufbauen soll. Dazu wird der Z-INDEX im EBENEN-Bedienfeld benötigt. Wenn Sie in das Feld klicken, können Sie einen neuen Wert eingeben. Die Reihenfolge der Ebenen ergibt sich aus der Anordnung im EBENEN-Bedienfeld. Die erste Ebene in der Liste wird über den anderen angezeigt. Sie können die Einträge per Drag & Drop verschieben, um die Ebenenreihenfolge zu verändern.

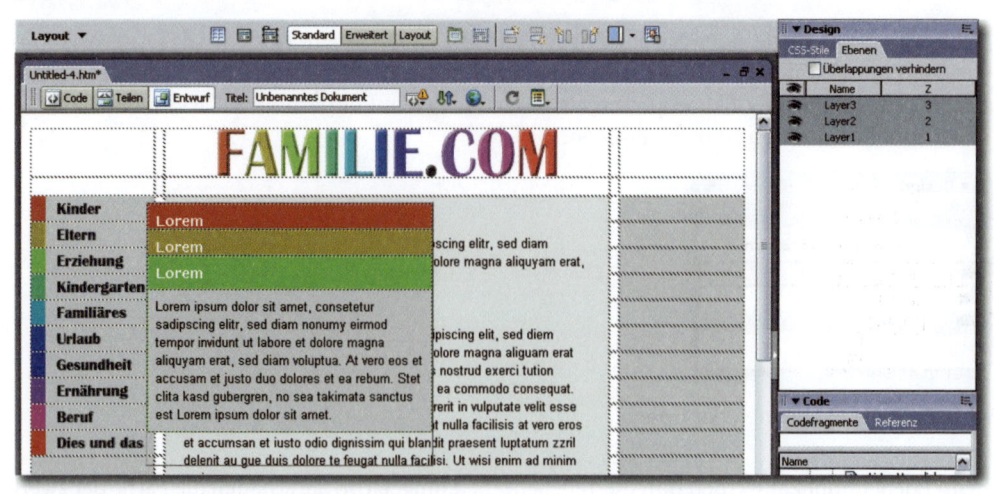

Abb. 5.88　Ändern der Ebenenreihenfolge

5.6.1 Mit Ebenen arbeiten

Natürlich sollen die Ebenen nicht so bleiben wie sie sind. Sie sollen nun verwendet werden, um als Menü zu erscheinen. Dazu sind einige Arbeitsschritte nötig. Gehen Sie dazu folgendermaßen vor:

1 Zunächst müssen Sie festlegen, dass die Ebenen alle unsichtbar sein sollen. Dies erledigen Sie am schnellsten über das EBENEN-Bedienfeld. Sie könnten auf das Augensymbol vor jedem Eintrag klicken, um folgende Situation zu erhalten. Da aber alle Ebenen ausgeblendet werden sollen, können Sie auch einfach auf den Spaltenkopf klicken.

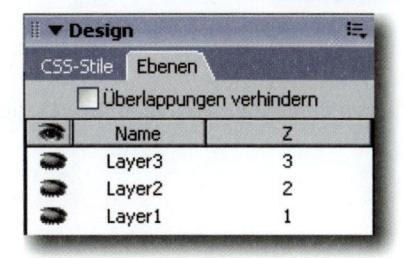

Abb. 5.89 Ausblenden der Ebenen

2 Nun muss festgelegt werden, dass beim Start alle Ebenen verborgen sind. Die Verhalten können stets nur einem Tag zugewiesen werden. Wählen Sie deshalb zum Beispiel das `<body>`-Tag aus. Öffnen Sie das VERHALTEN-Bedienfeld. Klicken Sie dort auf die Schaltfläche mit dem Plussymbol. Dort werden verschiedene Funktionen angeboten. Wählen Sie in dem Menü die Option EBENEN EIN-/AUSBLENDEN aus.

Abb. 5.90 Aufruf eines Verhaltens

3 Im folgenden Dialogfeld werden die vorhandenen Ebenen aufgelistet. Stellen Sie hier für alle Ebenen die Option AUSBLENDEN ein.

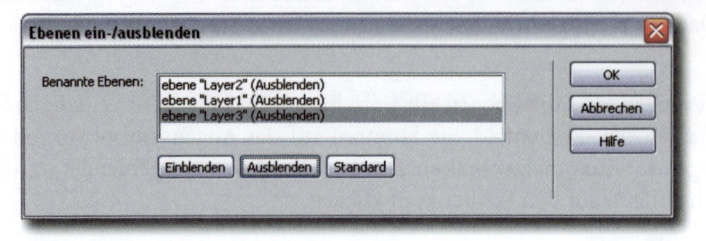

Abb. 5.91 Ändern der Sichtbarkeit

4 Sie sehen anschließend im VERHALTEN-Bedienfeld das neu eingefügte Verhalten. Die Option onLoad ist nun zweimal belegt.

Abb. 5.92 Das neue Verhalten

Die Verhalten anpassen

Nun müssen Sie der Reihe nach für alle Schaltflächen angeben, wann die Ebene ein- und ausgeblendet werden soll. Wir wollen dabei erreichen, dass die Ebene sichtbar ist, wenn sich der Mauszeiger über der Schaltfläche befindet. Wird der Mauszeiger von der Schaltfläche entfernt, soll die Ebene wieder verschwinden. Dazu sind die folgenden Arbeitsschritte nötig.

1 Markieren Sie die erste Schaltfläche im Dokumentfenster. Wechseln Sie wieder zum VERHALTEN-Bedienfeld. Rufen Sie aus dem Menü erneut die Funktion EBENEN EIN-/AUSBLENDEN auf. Stellen Sie für die erste Ebene die Option AUSBLENDEN ein. Die beiden anderen Ebenen bleiben unverändert.

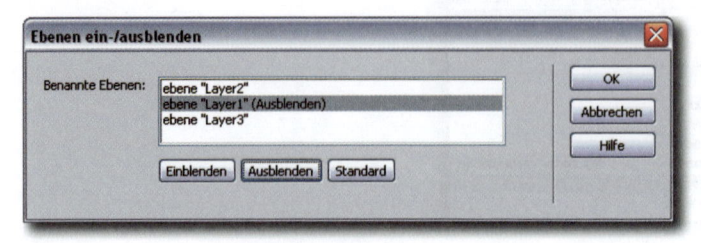

Abb. 5.93 Ausblenden der Ebene

2 Nach dem Anklicken des Verhaltens wird ein Menü geöffnet, in dem verschiedene Situationen angeboten werden. Ändern Sie dort den Typ des Verhaltens in <A> onMouseOut.

Abb. 5.94 Austausch des Verhaltens

3 Rufen Sie nach dem Bestätigen wiederum die Funktion EBENEN EIN-/AUSBLENDEN auf. Stellen Sie dieses Mal die Option EINBLENDEN für die erste Ebene ein.

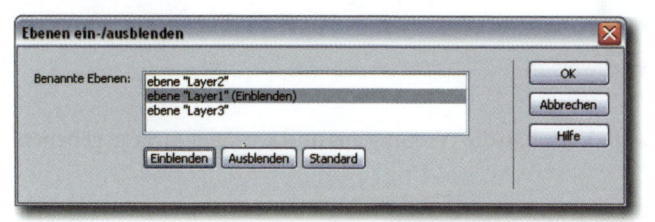

Abb. 5.95 Einblenden der Ebene

4 Wenn Sie nun das Ergebnis im Webbrowser testen, bemerken Sie, dass die gewünschte Wirkung erzielt ist. Sobald der Mauszeiger über die Schaltfläche bewegt wird, erscheint die Ebene. Befindet sich der Mauszeiger nicht über der Schaltfläche, verschwindet die Ebene dagegen wieder.

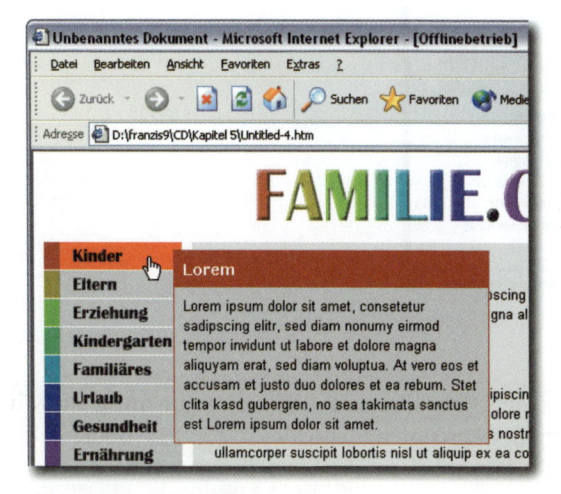

Abb. 5.96 Die Wirkung stimmt

5 Jetzt kommt ein wenig Fleißarbeit auf Sie zu: Dieselben Arbeitsschritte müssen Sie nämlich auch für die anderen Schaltflächen erledigen. Die Situation im VERHALTEN-Bedienfeld muss anschließend immer dieselbe sein – es werden lediglich andere Ebenen angegeben.

Abb. 5.97 Weitere Verhalten zuweisen

6 Probieren Sie in der Webbrowser-Vorschau die Wirkung aus und korrigieren Sie gegebenenfalls das Ergebnis.

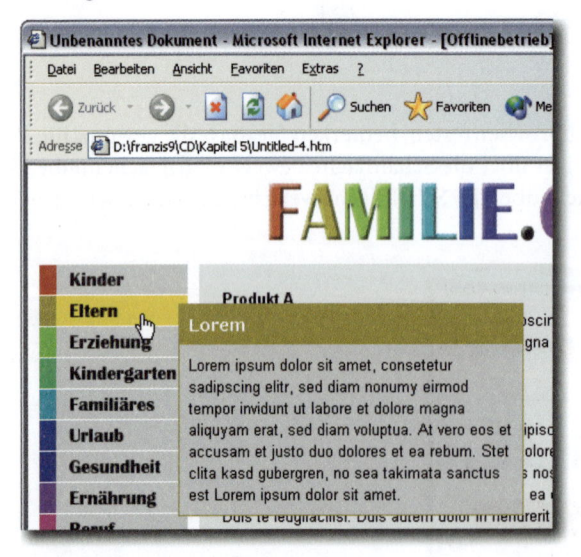

Abb. 5.98 Testen des Ergebnisses

Es ist durchaus normal, dass bei den vielen Einstellungen eine Korrektur nötig ist. Mit einem Doppelklick auf die Bezeichnung in der rechten Spalte des VERHALTEN-Bedienfelds wird das Dialogfeld erneut geöffnet – Sie können dann die Einstellungen ändern.

7 Das war's. Damit ist das Endergebnis erreicht.

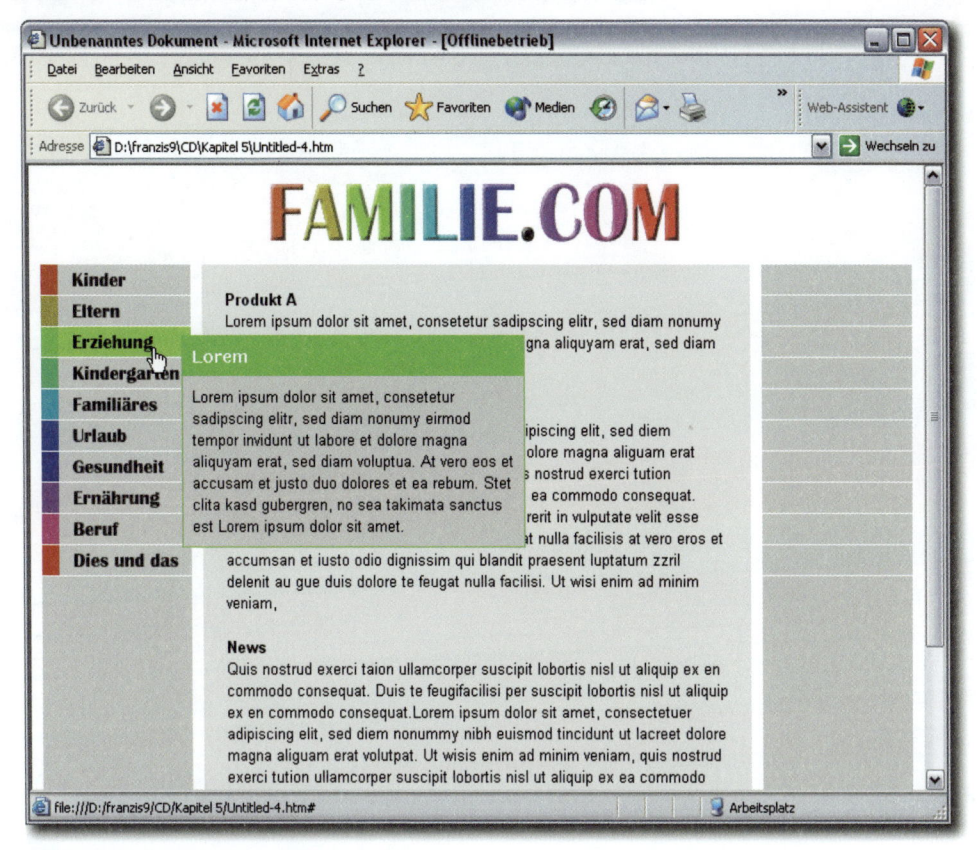

Abb. 5.99 Das Endergebnis

Bemerkungen zum Schluss

Natürlich müsste das Ergebnis noch weiter ausgearbeitet werden. So könnte beispielsweise im rechten Bereich eine weitere Navigation untergebracht werden. Außerdem ließen sich die Texte im Mittelteil austauschen. Aber die weitere Detailbearbeitung würde den Rahmen dieses Kapitels sprengen. Außerdem sind die nötigen Arbeitsschritte dabei immer dieselben. Hier ist ein wenig Fleißarbeit angesagt. Viel Spaß!

Kapitel 6

CSS: Eine Gartenwebseite gestalten

In diesem Kapitel ...

6.1	Was Sie in diesem Kapitel kennen lernen	205
6.2	Grafiken in Fireworks vorbereiten	205
	6.2.1 Textobjekte erstellen	206
6.3	Das Tabellengerüst aufbauen	209
	6.3.1 Linien und Abstandhalter	212
6.4	Mit CSS-Stilen formatieren	214
	6.4.1 Ein Stylesheet aufbauen	215
	6.4.2 Weitere Stile erstellen	219
	6.4.3 Tabellenzellen mit Stilen anpassen	226
	6.4.4 Abstände regulieren	230
	6.4.5 Weitere Optionen	233
6.5	Das Ergebnis überprüfen	234

6.1 Was Sie in diesem Kapitel kennen lernen

In diesem Kapitel wollen wir Ihnen die Cascading Stylesheets – kurz CSS – näher bringen. Wenn Sie umfangreiche Webseiten betreuen, werden Sie kaum um den Einsatz dieser interessanten Formatierungsmöglichkeit herumkommen.

Nehmen wir einmal an, Ihr Web besteht aus 100 Seiten – prall gefüllt mit Inhalten. Nun gefällt Ihnen vielleicht die Formatierung einer Überschrift nicht mehr. Ohne CSS müssten Sie dann alle Seiten bearbeiten. Durch den Einsatz von CSS reichen einige Angaben in der CSS-Datei aus, um alle Seiten des Webs in neuem Glanz erstrahlen zu lassen.

6.2 Grafiken in Fireworks vorbereiten

Los geht es wieder einmal in Fireworks. Es müssen nämlich einige Grafiken gestaltet werden, die für die Webseite benötigt werden. Da die Arbeitsschritte bereits weitgehend bekannt sind, werden wir diesen Teil im „Schnelldurchgang" erledigen. Erstellen Sie dazu in Fireworks ein neues Dokument. Die Größe ist dabei relativ egal, da später nur einzelne Segmente exportiert werden sollen. Wir verwenden eine Größe von 800 x 600 Pixel.

Da wir Schriftzüge mit unterschiedlich eingefärbten Hintergründen erstellen wollen, konstruieren wir zunächst zwei Hintergrundrechtecke. Eins erhält die Farbe #00D55A und das andere die Farbe #00A847. Die Größe der Rechtecke ist unbedeutend – wir haben das Dokument halbiert.

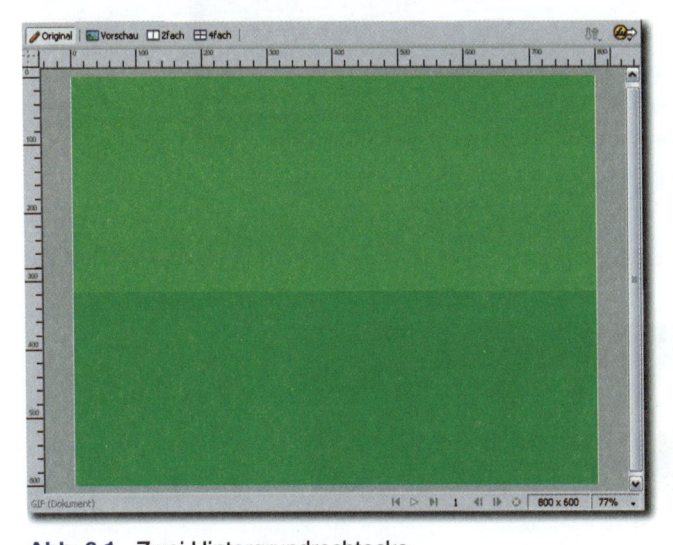

Abb. 6.1   Zwei Hintergrundrechtecke

Damit Sie die Rechtecke nicht versehentlich verändern oder markieren, können Sie sie im EBE-NEN-Bedienfeld sperren. Dies erreichen Sie mit einem Klick auf den zweiten Spaltenkopf. Sie sehen dort danach ein Schloss-Symbol.

Da immer alle Objekte einer Ebene gesperrt werden, benötigen Sie eine neue Ebene, auf der Sie arbeiten können. Erstellen Sie die neue Ebene mit einem Klick auf die erste Schaltfläche in der Fußzeile des Bedienfelds.

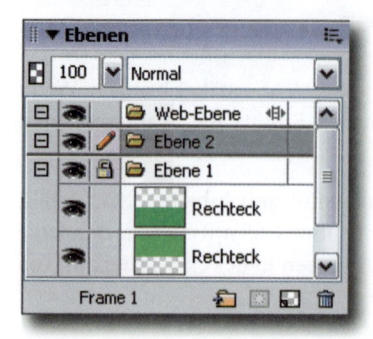

Abb. 6.2 Eine neue und eine gesperrte Ebene

6.2.1 Textobjekte erstellen

Nun benötigen wir einige Textobjekte. Rufen Sie dazu das Textwerkzeug aus dem Werkzeuge-Bedienfeld auf. Für den Haupttitel werden die folgenden Einstellungen verwendet. Beachten Sie, dass wir die Unterschneidung und die Buchstabenbreite verändert haben, damit ein schmalerer Schriftzug entsteht.

Abb. 6.3 Die Einstellungen für den Haupttitel

Wo Sie den Schriftzug positionieren, ist prinzipiell egal. Hauptsache ist nur, dass er das helle Grün als Untergrund erhält.

Abb. 6.4 Der erste Schriftzug

Für den nächsten Schriftzug werden völlig andere Einstellungen benötigt.

Abb. 6.5 Die veränderten Einstellungen

Der neue Schriftzug wird neben dem fertigen Schriftzug angeordnet. Schieben Sie den Schriftzug mit den Pfeiltasten auf dieselbe Grundlinie wie den ersten Schriftzug. So ergibt sich folgendes Ergebnis.

Abb. 6.6 Die beiden Schriftzüge

Die nächsten Schriftzüge werden im Bereich des dunkleren Grüns benötigt. Bei den Schrifteinstellungen wird der Unterschneidungswert auf 50 erhöht – die Schriftgröße auf 16 reduziert. Mit diesen Einstellungen werden die folgenden drei Schriftzüge erstellt. Dabei erstellen wir jeweils ein neues Textobjekt – alternativ wäre auch die Verwendung von Zeilenumbrüchen möglich. Wir haben die Textobjekte horizontal zentriert ausgerichtet.

Abb. 6.7 Die nächsten Schriftzüge

> Die „auseinander gezogene" (gesperrte) Schrift ist ein Gestaltungsmerkmal, das Ihnen momentan auf den unterschiedlichsten Webseiten begegnet.

Das Ergebnis segmentieren

Um die Arbeit des Segmentierens möglichst leicht erledigen zu können, sollten Sie Hilfslinien aufziehen. Verwenden Sie dann das Segmentierwerkzeug, um die nachfolgend gezeigten Segmente zu erstellen. Wenn die Segmente markiert sind, können Sie übrigens im EIGENSCHAFTEN-Bedienfeld eine neue Farbe für die Segmente einstellen. Dies ist in unserem Fall sinnvoll, da die im Dokument verwendeten Farben der Standardsegmentfarbe sehr ähnlich sind.

Im rechten Bereich haben wir übrigens zwei Segmente erstellt, die nur einen Pixel hoch sind. Sie werden später als farbige Linien eingesetzt. Die Größe dieser schmalen Segmente verändern Sie am leichtesten über die Eingabefelder links im EIGENSCHAFTEN-Bedienfeld – so wie Sie es auch von den Objektveränderungen kennen.

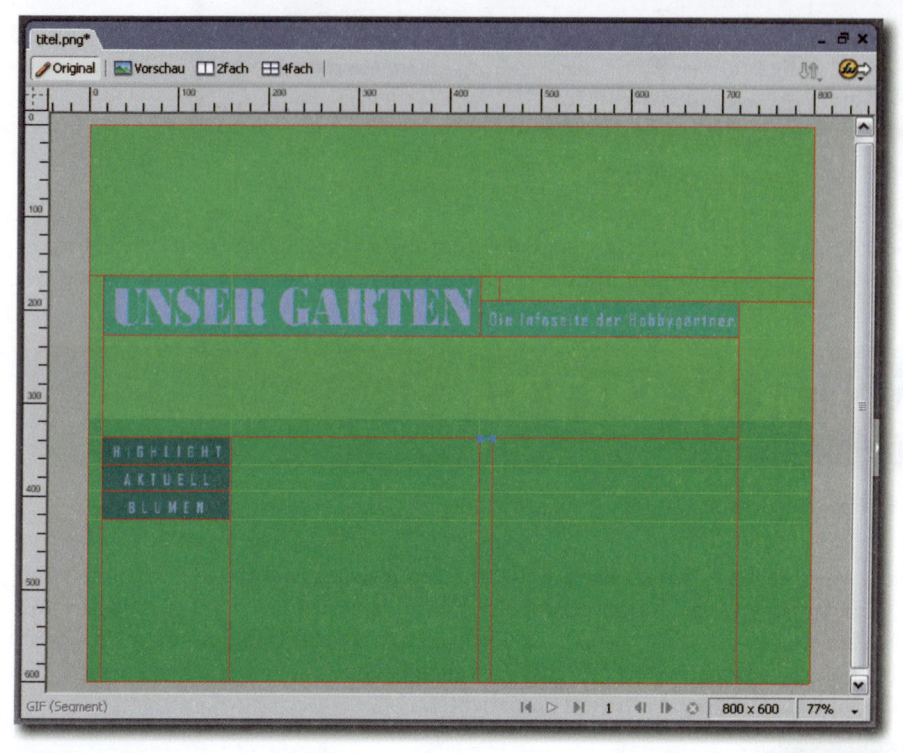

Abb. 6.8 Die fertigen Segmente

Wenn Sie die gewünschten Exporteinstellungen angegeben haben, können die markierten Segmente exportiert werden. Wegen der wenigen Farben, die im Bild vorkommen, bietet sich das GIF-Dateiformat an.

Achten Sie darauf, dass die folgenden Optionen aktiviert sind, damit beim Export keine überflüssigen Dateien generiert werden.

Abb. 6.9 Die benötigten Exporteinstellungen

6.3 Das Tabellengerüst aufbauen

Neben den Schrift-Bilddateien haben wir noch einige Fotos optimiert, die Sie im Verzeichnis KAPITEL 6 auf der Buch-CD finden. Die Bilder haben wir im JPEG-Dateiformat gespeichert. Das Verfahren zur Bildoptimierung hatten Sie ja schon kennen gelernt.

Nun können wir uns an die Gestaltung der Webseite machen. Dreamweaver bietet verschiedene komplexe Vorlagen-Seiten an, die mithilfe von CSS-Stilen aufbereitet wurden. Theoretisch könnten Sie diese Seiten den eigenen Bedürfnissen anpassen.

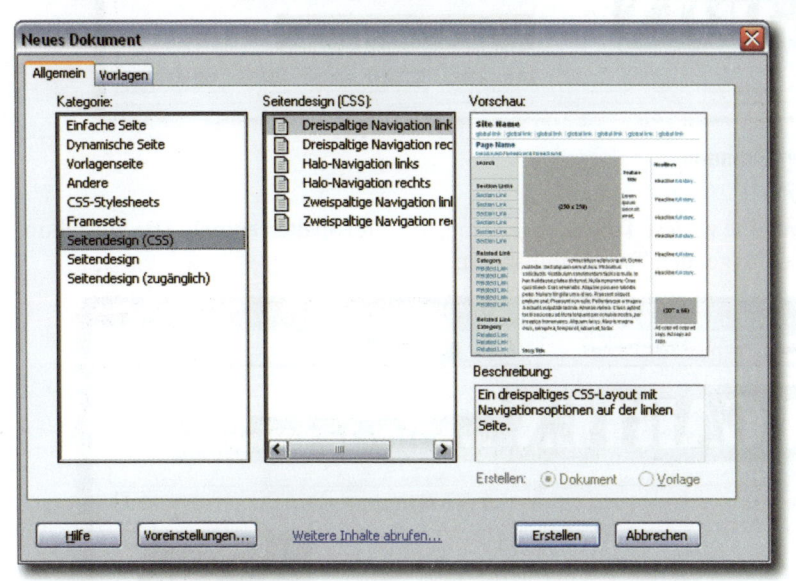

Abb. 6.10 Eine CSS-Vorlage

Wir wollen aber unser Beispiel ausgehend von einer „normalen" HTML-Seite aufbauen, um die Arbeitsweise mit den CSS-Stilen erläutern zu können. Erstellen Sie daher in der Kategorie EINFACHE SEITE ein HTML-Dokument. Erstellen Sie eine Tabelle mit den nachfolgend Einstellungen.

Abb. 6.11 Eine neue Tabelle

In den beiden Zellen der ersten Zeile werden die vorbereiteten Titelgrafiken angezeigt. Die Zellen der zweiten Zeile werden zu einer Zelle zusammengefasst.

In der dritten Zeile werden in der rechten Zelle einige Standardlinks untergebracht. Hier sind folgende Texte nötig. Um die Formatierung brauchen Sie sich zuerst nicht zu kümmern.

Jede Bezeichnung wird in einer eigenen Zelle untergebracht. Dazu wurde die rechte Zelle in fünf Spalten unterteilt. Das Zwischenergebnis erscheint nicht sonderlich attraktiv – aber keine Bange, das wird sich noch ändern.

Abb. 6.12 Die ersten Elemente

Unter der Tabelle wird eine weitere Tabelle angeordnet, die drei Spalten enthält. Die Einstellungen entnehmen Sie den folgenden Tabellenhilfslinien.

Abb. 6.13 Eine weitere Tabelle

In der linken und rechten Spalte sind jeweils weitere neue Tabellen untergebracht. Die linke Tabelle besteht aus zwei Spalten – die rechte nur aus einer.

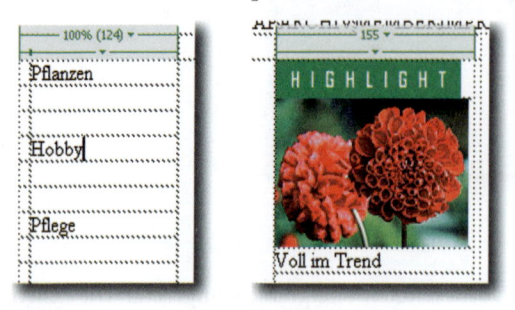

Abb. 6.14 Zwei verschachtelte Tabellen

6.3 Das Tabellengerüst aufbauen

Auch in der mittleren Spalte wird eine gesonderte Tabelle erstellt. Sie erhält eine Breite von 90 % und wird zentriert ausgerichtet. In der zweiten der vier Zeilen wird zunächst ein Foto und daneben Blindtext eingefügt. Damit der Blindtext das Foto umfließt, muss für das Foto im EIGENSCHAFTEN-Bedienfeld die Option LINKS im AUSRICHTEN-Listenfeld eingestellt werden. Sie sehen dies im folgenden Bild.

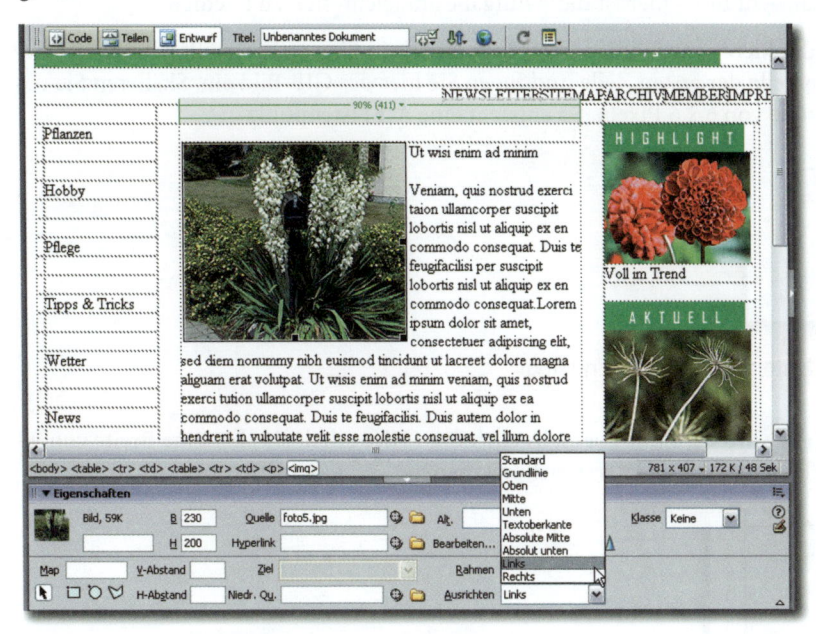

Abb. 6.15 Ausrichten des markierten Fotos

In der vierten Tabellenzelle wird ein weiteres Foto auf dieselbe Art ausgerichtet – Sie sehen diesen Teil im nächsten Bild.

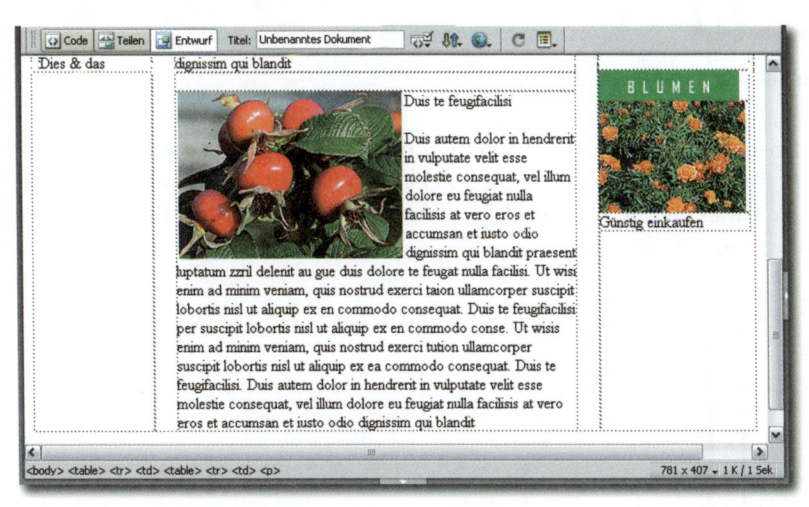

Abb. 6.16 Ein weiteres Foto wurde ausgerichtet

6.3.1 Linien und Abstandhalter

Zu guter Letzt sollen nun in der Tabelle der linken Zelle noch einige Linien und Abstandhalter eingefügt werden. Eventuell hatten Sie sich schon gewundert, warum für die einzelnen Navigationszeilen mehrere Zellen bereitgestellt wurden. Diese wollen wir jetzt füllen. Schalten Sie dazu in die erweiterte Tabellenansicht um – hier ist diese Aufgabe am leichtesten zu erledigen.

1 Wir wollen die dunklere grüne Linie verwenden, die wir in Fireworks erstellt hatten. Markieren Sie die linke Zelle der ersten Zeile und fügen Sie hier das GIF-Bild ein. Skalieren Sie das Bild auf eine Größe von 6 x 6 Pixeln. So entsteht eine Art Listenpunkt.

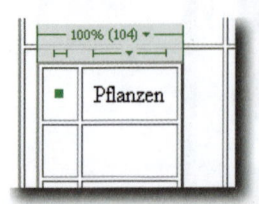

Abb. 6.17 Ein Listenpunkt wurde eingefügt

2 In der dritten Zelle wird die Linie ebenfalls eingefügt. Hier erhält sie aber eine Breite von 90 Pixeln. Dieses Element soll als Unterstreichung dienen.

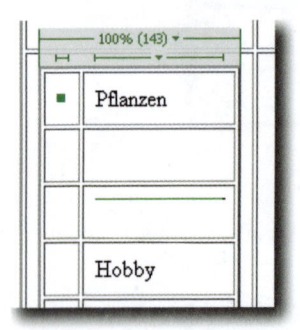

Abb. 6.18 Eine neue Unterstreichungslinie

3 Als Letztes werden noch zwei Blind-GIFs benötigt, um die Tabellenzellen auf die richtige Höhe zu bringen. Das erste wird in der zweiten Zeile eingefügt. Es erhält eine Höhe von 3 Pixeln. Denken Sie daran, in der anderen Zelle dieser Zeile das geschützte Leerzeichen im Quellcode zu entfernen.

Abb. 6.19 Einfügen eines Abstandhalters

4 Das nächste Blind-GIF wird in der linken Zelle der dritten Zeile benötigt. Es fungiert als Abstandhalter zwischen den Zeilen. Stellen Sie hier eine Höhe von 17 Pixeln ein. Die vertikale Ausrichtung der rechten Zelle wird auf OBEN eingestellt, damit die grüne Linie oben platziert wird.

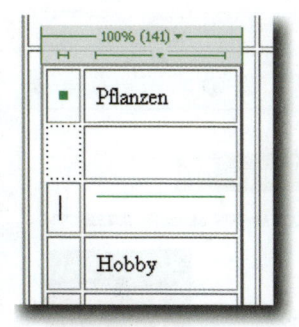

Abb. 6.20 Ein weiterer Abstandhalter

5 Sie können nun diese vier Zellen kopieren und unter alle anderen Navigationstexte kopieren. Das letzte Element sehen Sie nachfolgend.

Abb. 6.21 Kopieren der fertigen Zellen

6 Auch der Markierungspunkt muss noch in alle anderen Zellen kopiert werden. Anschließend können Sie die erweiterte Tabellenansicht beenden. Sie erhalten dann folgende Situation.

Abb. 6.22 Die formatierte Tabelle

7 Das Tabellengerüst ist damit fertig gestellt. Bevor wir uns nun an die Formatierungsarbeit mit den CSS-Stilen machen, wollen wir Ihnen nachfolgend noch die „Vorher"-Situation im Webbrowser zeigen. Das Ergebnis ist noch nicht besonders attraktiv – aber das wird sich bald ändern.

Abb. 6.23 Die aktuelle Situation im Webbrowser

6.4 Mit CSS-Stilen formatieren

Nun soll die Seite mithilfe von CSS-Stilen formatiert werden. Dreamweaver stellt dabei einige interessante Funktionen bereit. Sie haben verschiedene Möglichkeiten die CSS-Stile anzuwenden. So haben Sie im vergangenen Kapitel bereits erfahren, dass Dreamweaver beim Formatieren automatisch Stile erstellen kann, wenn Sie dies in den Voreinstellungen angegeben haben. Die CSS-Angaben werden dann automatisch im Kopfbereich des Quellcodes aufgeführt.

> Das automatische Generieren von CSS-Stilen kann nur bedingt empfohlen werden, da Sie hier schnell „durcheinander kommen" können. Bei einer Vielzahl automatisch generierter Stile verliert man schnell die Übersicht. So ist es besser, die Stile „per Hand" einzustellen.

Eine andere Variante besteht darin, alle Stile in einer externen Datei zu erstellen und diese Datei mit dem aktuellen Dokument zu verknüpfen. Sie haben dabei zusätzlich den Vorteil, dass die externen Stylesheets auch für beliebig viele andere Seiten des Webs verwendet werden können.

> **Vorher oder nachher?**
>
> Es ist ziemlich egal, ob Sie die Stile zunächst im Dokument erstellen und dann in eine externe Datei exportieren, oder ob Sie von vornherein eine externe Datei verknüpfen. Für den Export können Sie die Funktion DATEI/EXPORTIEREN/CSS-STILE verwenden. Um bestehende Stile zu entfernen, können Sie die Funktion TEXT/CSS-STILE/STILE VERWALTEN aufrufen. In dem Dialogfeld finden Sie Funktionen zum Verwalten der Stile.

CSS-Stile können nicht nur bei Texten eingesetzt werden – jedes Tag kann mit einem Stil verbunden werden. Hier ist allerdings etwas Vorsicht geboten: Wird beispielsweise für das <body>-Tag eine Schriftformatierung vorgegeben, müssen einzelne Absätze nur noch formatiert werden, wenn sie sich von der <body>-Formatierung unterscheiden.

Durch den geschickten Einsatz kann so eine Menge Aufwand gespart werden oder Sie kommen bei ungeschicktem Einsatz durcheinander und es entstehen – unnütze – doppelte Formatierungen.

Verschiedene Stile werden zu einem so genannten Stylesheet zusammengefasst. Die Verwaltung der Stylesheets erfolgt über das Bedienfeld CSS-STILE. Zur Zeit ist dieses Bedienfeld natürlich noch leer.

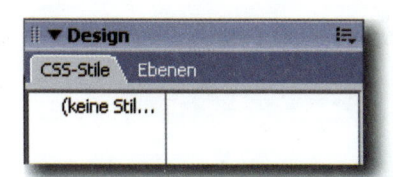

Abb. 6.24   Das Bedienfeld CSS-Stile

6.4.1 Ein Stylesheet aufbauen

Um das aktuelle Dokument mit CSS-Stilen zu formatieren, gehen Sie folgendermaßen vor. Dreamweaver bietet die CSS-Funktion über das Kontextmenü, das Menü und das CSS-STILE-Bedienfeld an, was zunächst verwirren mag. Wir verwenden zunächst die Funktionen des Bedienfelds CSS-STILE.

1 Klicken Sie in der Fußzeile des Bedienfelds auf die zweite Schaltfläche. Damit können Sie einen neuen Stil erstellen.

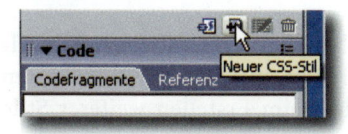

Abb. 6.25   Erstellen eines neuen Stils

2 Im oberen Bereich des folgenden Dialogfelds geben Sie den Typ des Selektors an. Hier legen Sie fest, für welche Inhalte der Stil später verwendet werden kann. Den Typ KLASSE können Sie auf alle Tags des Dokuments anwenden. Diese Art erkennen Sie am Punkt vor der Bezeichnung. Falls Sie keinen Punkt eintippen, fügt Dreamweaver automatisch einen hinzu.

Stellen Sie außerdem im DEFINIEREN-Bereich ein, dass eine neue Stylesheet-Datei erstellt werden soll.

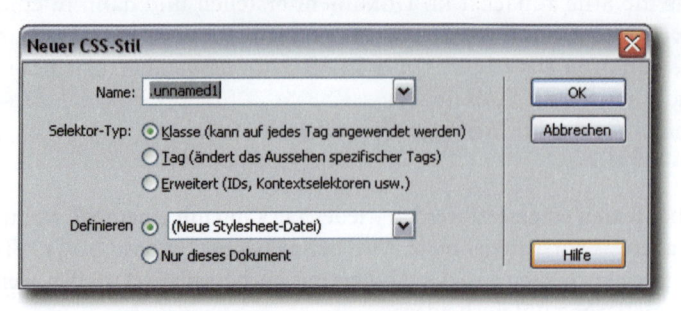

Abb. 6.26 Optionen des neuen Stils

3 Geben Sie im folgenden Dialogfeld den Namen der Datei an, die die CSS-Stile aufnehmen soll. Sie erhält die Dateiendung *.css.

Abb. 6.27 Erstellen des neuen Stylesheet-Dokuments

> Die angegebene Datei ist eine „normale" Textdatei, die Sie beispielsweise mit dem Notepad-Editor von Windows betrachten können. Das Dialogfeld wird übrigens nur beim ersten Mal geöffnet, da ja noch keine CSS-Datei erstellt wurde. Beim Erstellen weiterer Stile wird dann die zuvor erstellte Datei verwendet.

4 Als Nächstes wird das folgende Dialogfeld geöffnet. Hier werden die unterschiedlichen Themen bereitgestellt, die Sie zur Formatierung verwenden können. Geben Sie hier zunächst nur die Schriftfamilie ein.

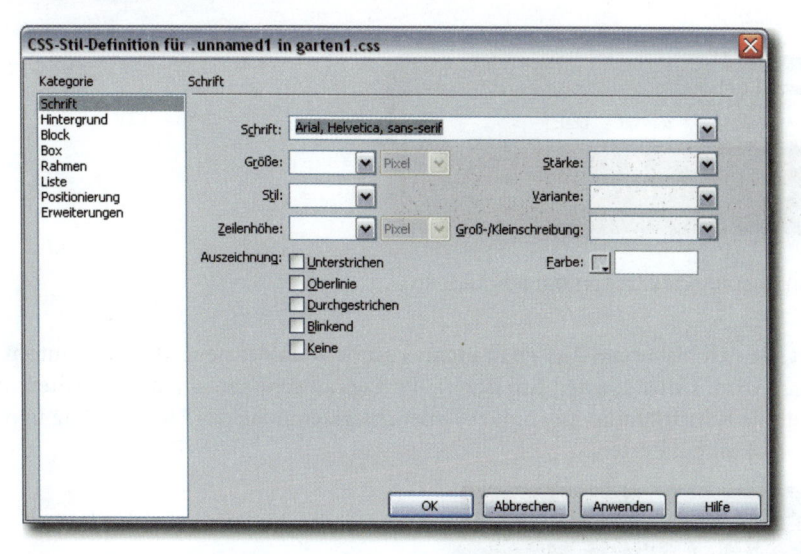

Abb. 6.28 Einstellungen des Stils angeben

5 Wenn Sie den neuen Eintrag im Bedienfeld CSS-STILE mit einem Klick auf das Plussymbol vor dem Eintrag aufklappen, sehen Sie den neu erstellten Stil.

Abb. 6.29 Der neue Stil

6 Wenn Sie den Eintrag mit der rechten Maustaste anklicken, finden Sie im Kontextmenü verschiedene Funktionen – zum Beispiel zum Umbenennen des Stils. Aussagekräftige Namen sind wichtig, damit Sie die Übersicht behalten. So ändern wir den Namen des Stils wie nachfolgend abgebildet.

Abb. 6.30 Umbenennen des Stils

7 An den Registerkartenreitern erkennen Sie, dass ein getrenntes Dokument für die CSS-Stile erstellt wurde. Das bedeutet auch, dass Sie diese Datei gesondert speichern müssen, wie an dem Sternchen zu erkennen ist. In diese Datei werden nun alle neu erstellten Stile aufgenommen.

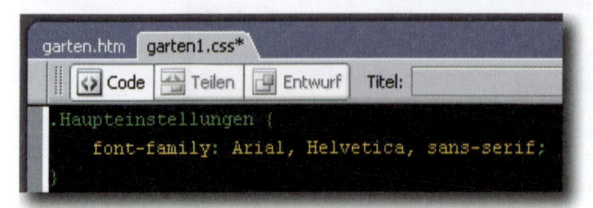

Abb. 6.31 Ein gesondertes Dokument für die Stile

8 Im Dokument hat sich bisher am Aussehen nichts geändert, da der neue Stil nicht automatisch zugewiesen wird. Unser Klassen-Stil ist auf alle Tags anwendbar. Um alle Schriften des Dokuments auf die Schriftfamilie ARIAL einzustellen, markieren Sie das `<body>`-Tag in der Statuszeile des Dokumentfensters.

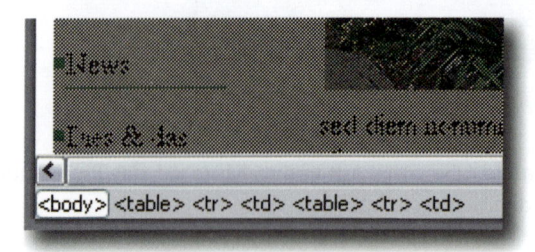

Abb. 6.32 Markieren eines Tags

9 Verwenden Sie die ANWENDEN-Funktion aus dem Kontextmenü des Bedienfelds CSS-STILE, um den Stil anzuwenden. Sie erkennen anschließend an dem Tag, dass der Stil angewendet wurde. Außerdem sind auf einen „Schlag" alle Schriften entsprechend umformatiert, wie das folgende Bild zeigt.

Abb. 6.33 Die neu formatierten Texte

6.4.2 Weitere Stile erstellen

Nun wollen wir der Reihe nach weitere Stile erstellen und anwenden. Den Schriften wurde bis jetzt nur die Schriftfamilie zugewiesen – die Schriftgröße aber beispielsweise nicht. Dafür soll ein neuer Stil verwendet werden.

1 Erstellen Sie über die zweite Schaltfläche im Bedienfeld CSS-STILE einen neuen Stil. Verwenden Sie erneut die Option KLASSE. Geben Sie einen aussagekräftigen Namen ein. Wir verwenden als Name folgenden Text. Leerzeichen oder Umlaute sind bei der Namensvergabe nicht zulässig.

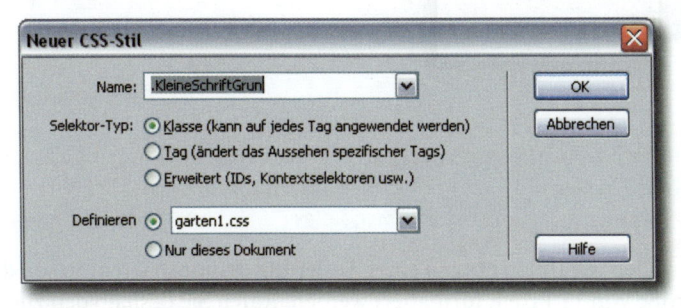

Abb. 6.34 Ein neuer Stil

Es ist übrigens unglücklich Bezeichnungen wie etwa 9PIXELARIAL zu verwenden. Falls später Schrifttyp oder -größe geändert werden, stimmt die Bezeichnung nicht mehr mit den Eigenschaften überein.

2 Stellen Sie für diesen Stil eine Schriftgröße von 9 Pixeln ein. Außerdem wird als Schriftfarbe das dunkle Grün mit dem hexadezimalen Wert #00A847 eingestellt. Alle anderen Einstellungen bleiben unverändert.

Abb. 6.35 Ein neuer Stil

3 Dieser neue Stil soll der oberen Navigationsleiste zugewiesen werden. Markieren Sie dazu alle Linktexte und wenden Sie den Stil an.

Beim <td>-Tag sehen Sie dann den zugewiesenen Stil. Außerdem wird er auch in der STIL-Liste aufgeführt.

Abb. 6.36 Der neue Stil

Stile ändern

Wie sich die Stile auswirken, wollen wir Ihnen nun an einer Änderung demonstrieren. So soll der meiste Text in einer Schriftgröße von 11 Pixeln formatiert werden. Rufen Sie deshalb den zuerst erstellten Stil auf. Verwenden Sie dazu die BEARBEITEN-Funktion aus dem Kontextmenü oder die dritte Schaltfläche in der Fußzeile des Bedienfelds CSS-STILE. Stellen Sie in dem Dialogfeld eine Schriftgröße von 11 PIXEL ein.

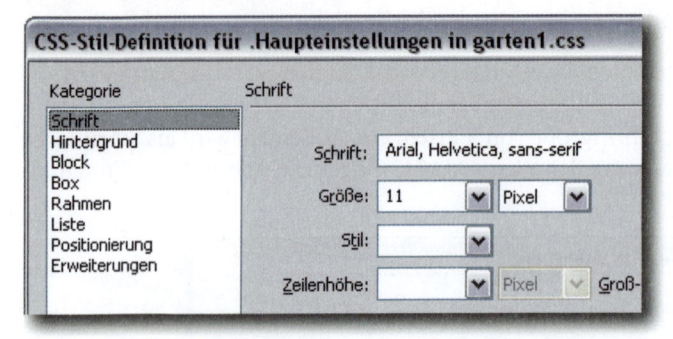

Abb. 6.37 Der geänderte Stil

Sie bemerken, dass alle Texte verändert wurden – mit Ausnahme der Navigationstexte. Diese sind noch immer größer und farbig.

Abb. 6.38 Die neue Situation

Sie können die Zusammenhänge sehr gut erkennen, wenn Sie den grünen Text in der Navigationsleiste anklicken. Öffnen Sie das Bedienfeld RELEVANTE CSS. In der oberen Liste sehen Sie alle Stile, die für diese Markierung gelten. In unserem Beispiel sind das also beide bisher erstellten Stile.

Abb. 6.39 Der angewendete Stil

> Sie können Veränderungen des Stils übrigens auch im Bedienfeld RELEVANTE CSS vornehmen. Dies ist oft übersichtlicher als im bereits bekannten Dialogfeld.

Wenn Sie den Hauptstil anklicken, sehen Sie, dass dort die Schriftgröße durchgestrichen ist. Sie kommt hier nicht zum Tragen, da sie durch den anderen Stil „überschrieben" wurde.

Abb. 6.40 Die nicht wirksamen Eigenschaften sind markiert

Wir wollen weitere Schriftformatierungen einstellen. Erstellen Sie einen neuen Klassen-Stil. Wir nennen ihn .WEITLAUFEND. Wechseln Sie in die BLOCK-Rubrik. Hier finden Sie unter anderem Optionen, um Wort- oder Zeichenabstände zu verändern. Damit der Text weiter auseinander läuft, geben wir hier einen Wert von 0.1 EMS ein.

Negative Werte rücken die Buchstaben übrigens näher zusammen.

Abb. 6.41 Weit laufender Text

Weisen Sie diesen Stil den beiden Blindtextblöcken im Mittelteil zu. Bei dieser Gelegenheit können Sie auch gleich die Absätze erstellen. Beachten Sie bei der folgenden Abbildung wieder die Tags in der Statuszeile. Dreamweaver passt diese immer automatisch an.

Abb. 6.42 Der zugewiesene Stil in den neu gestalteten Absätzen

Für die Texte der linken Navigationsleiste benötigen wir noch einen weiteren Stil mit einer weit laufenden Schrift. Hier verwenden wir den Wert 0.3 EMS. Weisen Sie diesen Stil den Texten der Navigationsleiste zu. Sie erhalten dann folgendes Zwischenstadium. Zur Verdeutlichung wurden die visuellen Hilfsmittel vorübergehend ausgeblendet.

Abb. 6.43 Die nächsten fertigen Stile

Maße verändern

Sie können CSS-Stile nicht nur zur Schriftformatierung einsetzen. So wollen wir im folgenden Schritt die Blickfangpunkte vor den Navigationstexten anpassen. Erstellen Sie dazu einen neuen Stil. Wir nennen ihn .BOXBREITE. Wechseln Sie im Dialogfeld in die Kategorie BOX und weisen Sie im BREITE-Eingabefeld einen Wert von 20 PIXELN zu.

Abb. 6.44 Ändern der Boxbreite

Weisen Sie diesen Stil dem `<td>`-Tag des ersten Blickfangpunktes zu, um das folgende Ergebnis zu erhalten. Da die gesamte Spalte verändert wird, ist ein weiteres Zuweisen bei den Blickfangpunkten darunter nicht notwendig.

Abb. 6.45 Der zugewiesene Stil

Durch die Formatierung der Navigationstexte ist eine Linie etwas zu kurz geraten. Dies könnten Sie zum Beispiel auch mithilfe eines CSS-Stils korrigieren. Den Box-Wert könnten Sie nämlich auch der Grafik zuweisen und damit deren Maße ändern. Wir wollen die Korrektur aber manuell vornehmen und alle Linien auf den Wert 100 verlängern.

Farben zuweisen

Auch Farben – beispielsweise für den Zellenhintergrund – können Sie verändern. Erstellen Sie einen neuen Stil und weisen Sie in der HINTERGRUND-Rubrik folgende HINTERGRUNDFARBE zu. Sie entspricht dem Hintergrund der Titelgrafik.

Abb. 6.46   Zuweisen einer Hintergrundfarbe

Wenden Sie diesen Stil an den beiden oberen Tabellenzellen an. So ergibt sich das folgende neue Stadium.

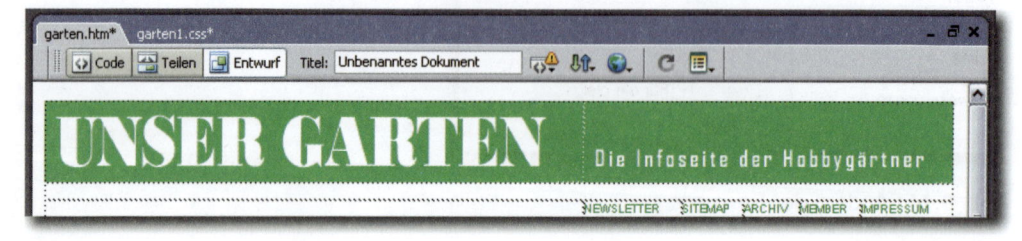

Abb. 6.47   Zuweisen einer Hintergrundfarbe

Farbvarianten erstellen

Wir definieren eine weitere Farbe, die heller als das vorherige Grün sein soll. Erstellen Sie einen neuen Stil und stellen Sie zunächst dieselbe Farbe ein. Dies erreichen Sie am schnellsten, indem Sie die Farbe mit der Pipette aus dem Bild aufnehmen.

Klicken Sie dann mit der linken Maustaste auf das Farbspektrumsymbol in der Kopfzeile des Palettenfensters. Damit wird die Systemfarbpalette geöffnet.

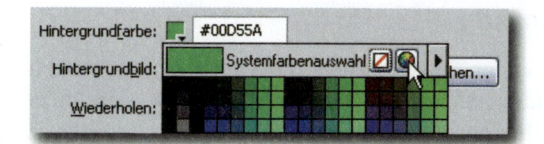

Abb. 6.48 Aufruf der Systemfarbpalette

In der Systemfarbpalette können Sie über den Regler rechts neben dem Farbspektrum die Helligkeit der Farbe variieren. Sie sehen unsere neue Einstellung in der folgenden Abbildung. Alternativ dazu können Sie auch die neuen Farbwerte in die Eingabefelder eintippen.

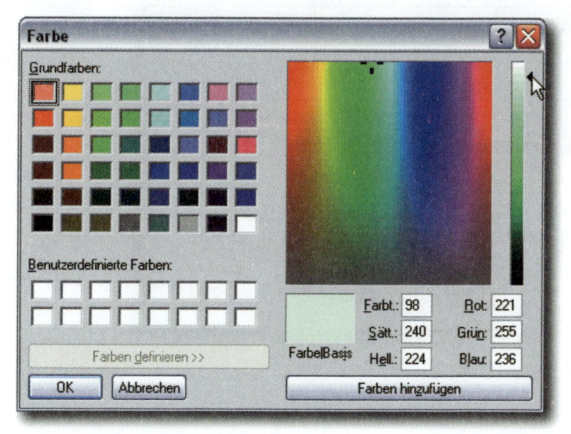

Abb. 6.49 Ändern der Farbe in der Systemfarbpalette

Dieser neue Stil wird nun der dritten Zeile in der oberen Tabelle zugewiesen. Außerdem haben wir im folgenden Bild auch ein Blind-GIF in der zweiten Zeile eingefügt, um die Zeilenhöhe anzupassen. Das Blind-GIF hat eine Höhe von 5 Pixeln. Zur Verdeutlichung des Ergebnisses haben wir übrigens auch die visuellen Hilfsmittel vorübergehend ausgeblendet.

Abb. 6.50 Die nächsten farblichen Veränderungen

6.4.3 Tabellenzellen mit Stilen anpassen

Im Folgenden wollen wir uns der Formatierung der Tabellenzellen in der rechten Tabelle widmen. CSS-Stile können nämlich auch verwendet werden, um Rahmenfarben und -stärken zu definieren. Während Sie mit HTML-Code nur durchgezogene Linien rund um die Zelle festlegen können, kann CSS mehr. Gehen Sie folgendermaßen vor:

1 Erstellen Sie einen neuen Klassen-Stil. Wir haben ihn .TabelleMitte benannt, da wir unterschiedliche Tabellenstile benötigen. Wechseln Sie im Dialogfeld zur Rubrik Rahmen und stellen Sie dort die folgenden Werte ein. Die Farbe entspricht dem dunkleren Grün des Titeltextes.

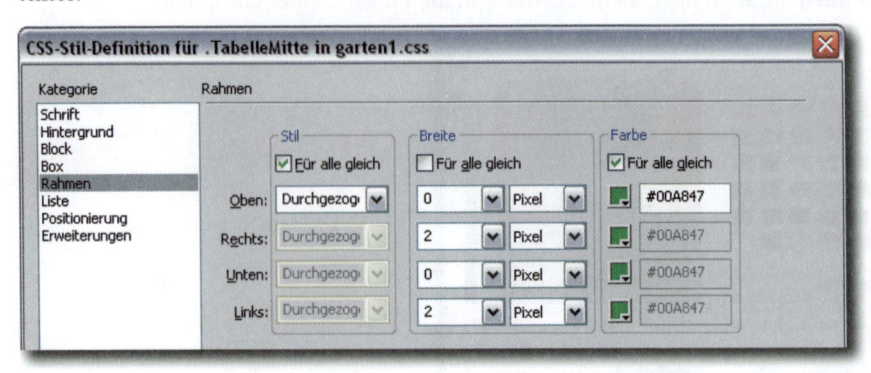

Abb. 6.51 Einstellungen für den Rahmen

> **Alles gleich oder nicht?**
>
> Über jedem Bereich finden Sie eine Schaltfläche: Für alle gleich. Wenn Sie diese deaktivieren, können Sie für die vier Kanten unterschiedliche Einstellungen vornehmen. Bei der Dicke des Rahmens haben wir in unserem Beispiel von dieser interessanten Option Gebrauch gemacht.

2 Im Stil-Listenfeld finden Sie unterschiedliche Linienarten. So können Sie beispielsweise einstellen, ob die Rahmenlinie gepunktet, gestrichelt oder durchgezogen dargestellt werden soll. Auch eine doppelte Linie ist möglich.

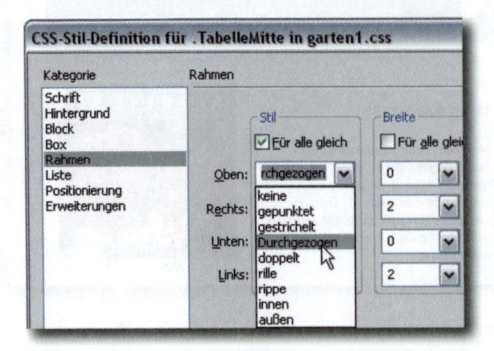

Abb. 6.52 Verschiedene Linienarten

3 Außerdem verwenden wir in der HINTERGRUND-Rubrik denselben Farbton als Hintergrundfarbe.

Abb. 6.53 Ändern der Hintergrundfarbe

4 Dieser Stil wird den oberen und mittleren Tabellenzellen zugewiesen – jeweils dort, wo die Titelgrafik und das Foto untergebracht sind.

Abb. 6.54 Eine Linie rechts und links

5 Nun könnten Sie weitere neue Stile für die obere und untere Zelle erstellen. Leichter und schneller klappt es aber, wenn Sie die Funktion DUPLIZIEREN aus dem Kontextmenü des Bedienfelds CSS-STILE verwenden. Damit wird der markierte Stil kopiert. Als Name wird automatisch der Originalname mit dem Zusatz KOPIE vorgeschlagen.

Abb. 6.55 Erstellen einer Kopie

6 Wir ändern aber den Namen auf die Bezeichnung .TABELLEUNTEN. Nach dem Bestätigen können Sie über die BEARBEITEN-Funktion den kopierten Stil bearbeiten. Zunächst aktivieren wir hier die Option FÜR ALLE GLEICH im BREITE-Bereich, damit der Rahmen um die gesamte Zelle herumläuft. Verwenden Sie eine Stärke von 2 Pixeln.

Außerdem stellen wir als Hintergrundfarbe das helle Grün ein, das auch bei der oberen Navigationsleiste als Hintergrund verwendet wurde. Weisen Sie diesen Stil allen drei Zellen zu, in denen die Fotounterschriften untergebracht sind.

Abb. 6.56 Der nächste angewendete Stil

7 Da in dieser Tabellenzelle auch die Bildunterschrift untergebracht ist, können wir auch gleich deren Attribute mit anpassen. Rufen Sie also die BEARBEITEN-Option für den gerade erstellten Stil auf. In der SCHRIFT-Rubrik ändern wir neben der FARBE auch die STÄRKE. Außerdem wird die Großschreibung aktiviert. Die CSS-Stile bieten übrigens verschiedene fette Schriftvarianten an.

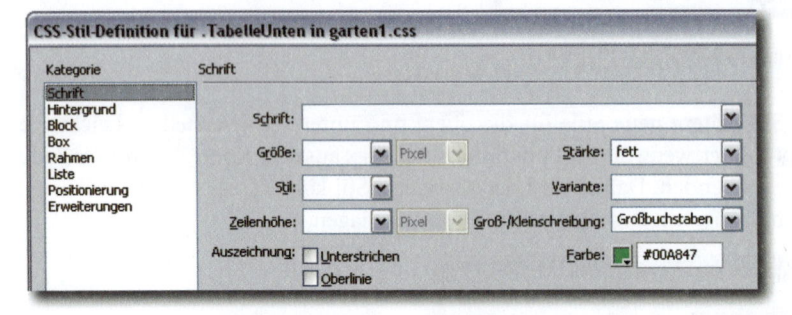

Abb. 6.57 Anpassen der Schrifteigenschaften

Vorschau betrachten

Es ist sinnvoll, zunächst den Stil anzuwenden, um ihn dann erneut zu bearbeiten. Sie können dann nämlich verschiedene Einstellungen ausprobieren und mit der ANWENDEN-Schaltfläche im Dialogfeld die Auswirkungen testen und gegebenenfalls die Einstellungen erneut anpassen.

8 In der BLOCK-Rubrik stellen wir einen leicht erweiterten ZEICHENABSTAND und die mittige TEXT-AUSRICHTUNG ein.

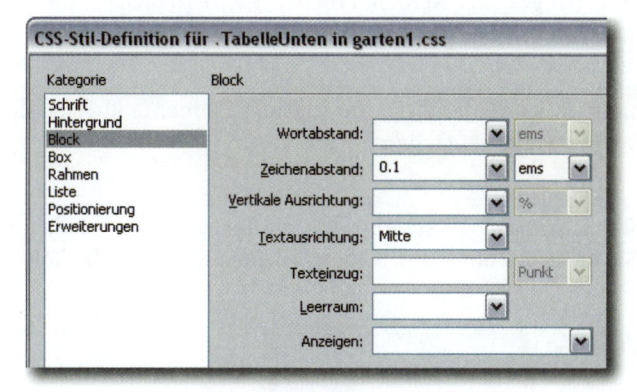

Abb. 6.58 Die Block-Optionen

9 Als Letztes stellen wir in der BOX-Rubrik eine Zellauffüllung von 3 PIXELN ein. Hier wird ebenfalls die Option FÜR ALLE GLEICH aktiviert.

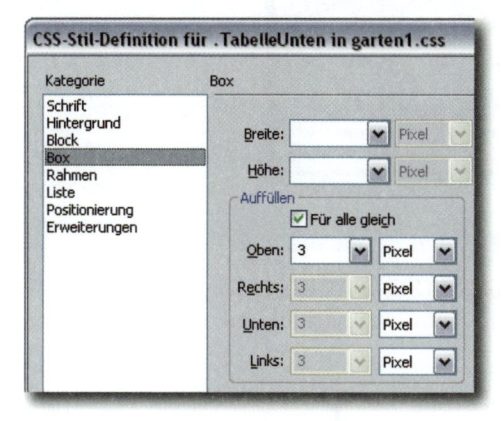

Abb. 6.59 Die Box-Optionen

So entsteht folgendes Ergebnis. Das „Ü" sieht in der Großschreibungsvariante übrigens nicht so gut aus. Sie sollten es daher austauschen. Nachfolgend haben wir es unten bereits ersetzt.

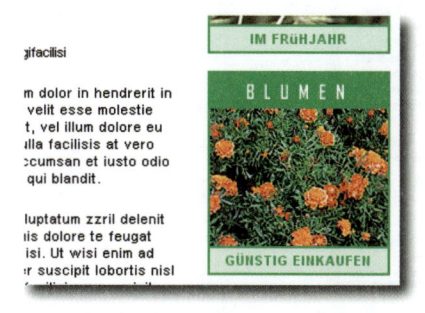

Abb. 6.60 Die neue Formatierung

6.4.4 Abstände regulieren

Im nächsten Schritt soll der mittlere Teil gestaltet werden. Löschen Sie hier zunächst die erste Zeile – sie ist inzwischen überflüssig geworden.

> Beim Gestalten ist es normal, dass im Laufe der Gestaltungsarbeit Elemente überflüssig werden. Man kann nicht alles vorher exakt beurteilen ...

Wir wollen die Bilder im Hauptteil so anpassen, dass ein Abstand zum Text entsteht. Erstellen Sie dazu einen neuen Stil und rufen Sie die Box-Rubrik auf. Stellen Sie einen Rand mit den folgenden Werten ein.

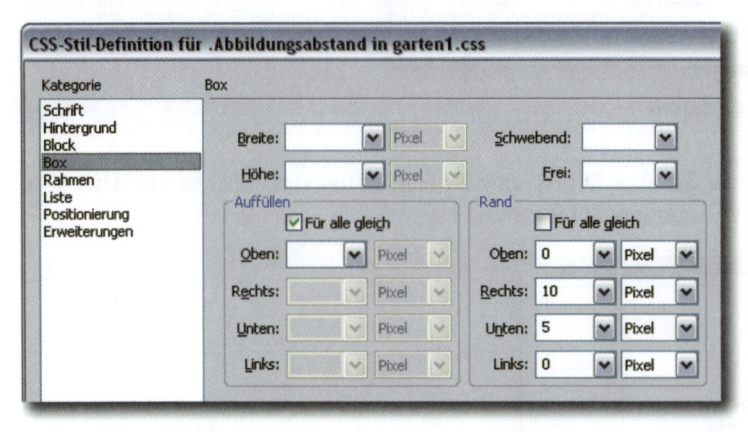

Abb. 6.61 Abstand für die Fotos

Markieren Sie das erste Foto und wenden Sie dort den Stil an. Wiederholen Sie dies mit dem Foto im unteren Bereich. Der Text umfließt nun die Fotos wie nachfolgend abgebildet. Dies sieht schon bedeutend besser aus als zuvor.

Abb. 6.62 Der angewendete Rand

Restarbeiten

Einige Formatierungen fehlen noch. So müssen beispielsweise noch die Überschriften des Mittelteils formatiert werden. Hier verwenden wir beim Erstellen des neuen Stils die Option TAG. Damit werden alle Elemente des Dokuments verändert, die das vorgegebene Tag verwenden.

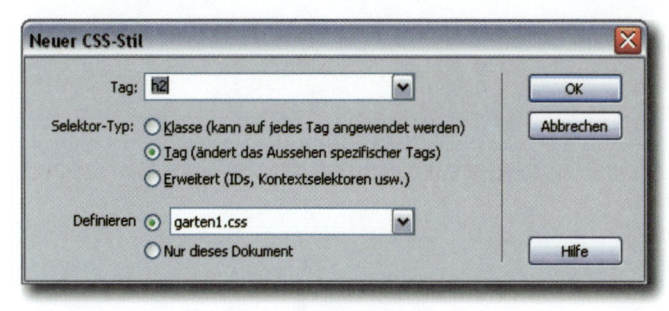

Abb. 6.63 Verwendung der Tag-Option

Im oberen Listenfeld werden alle verfügbaren Tags aufgelistet, denen Sie einen Stil zuweisen können. Wir wählen das Tag <h2>, mit dem die zweite Überschriftenebene formatiert wird.

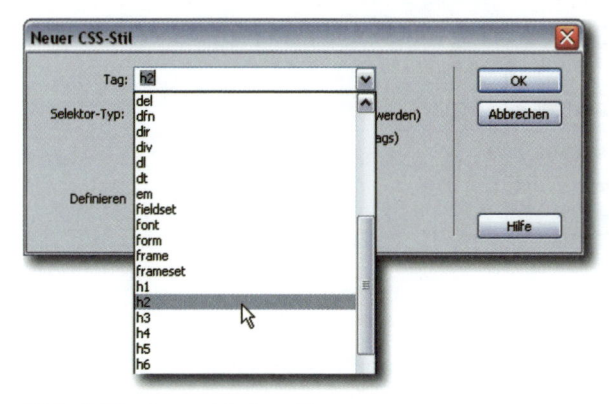

Abb. 6.64 Auswahl eines Tags

Das Tag erhält die folgenden Schriftattribute zugewiesen. Die Farbe entspricht wieder dem bereits verwendeten dunklen Grün.

Abb. 6.65 Die verwendeten Schriftformatierungen

Diese Stiltyp wird im Bedienfeld CSS-STILE ohne vorangehenden Punkt angezeigt. Der Stilname entspricht dem Tag.

Abb. 6.66 Eine andere Stilart

Die Zuweisung dieses Stils erfolgt über das EIGENSCHAFTEN-Bedienfeld. Wählen Sie hier nach dem Markieren des Absatzes im FORMAT-Listenfeld die Option ÜBERSCHRIFT 2 aus.

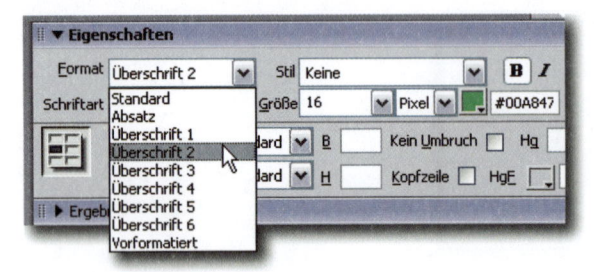

Abb. 6.67 Zuweisen des Stils

Formatieren Sie so die beiden Überschriften, um folgendes Ergebnis zu erhalten.

Abb. 6.68 Ein weiterer Zwischenstand

6.4.5 Weitere Optionen

Alle Optionen können wir bei unserer Beispiel-Webseite nicht ansprechen – dazu bietet CSS viel zu viele Möglichkeiten an. Damit könnte man getrost ein weiteres Buch füllen ...

Einige, besonders interessante Optionen wollen wir Ihnen aber zum Abschluss des Kapitels noch vorstellen. Beim dritten Stiltyp – ERWEITERT – können Sie im oberen Listenfeld auswählen, wie Links dargestellt werden sollen. Hier geben Sie die Einstellungen für besuchte oder aktive Links an. Außerdem können die Attribute eingestellt werden, die beim Überfahren mit der Maus verwendet werden sollen.

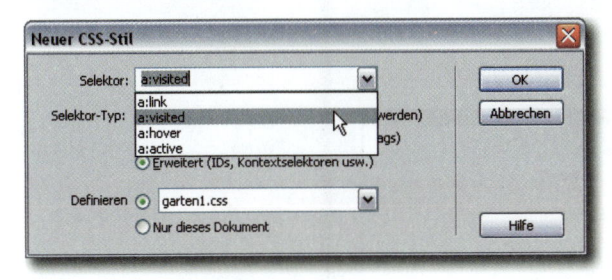

Abb. 6.69 Auswahl des Linkzustands

Schick sind Links, die nicht unterstrichen werden. Dies erreichen Sie, wenn Sie im Dialogfeld im AUSZEICHNUNG-Bereich die Option KEINE aktivieren.

Abb. 6.70 Keine Auszeichnung der Links

> Für die korrekte Darstellung im Netscape Navigator reicht die Angabe KEINE unter A:LINK bereits aus. Für die korrekte Darstellung im Internet Explorer müssen alle Zustände mit der KEINE-Option definiert werden.

Interessant sind auch die Optionen, die Sie in der Rubrik ERWEITERUNGEN finden. Einerseits können Sie hier das Aussehen des Mauszeigers verändern, wenn er sich über dem Objekt befindet, dem der CSS-Stil zugewiesen wurde. Außerdem gibt es im FILTER-Listenfeld diverse Effekte. So können Sie beispielsweise das Objekt transparent erscheinen lassen.

Abb. 6.71 Diverse Effekte

6.5 Das Ergebnis überprüfen

Das war's! Nun ist noch die Prüfung im Webbrowser nötig. Dabei werden Sie bemerken, dass die Laufweite der linken Navigation etwas anders aussieht als in Dreamweaver. Hier ist deshalb noch eine Korrektur notwendig.

Abb. 6.72 Begutachtung des Ergebnisses

Markieren Sie zur Korrektur den betreffenden Eintrag im Bedienfeld CSS-STILE und rufen Sie aus dem Kontextmenü die BEARBEITEN-Option auf.

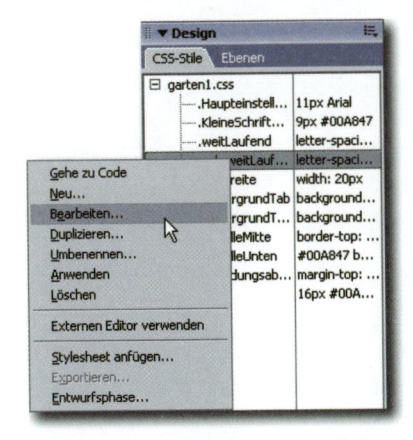

Abb. 6.73 Bearbeiten eines Stils

Stellen Sie in der BLOCK-Rubrik den Zeichenabstand auf 0.2 EMS ein. Die Einheit „ems" bezieht sich übrigens auf die elementeigene Schrifthöhe. Sie erhalten dann das folgende Endergebnis.

Abb. 6.74 Das Endergebnis

Kapitel 7

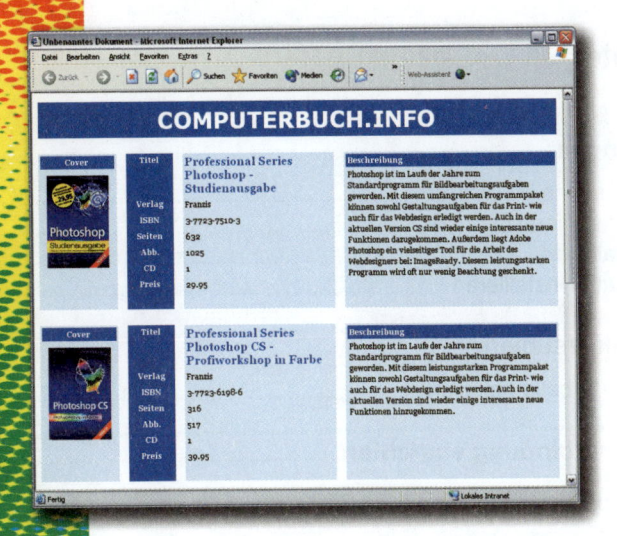

Dynamische Webseiten: Einen Buchkatalog erstellen

In diesem Kapitel ...

7.1 Die Vorbereitungen 239
    7.1.1   Hilfsprogramme installieren 239
    7.1.2   MySQL installieren 241
    7.1.3   PHP installieren 242
    7.1.4   phpMyAdmin installieren 242

7.2 Eine Datenbank erstellen 244
    7.2.1   Eine neue Tabelle erstellen 246

7.3 Die Datenbankverbindung einrichten 250
    7.3.1   Bindungen einstellen 254

7.4 Dynamische Seiten einrichten 256

7.5 Gestaltung der Seite 259
    7.5.1   Mehrere Datensätze anzeigen 266

7.1 Die Vorbereitungen

In diesem Kapitel werden wir Ihnen einige Möglichkeiten vorstellen, die Sie bei der Gestaltung dynamischer Webseiten haben. Dynamische Webseiten bieten sich immer dann an, wenn sich die Inhalte öfter verändern. Müssen Sie dann jedes Mal verschiedene Webseiten bearbeiten, um das Web auf den aktuellen Stand zu bringen, entsteht viel überflüssige Arbeit.

In solchen Fällen ist es ratsam, alle relevanten Daten in einer Datenbank zusammenzufassen. Erst beim Laden der Seite werden dann die benötigten Daten aus der Datenbank zusammengesammelt und im HTML-Dokument verarbeitet.

Bevor Sie allerdings dynamische Webseiten bearbeiten können, sind einige Vorarbeiten nötig. Diese wollen wir Ihnen zuerst kurz vorstellen.

7.1.1 Hilfsprogramme installieren

Zur Entwicklung und zum Testen der Seiten benötigen Sie Hilfsprogramme, die Sie sich von verschiedenen Webseiten herunterladen können. Zunächst wird ein Webserver benötigt, um die Seiten auch auf Ihrem Rechner – und nicht nur online – testen zu können. Je nach verwendeter Programmiersprache und Datenbank sind hier unterschiedliche Webserver verfügbar. Wir wollen Ihnen eine gängige Variante mit dem Apache Server im Zusammenspiel mit der Datenbank MySQL und der Programmiersprache PHP vorstellen.

Den Apache Server können Sie über die Webadresse HTTP://WWW.APACHE.ORG herunterladen. Dieser Webserver ist sehr weit verbreitet. Laden Sie die Binär-Distribution herunter. Je nach verwendeter Windows-Version gibt es unterschiedliche Downloaddateien.

Nach erfolgreicher Installation finden Sie im Windows-Start-Menü einen neuen Ordner mit Funktionen, um den Webserver zu starten oder zu beeenden. Der Webserver wird übrigens in einem DOS-Fenster ausgeführt, das Sie während der Verwendung nicht schließen dürfen.

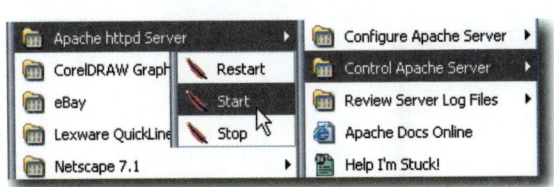

Abb. 7.1 Der installierte Webserver

Um festzustellen, ob der Webserver korrekt installiert ist, starten Sie Ihren Webbrowser und verwenden Sie als Adresse HTTP://LOCALHOST. Sie sollten dann die folgende Webseite sehen, die bei der Installation im Apache-Verzeichnis /APACHE/HTDOCS gespeichert wurde.

Abb. 7.2 Die Installation hat geklappt

Um den Apache Webserver anzupassen, öffnen Sie mit einem Texteditor die Datei HTTPD.CONF aus dem Apache-Verzeichnis /CONF. Im Abschnitt DIRECTORYINDEX wird angegeben, welche Standardnamen für die Startdatei des Webs akzeptiert werden. Tragen Sie weitere Dateinamen jeweils mit einem Leerzeichen getrennt ein.

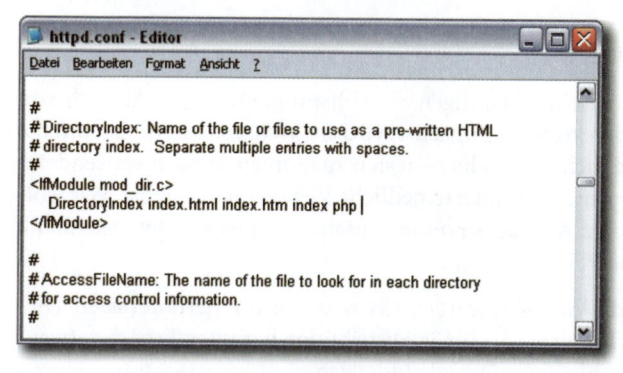

Abb. 7.3 Angeben der Standard-Startdatei

Im ALIAS-Abschnitt werden die Ordner angegeben, in denen Sie die Webseiten speichern wollen. Nachfolgend sehen Sie einen neuen Eintrag.

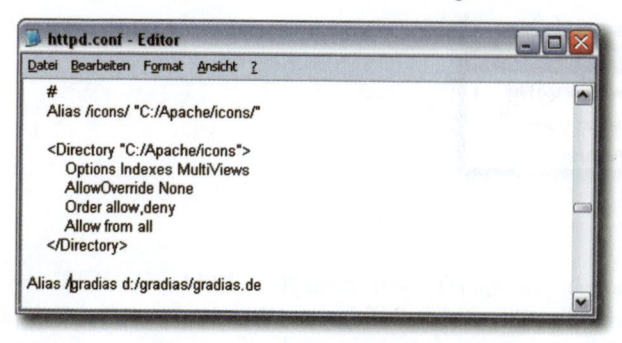

Abb. 7.4 Angeben weiterer Projekt-Verzeichnisse

Damit die Änderungen an der CONF-Datei wirksam werden, muss der Webserver neu gestartet werden. Verwenden Sie dazu die RESTART-Funktion, die Sie im APACHE-Ordner des Windows-Start-Menüs finden.

7.1.2 MySQL installieren

Als Nächstes benötigen Sie eine Datenbank. Für unser Beispiel soll MySQL verwendet werden, die ebenfalls stark verbreitet ist. In die Datenbank werden alle Inhalte aufgenommen, die später auf der Webseite angezeigt werden sollen.

Sie finden die benötigten Dateien auf der Webseite HTTP://WWW.MYSQL.COM. Aber Vorsicht: Die Dateien sind ziemlich groß, sodass das Herunterladen einen Moment dauern kann. MySQL wird so installiert, dass es automatisch bei jedem Windows-Start gestartet wird. Sie sehen anschließend in der Taskbar folgendes Symbol. Nach dem Anklicken öffnet sich ein Menü.

Abb. 7.5 MySQL in der Taskbar

Nach dem Aufruf der Funktion SHOW ME wird folgendes Dialogfeld geöffnet. Hier können Sie unter anderem diverse Voreinstellungen vornehmen und Informationen zum Server-Status ablesen.

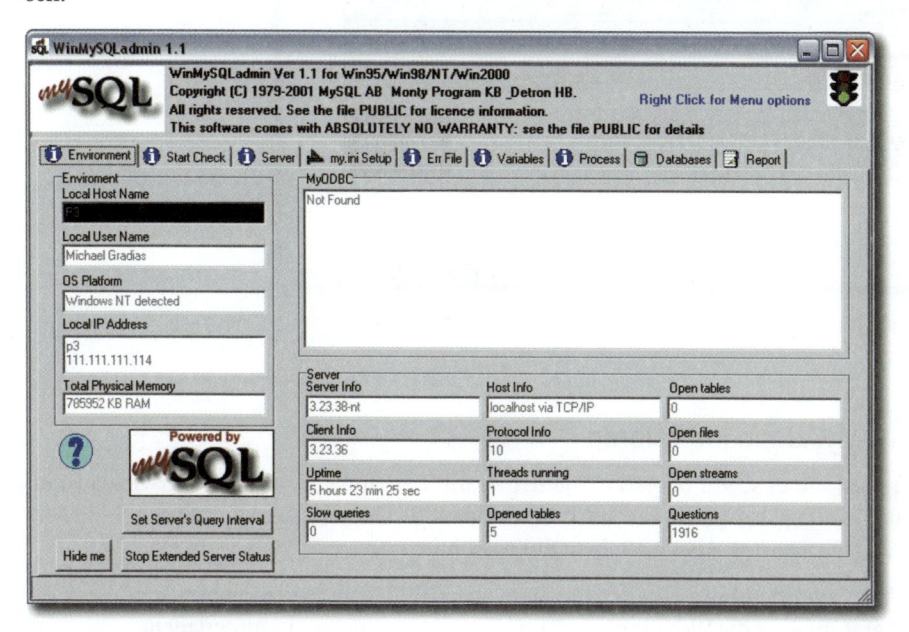

Abb. 7.6 Das MySQL-Dialogfeld

7.1.3 PHP installieren

Um auf die Datenbank zugreifen zu können, benötigen Sie eine Programmiersprache. Hier ist PHP sehr aktuell. Unter HTTP://WWW.PHP.NET finden Sie die benötigten Installationsdateien. Um zu testen, ob PHP erfolgreich installiert wurde, erstellen Sie mit einem Texteditor ein kurzes Skript. Verwenden Sie beispielsweise den Code:

```
<?php
 phpinfo();
?>
```

Speichern Sie diese Datei zum Beispiel unter dem Namen PHPINFO.PHP im Apache-Stammverzeichnis. Hat die Installation geklappt, finden Sie nach dem Aufruf von HTTP://LOCALHOST/PHPINFO.PHP im Webbrowser folgende Informationen.

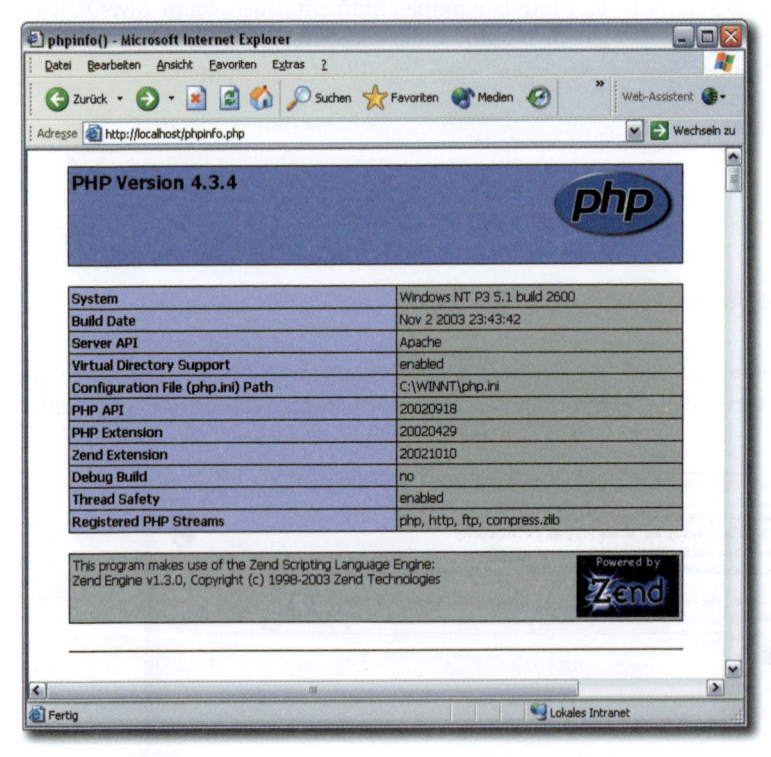

Abb. 7.7 PHP funktioniert

7.1.4 phpMyAdmin installieren

Vielleicht haben Sie es schon bemerkt: Die Arbeit mit den Tools ist ziemlich verwirrend und ungewohnt. Das liegt beispielsweise auch daran, dass für MySQL keine grafische Bedieneroberfläche angeboten wird. Aber auch hier gibt es Abhilfe.

Mit dem Utility phpMyAdmin erhalten Sie diese übersichtlichere Bedieneroberfläche. Sie können das Programm über die Webadresse HTTP://WWW.PHPMYADMIN.NET herunterladen.

Entpacken Sie die ZIP-Datei in das APACHE-Verzeichnis. Anschließend muss in der Datei HTTPD.CONF ein Alias zu dem Verzeichnis gelegt werden, in dem Sie phpMyAdmin untergebracht haben. Fügen Sie außerdem den Startdateityp INDEX.PHP3 im Abschnitt DIRECTORYINDEX hinzu.

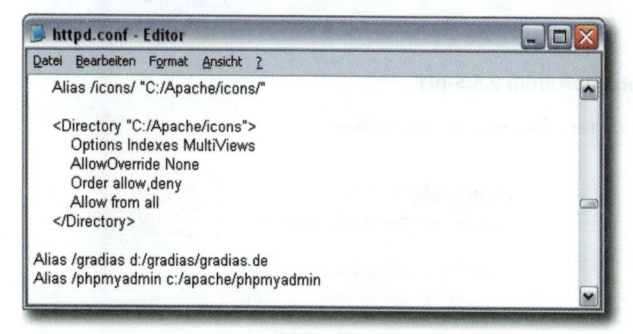

Abb. 7.8 Editieren der Datei httpd.conf

Außerdem ist ein Editieren der Datei CONFIG.INC.PHP erforderlich. Sie finden die Datei im Hauptverzeichnis von phpMyAdmin. Dies ist in Notepad etwas schwierig. Suchen Sie den Text $cfg['PmaAbsoluteUri'] = ''$ und ersetzen Sie ihn gegen den Wert $cfg['PmaAbsoluteUri'] = 'http://localhost/phpmyadmin/'$ – das ist der Pfad zum phpMyAdmin-Verzeichnis.

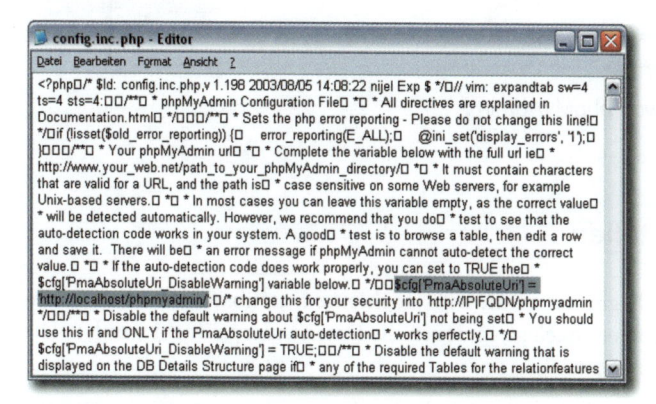

Abb. 7.9 Editieren einer weiteren Konfigurationsdatei

> **Hilfestellungen**
>
> Bei allen Utilitys, die wir vorgestellt haben, sind umfangreiche Dokumentationen für die Installation enthalten. Wenn Sie die Angaben dort befolgen, sollte es eigentlich bei der Installation keine Probleme geben.

Starten Sie den Apache Server nach den Anpassungen neu. Nach dem Aufruf Ihres Webbrowsers können Sie nun die Adresse HTTP://LOCALHOST/MYPHPADMIN/ eingeben. Hat die Installation geklappt, sehen Sie anschließend die nachfolgend abgebildete Webseite. Hier werden die Datenbanken verwaltet und bearbeitet.

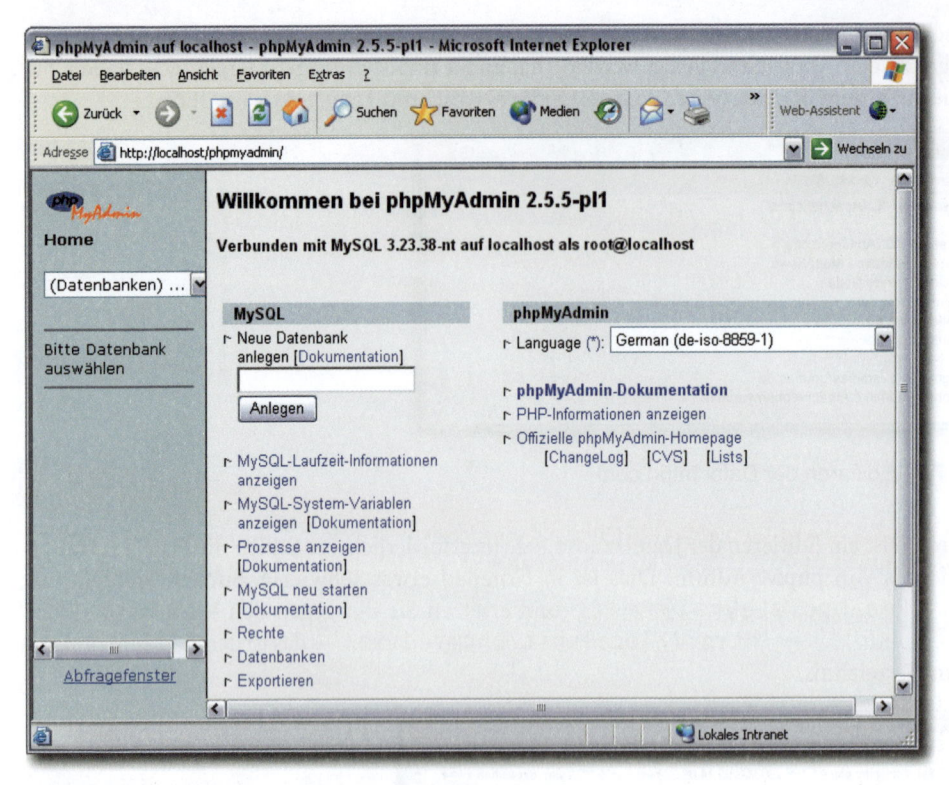

Abb. 7.10 Die Arbeitsoberfläche von phpMyAdmin

7.2 Eine Datenbank erstellen

Bevor die Arbeit in Dreamweaver beginnen kann, wird noch eine Datenbank benötigt. In der Datenbank werden verschiedene Felder angelegt, in denen die Daten untergebracht werden. Die Tabellenstruktur wollen wir nun festlegen.

Wählen Sie dazu aus dem Listenfeld im linken Bereich die Option MYSQL (5) aus. Verwenden Sie danach die USER-Option aus dem Bereich darunter, den Sie in der nachfolgend gezeigten Abbildung sehen.

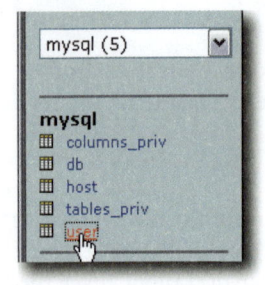

Abb. 7.11 Die Datenbank aufrufen

7.2 Eine Datenbank erstellen

Über die Registerkarten im rechten Teil gelangen Sie zu verschiedenen Bereichen. Rufen Sie hier zunächst den EINFÜGEN-Bereich auf. Hier soll ein neuer Benutzer eingegeben werden. Stellen Sie hier beispielsweise die nachfolgend gezeigten Optionen ein.

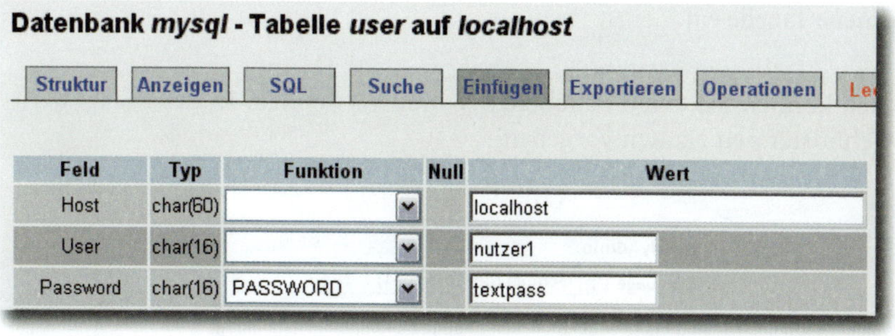

Datenbank *mysql* - Tabelle *user* auf *localhost*

Feld	Typ	Funktion	Null	Wert
Host	char(60)			localhost
User	char(16)			nutzer1
Password	char(16)	PASSWORD		textpass

Abb. 7.12 Daten für einen neuen Benutzer

Scrollen Sie zum Ende der Seiten und rufen Sie die OK-Schaltfläche auf. phpMyAdmin generiert dann die notwendigen SQL-Befehle. Sie sehen dies im oberen Bereich des neuen Fensters.

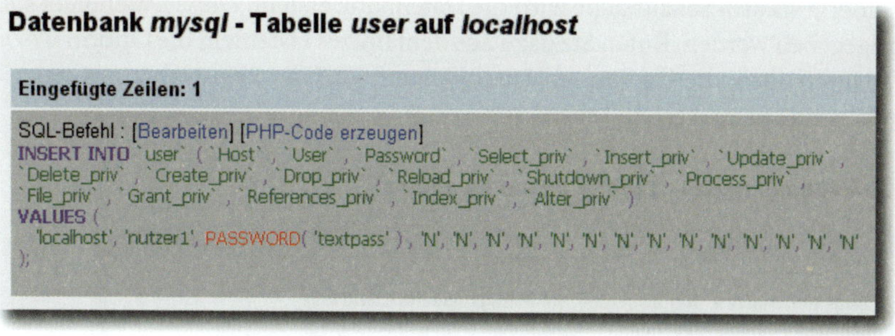

Datenbank *mysql* - Tabelle *user* auf *localhost*

Eingefügte Zeilen: 1

SQL-Befehl : [Bearbeiten] [PHP-Code erzeugen]
```
INSERT INTO `user` ( `Host` , `User` , `Password` , `Select_priv` , `Insert_priv` , `Update_priv` ,
`Delete_priv` , `Create_priv` , `Drop_priv` , `Reload_priv` , `Shutdown_priv` , `Process_priv` ,
`File_priv` , `Grant_priv` , `References_priv` , `Index_priv` , `Alter_priv` )
VALUES (
'localhost', 'nutzer1', PASSWORD( 'textpass' ) , 'N', 'N', 'N', 'N', 'N', 'N', 'N', 'N', 'N', 'N', 'N', 'N', 'N', 'N'
);
```

Abb. 7.13 Die SQL-Befehle wurden ausgeführt

Wenn Sie die ANZEIGEN-Rubrik aufrufen, können Sie hier die angelegten Benutzer verwalten. Nachfolgend sehen Sie die Einstellungen des neu angelegten Benutzers. Die Passwörter werden hier verschlüsselt angezeigt.

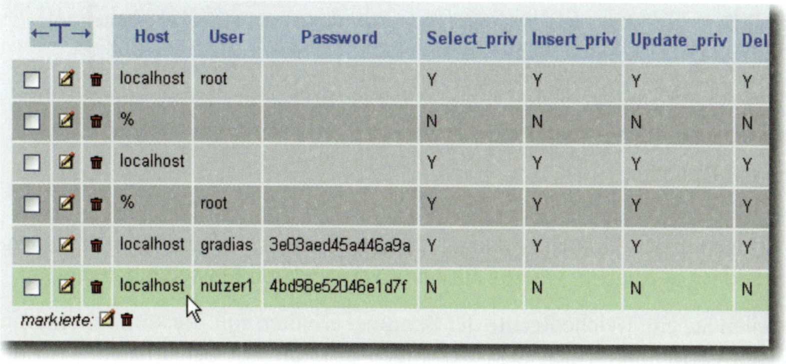

←T→	Host	User	Password	Select_priv	Insert_priv	Update_priv	Del
☐ ✎ 🗑	localhost	root		Y	Y	Y	Y
☐ ✎ 🗑	%			N	N	N	N
☐ ✎ 🗑	localhost			Y	Y	Y	Y
☐ ✎ 🗑	%	root		Y	Y	Y	Y
☐ ✎ 🗑	localhost	gradias	3e03aed45a446a9a	Y	Y	Y	Y
☐ ✎ 🗑	localhost	nutzer1	4bd98e52046e1d7f	N	N	N	N

markierte: ✎ 🗑

Abb. 7.14 Die neuen Benutzer-Einstellungen

7.2.1 Eine neue Tabelle erstellen

Nun soll eine neue Datenbank angelegt werden. Wechseln Sie dazu zur Startseite. Sie erreichen dies über die Option (DATENBANKEN) ... im linken Listenfeld. Tippen Sie im Anlegen-Eingabefeld den Namen für die neue Tabelle ein.

> Für den Testbetrieb können Sie einen beliebigen Namen verwenden. In der Praxis wird Ihnen aber Ihr Webhoster den Namen vorgeben.

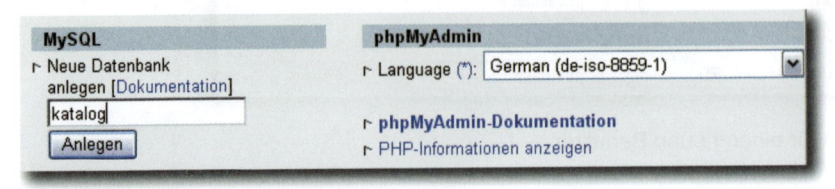

Abb. 7.15 Eine neue Datenbank erstellen

Nach dem Anklicken der ANLEGEN-Schaltfläche wird die Datenbank erstellt. Diese Datenbank soll nun für Benutzer freigegeben werden. Rufen Sie dazu aus dem linken Listenfeld die Option MYSQL auf und dort in der Unterrubrik die Option DB. Anschließend wird die Registerkarte ANZEIGEN benötigt, sodass Sie folgende neue Ansicht sehen.

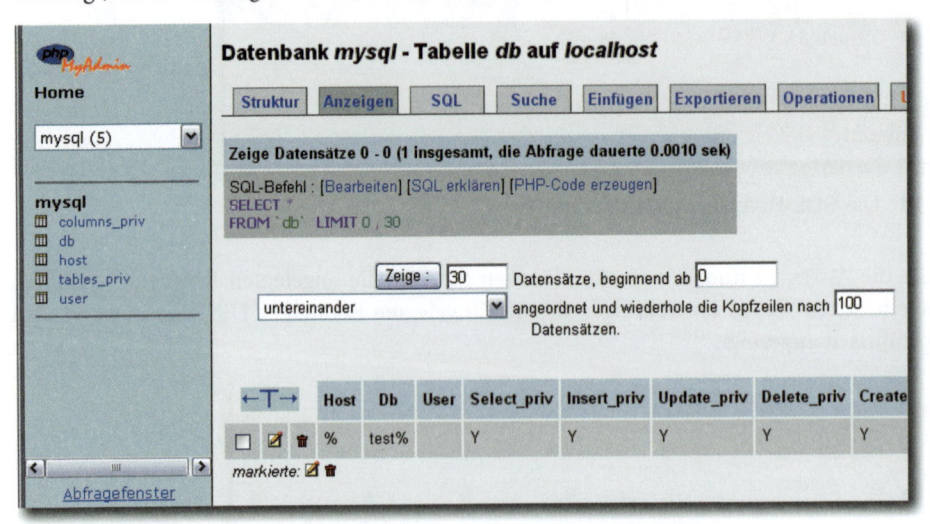

Abb. 7.16 Die Anzeigen-Optionen

Im unteren Bereich finden Sie den Link NEUE ZEILE EINFÜGEN, den wir nun benötigen. Tragen Sie in den ersten Eingabefeldern der neuen Ansicht die zuvor verwendeten Einstellungen ein.

In unteren Bereich stellen Sie ein, welche Rechte der Benutzer erhalten soll. Sie könnten hier die folgenden Einstellungen verwenden. Nach dem Bestätigen über die OK-Schaltfläche wird die vorherige Ansicht angezeigt – Sie sehen dann dort die neu eingefügte Zeile.

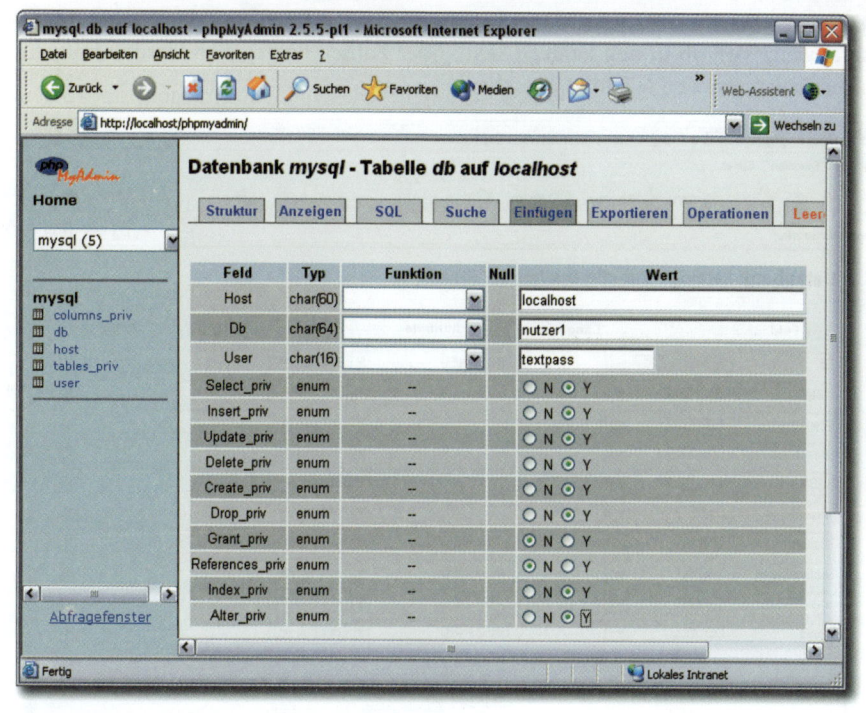

Abb. 7.17 Die verwendeten Einstellungen

Wechseln Sie nun über das linke Listenfeld zu der zuvor erstellten Datenbank. Dort soll nun eine Tabelle eingefügt werden. Tragen Sie rechts den Namen der neuen Tabelle ein. Geben Sie hier außerdem die Anzahl der gewünschten Felder ein.

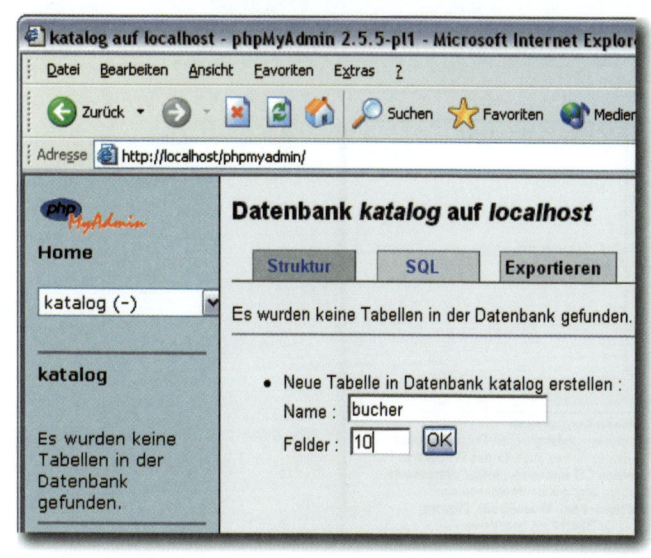

Abb. 7.18 Anlegen einer neuen Tabelle

Nach dem Bestätigen über die OK-Schaltfläche wird die Art der Tabellenfelder eingestellt. So geben Sie beispielsweise vor, ob in den Feldern Texte oder Zahlen eingegeben werden können. Die Tabelle könnte beispielsweise wie folgt aussehen.

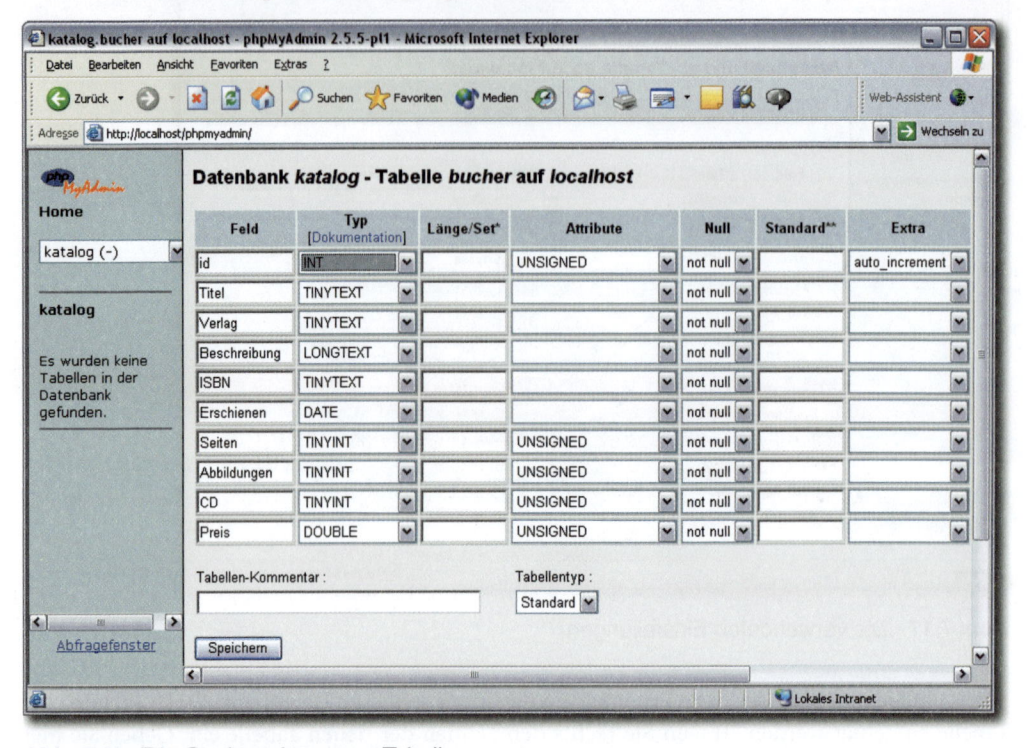

Abb. 7.19 Die Struktur der neuen Tabelle

Wechseln Sie anschließend zur EINFÜGEN-Registerkarte, um Datensätze in die neue Tabelle einzufügen.

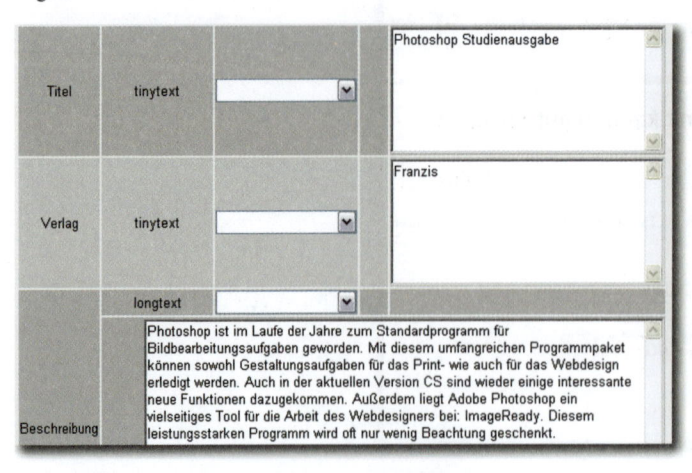

Abb. 7.20 Einfügen von Daten in die Tabelle

Falls Sie nach der Eingabe feststellen, dass ungeeignete Feldtypen verwendet werden, können Sie diese über die STRUKTUR-Registerkarte nachträglich verändern. Da die Produkte zu hohe Werte für Seitenzahl und Abbildungen haben, ändern wir den Typ auf SMALLINT.

Abb. 7.21 Ändern des Feldtyps

> Mithilfe der Funktionen im STRUKTUR-Bereich können Sie auch jederzeit neue Felder einfügen oder bestehende Felder löschen. In diesem Fall gehen aber die bereits vorgenommenen Eingaben der gelöschten Felder verloren.

Über die ANZEIGEN-Registerkarte können Sie die Ergebnisse begutachten und gegebenenfalls korrigieren. In unsere Beispieltabelle haben wir erst einmal vier Produkte aufgenommen, sodass sich folgende Situation ergibt.

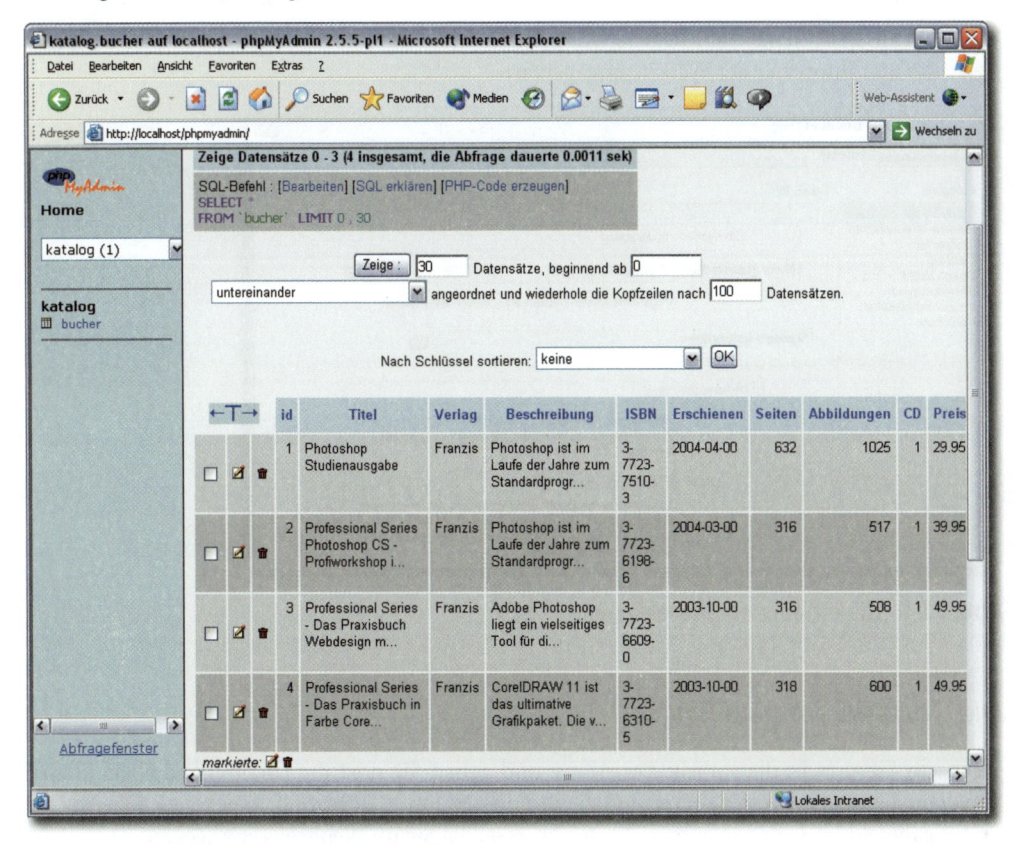

Abb. 7.22 Anzeige der eingegebenen Daten

7.3 Die Datenbankverbindung einrichten

Bevor Sie die Datenbankverbindung in Dreamweaver herstellen können, müssen Sie noch einige Voreinstellungen anpassen. Starten Sie Dreamweaver. Falls Sie noch keine Website erstellt haben, holen Sie dies nun nach. Rufen Sie aus dem Startbildschirm die Funktion DREAMWEAVER-SITE ... aus dem Bereich NEU ERSTELLEN auf. Im folgenden Dialogfeld wird der Name der neuen Website angegeben.

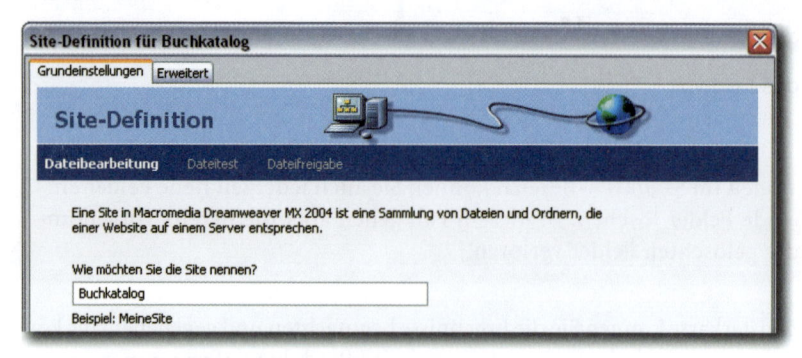

Abb. 7.23 Benennen der Website

Wechseln Sie anschließend zur Registerkarte ERWEITERT. In der Rubrik LOKALE INFOS wird beispielsweise der Stammordner der Website angegeben.

Abb. 7.24 Die erweiterten Einstellungen

Die Testservereinstellungen

Wechseln Sie nun in die Rubrik TESTSERVER und geben Sie dort die nachfolgend abgebildeten Servereinstellungen ein. Als Servermodell wird die Option PHP MySQL angegeben. Die Angabe im Eingabefeld URL-PRÄFIX entspricht der Adresse, die Sie im Webbrowser angeben.

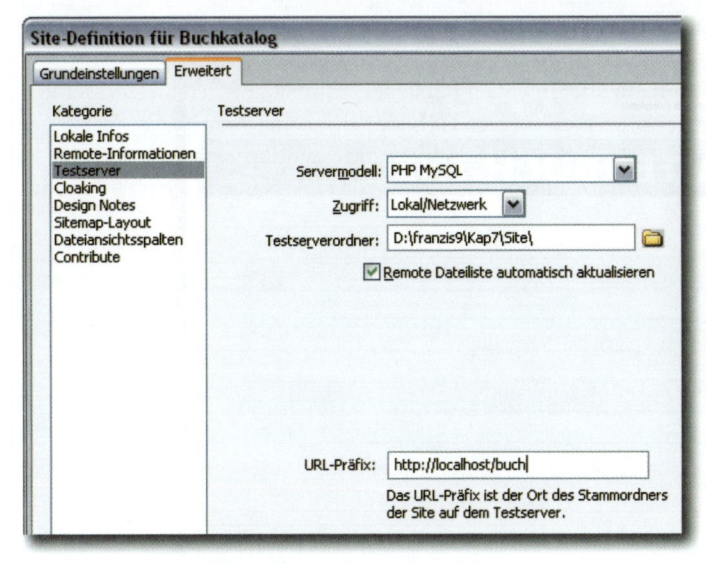

Abb. 7.25 Die Einstellungen für den Testserver

Sie finden nach dem Bestätigen die Site im DATEIEN-Bedienfeld wieder. Hier können Sie dann auch die einzelnen Webseiten verwalten und öffnen. Momentan ist das Verzeichnis allerdings noch leer.

Abb. 7.26 Die Verwaltung der Website

Eine Musterseite erstellen

Nun benötigen wir eine Webseite. Wir haben dazu eine einfache Tabelle erstellt und diese INDEX.PHP genannt. Nach dem Erstellen finden Sie diese Datei im DATEIEN-Bedienfeld wieder.

Abb. 7.27 Eine neue Datei

Unsere Beispielseite sieht zunächst wie folgt aus.

Abb. 7.28 Eine einfache Webseite

Aufbau der Datenbankverbindung

Nun soll die Verbindung zur Datenbank hergestellt werden. Öffnen Sie dazu das DATENBANKEN-Bedienfeld. Hier finden Sie zunächst einen erläuternden Text vor. Die dort beschriebenen Arbeitsschritte haben wir bereits erledigt. Ein Haken vor den Einträgen bestätigt dies

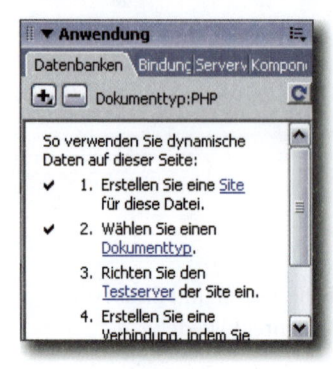

Abb. 7.29 Beschreibung der Arbeitsschritte

Klicken Sie auf das Plussymbol in der Kopfzeile des Bedienfelds. Damit öffnen Sie ein Menü mit dem Eintrag MySQL-VERBINDUNG. Nach dem Aufruf dieser Funktion werden im folgenden Dialogfeld die Daten der Datenbank eingegeben.

Im Eingabefeld VERBINDUNGSNAME können Sie eine beliebige Bezeichnung eingeben. Geben Sie in den weiteren Eingabefeldern die Bezeichnung ein, die Sie mit phpMyAdmin für die Datenbank festgelegt haben.

Abb. 7.30 Die Verbindungsdaten eingeben

Rufen Sie die AUSWÄHLEN-Schaltfläche auf, um im folgenden Dialogfeld die gewünschte Tabelle auszuwählen. Hier werden alle MySQL-Tabellen aufgelistet.

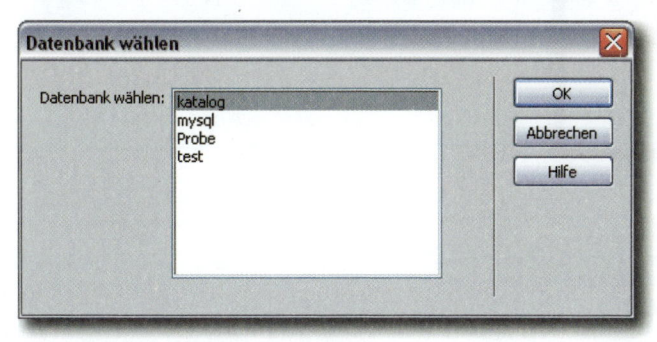

Abb. 7.31 Auswahl einer Tabelle

Über die TESTEN-Schaltfläche können Sie nach der Angabe aller Daten überprüfen, ob die Verbindung erfolgreich hergestellt wurde. Falls nicht, müssen Sie das Passwort und den Benutzernamen nochmals überprüfen.

Abb. 7.32 Testen der Verbindung

Fehlermeldung ignorieren

Wenn Sie die Tabellenstruktur im DATENBANKEN-Bedienfeld aufklappen, erhalten Sie Fehlermeldungen für den Datentyp DOUBLE UNSIGNED. Diese Fehlermeldung können Sie getrost ignorieren.

Nach dem Aufklappen der Datenbank im DATENBANKEN-Bedienfeld werden alle Felder der Tabelle aufgelistet.

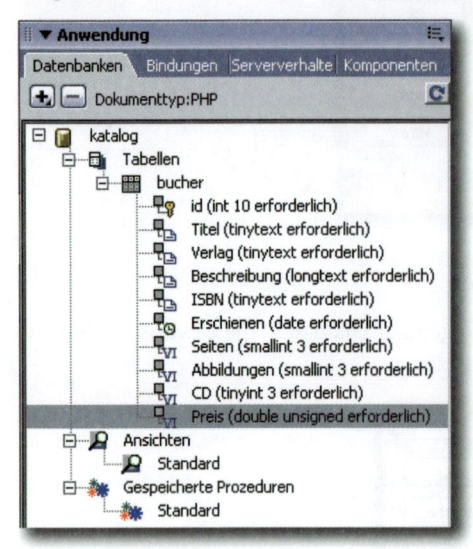

Abb. 7.33 Die Tabellendaten

7.3.1 Bindungen einstellen

Wechseln Sie nun zum BINDUNGEN-Bedienfeld. Hier stellen Sie ein, welche Tabellenfelder verwendet werden sollen. Wählen Sie aus dem Plussymbol-Menü die Option DATENSATZGRUPPE (ABFRAGE) aus.

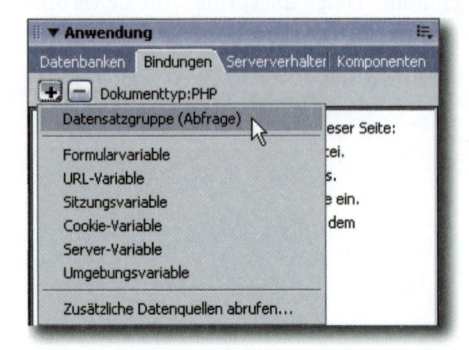

Abb. 7.34 Das Bindungen-Bedienfeld

Stellen Sie im folgenden Dialogfeld ein, welche Tabellendaten verwendet werden sollen. Mit der SPALTEN-Option ALLE werden sämtliche Tabellendaten in das Recordset aufgenommen. Außerdem gibt es hier Optionen, um die Datensätze zu filtern oder zu sortieren. Mit der ERWEITERT-Schaltfläche öffnen Sie übrigens ein gesondertes Dialogfeld, in dem weitere Optionen angeboten werden. Über die TESTEN-Schaltfläche werden in einem weiteren Dialogfeld die Datensätze angezeigt.

7.3 Die Datenbankverbindung einrichten

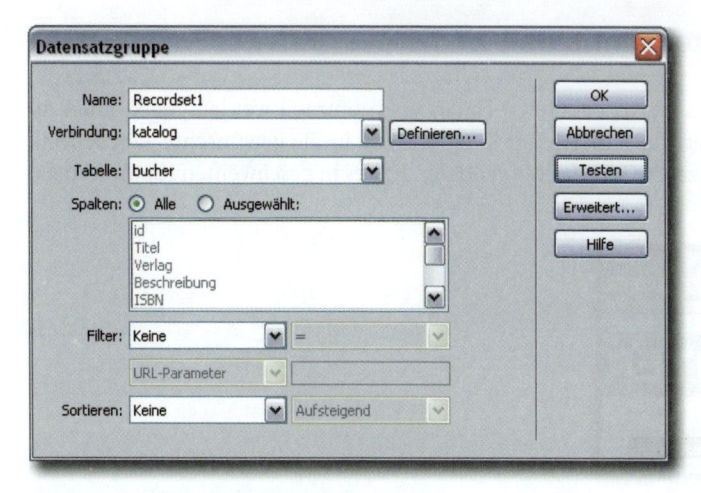

Abb. 7.35 Einstellungen des Recordsets

Beim Testen werden die folgenden Datensätze angezeigt.

Abb. 7.36 Die vorhandenen Datensätze

Anschließend sind alle Felder im BINDUNGEN-Bedienfeld aufgelistet. Dies zeigt die folgende Abbildung. Im DATEIEN-Bedienfeld wurde übrigens automatisch ein neuer Ordner mit der Bezeichnung CONNECTIONS angelegt. Dort finden Sie nun eine automatisch generierte PHP-Datei, in der die Datenbankinformationen untergebracht sind.

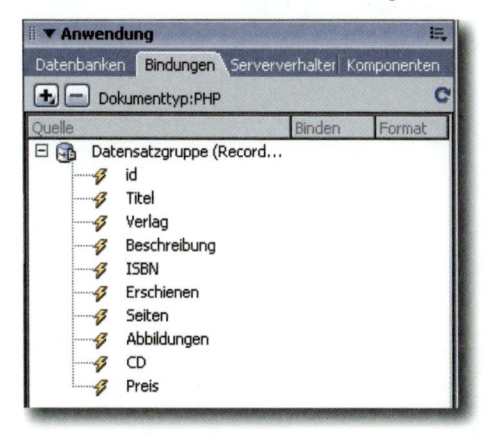

Abb. 7.37 Die Felder im Bindungen-Bedienfeld

7.4 Dynamische Seiten einrichten

Jetzt können auf der Webseite die vorbereiteten Daten übernommen werden. Sie können die Einträge des BINDUNGEN-Bedienfelds einfach per Drag & Drop in die gewünschte Tabellenzelle ziehen. Dort wird dann die Bezeichnung des verwendeten Feldes in geschweiften Klammern angezeigt.

Abb. 7.38 Ein Feld aus der Datenbank

Sie können diese Markierung nun wie gewohnt formatieren. Wir verwenden dabei die folgenden Einstellungen.

Abb. 7.39 Die verwendeten Formatierungen

Auf dieselbe Art können Sie nun die weiteren Tabellenzellen füllen. Die verwendeten Formatierungseinstellungen sehen Sie im folgenden Bild.

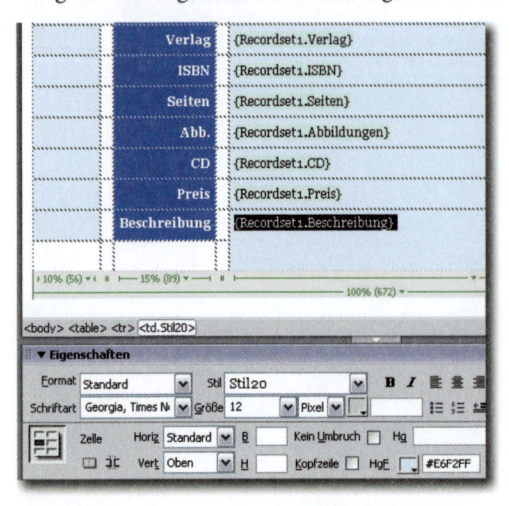

Abb. 7.40 Die nächsten formatierten Daten

Bilder dynamisch einfügen

Nun soll noch ein Foto verwendet werden. Dies soll aber natürlich zum jeweiligen Datenbanksatz passen. Dazu müssen die Bilder aber erst vorbereitet werden. So ist die Namensgebung wichtig. Wir haben alle Bilder im JPG-Dateiformat gespeichert. Als Name haben wir die ISBN-Nummer verwendet. Dies ist wichtig, da so der Dateiname aus den Daten der Datenbank generiert werden kann.

1 Verwenden Sie zunächst wie gewohnt die Funktion EINFÜGEN/BILD, nachdem Sie den Mauszeiger auf der gewünschten Einfügeposition platziert haben. Markieren Sie das Optionsfeld DATENQUELLEN im Kopfbereich des Dialogfelds.

Abb. 7.41 Die Dateiquellen-Option aktivieren

2 Wenn Sie das Datenbankfeld ISBN anklicken, wird im URL-Eingabefeld ein PHP-Befehl angezeigt.

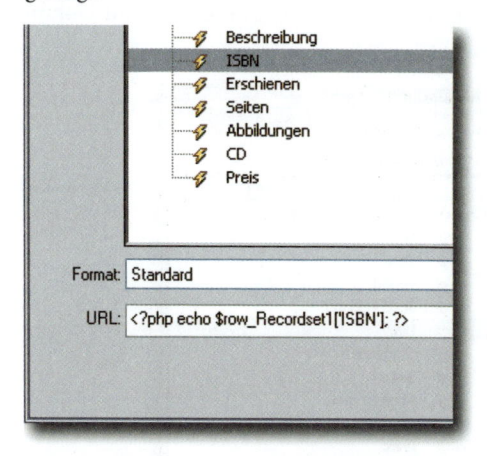

Abb. 7.42 Der eingefügte PHP-Befehl

3 Der PHP-Befehl muss ergänzt werden. Tippen Sie am Anfang das Verzeichnis ein, in dem die Bilder zu finden sind. In unserem Fall ist dies das Unterverzeichnis BILDER/. Außerdem muss am Ende die Dateiendung eingefügt werden. Da es sich um die Angabe des Dateinamens handelt, müssen Sie beachten, dass der Punkt vor der Dateiendung mit eingegeben wird.

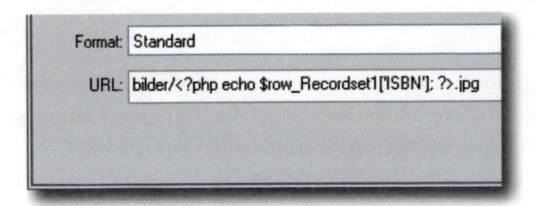

Abb. 7.43 Der ergänzte PHP-Befehl

3 Nach dem Bestätigen sehen Sie kein Bild im Dokument. Stattdessen ist dort ein Platzhalter zu sehen.

Abb. 7.44 Der eingefügte Platzhalter für das Bild

4 In den Bedienfeldern SERVERVERHALTEN und BINDUNGEN wurden damit auch neue Einträge eingefügt, an denen Sie erkennen, wie die Verknüpfung aussieht. Wenn das Bild im Dokument markiert ist, sehen Sie die folgende Situation.

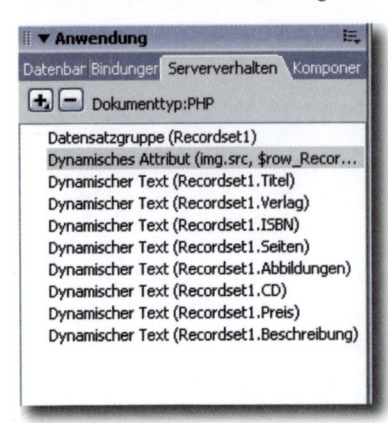

Abb. 7.45 Der neuen Bedienfeldeinträge

5 Wenn Sie die Webbrowser-Ansicht aufrufen können Sie prüfen, ob alles geklappt hat. Dort sollten nun die Datenbankeinträge und das passende Bild angezeigt werden. Sie sehen dies in der folgenden Abbildung.

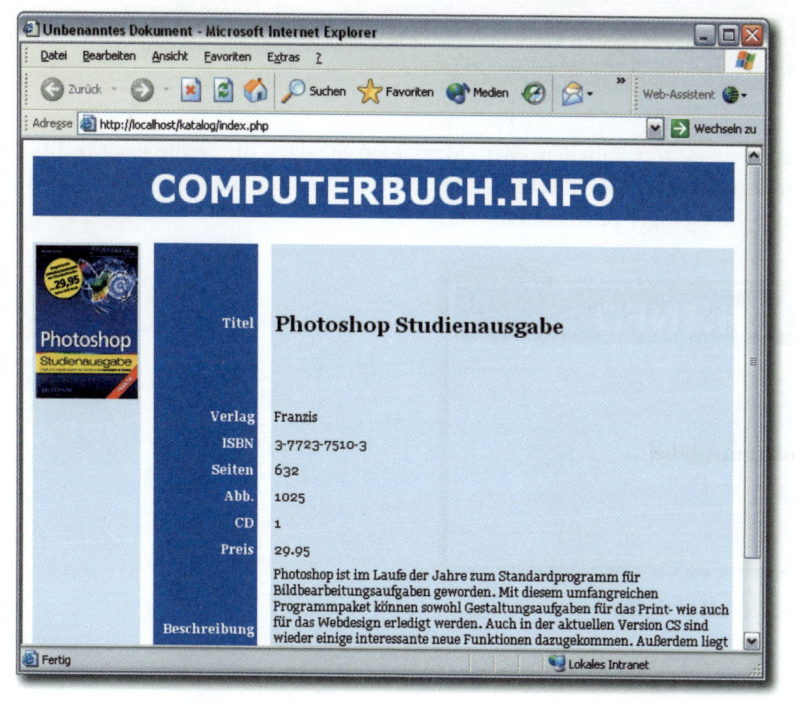

Abb. 7.46 Ein erstes Ergebnis

7.5 Gestaltung der Seite

Sicherlich haben Sie es sich schon gedacht, dass dies nicht die endgültige Gestaltung sein soll. Die endgültige Gestaltung ergibt aber erst jetzt einen Sinn. Ohne Inhalte ist das Gestalten etwas schwierig ...

Damit das Formatieren und Gestalten leichter fällt, ist es besser, wenn die Datensätze zu sehen sind. Dafür bietet Dreamweaver eine interessante Option an. Rufen Sie die Funktion ANSICHT/ LIVE DATA auf, die Sie auch mit der Tastenkombination [Strg]+[⇧]+[R] erreichen. Die Daten, die aus der Datenbank entnommen werden, werden dann gelb unterlegt angezeigt.

Abb. 7.47 Die Ansicht Live Data

> Die gelbe Markierung gehört zu den visuellen Hilfsmitteln. Blenden Sie die visuellen Hilfsmittel aus, verschwindet auch die Markierung.

Zunächst benötigen wir weitere Tabellenzellen. Markieren Sie dazu die Spalte ganz rechts. Klicken Sie, wenn Sie die folgende Markierungslinien sehen. Beachten Sie im nächsten Bild den Spaltenmarkierungs-Mauszeiger rechts oben.

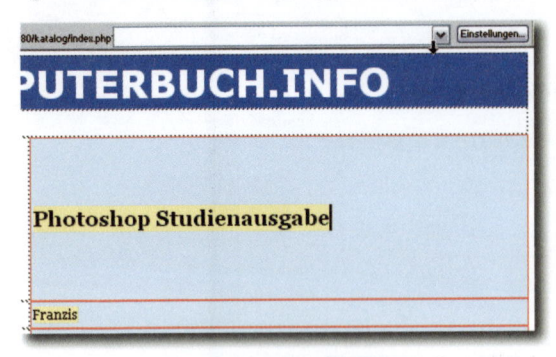

Abb. 7.48 Markieren einer Spalte

Verwenden Sie die folgende Schaltfläche im EINFÜGEN-Bereich, um neue Spalten einzufügen. Wir benötigen zwei neue Spalten.

Abb. 7.49 Einfügen von neuen Spalten

Die neuen Spalten werden rechts von der markierten Spalte eingefügt. Dabei bleiben die zusammengefassten Spalten der beiden ersten Zeilen erhalten. So erhalten Sie die folgende neue Situation.

Abb. 7.50 Die neuen Spalten

Als Nächstes wird bei der linken neuen Spalte die Hintergrundfarbe gelöscht, sodass diese Spalte weiß ist. Fassen Sie außerdem die Zellen der ersten und letzten Spalte zusammen, um die abgebildete neue Situation zu erhalten.

Abb. 7.51 Die angepassten Spalten

In den beiden äußeren Spalten wird je eine weitere Tabelle eingefügt, die aus einer Spalte und zwei Zeilen bestehen. Achten Sie darauf, zuvor die vertikale Ausrichtung der Zellen auf die Option OBEN einzustellen. Die Breite der Tabellen wir mit 100 % festgelegt. Verwenden Sie für die Zellauffüllung einen Wert von 3.

Auch im Ansichtsmodus LIVE DATA können Sie die erweiterte Tabellenansicht einsetzen, um die Strukturen besser beurteilen zu können.

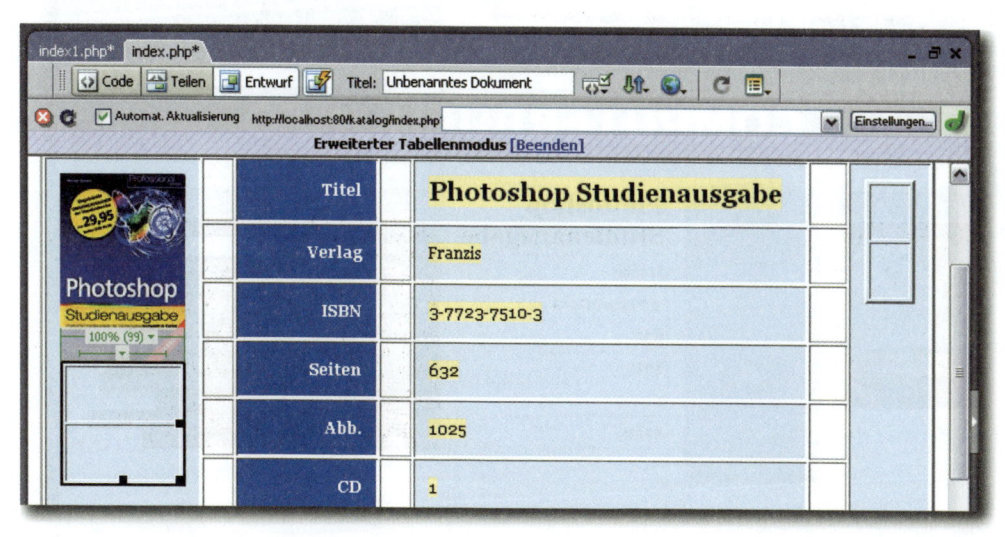

Abb. 7.52 Die neu eingefügten Tabellen

Inhalte per Drag & Drop verschieben

In die neuen Tabellenzellen sollen nun die bereits bestehenden Inhalte verschoben werden. Diese Aufgabenstellung können Sie sehr leicht per Drag & Drop erledigen. Markieren Sie das betreffende Element und ziehen Sie es mit gedrückter linker Maustaste in die Tabellenzelle. Nachfolgend sehen Sie das Verschieben des Fotos.

Abb. 7.53 Verschieben per Drag & Drop

> Einzelne Wörter des Datenbanktextes können übrigens nicht markiert werden. Beim Anklicken wird immer das gesamte Element markiert.

Die obere Tabellenzelle erhält jeweils das dunkle Blau zugewiesen. Wird die erweiterte Ansicht ausgeschaltet, sehen Sie das folgende neue Zwischenstadium. Außerdem wurde nachfolgend die Titelzeile der linken Tabelle beschriftet.

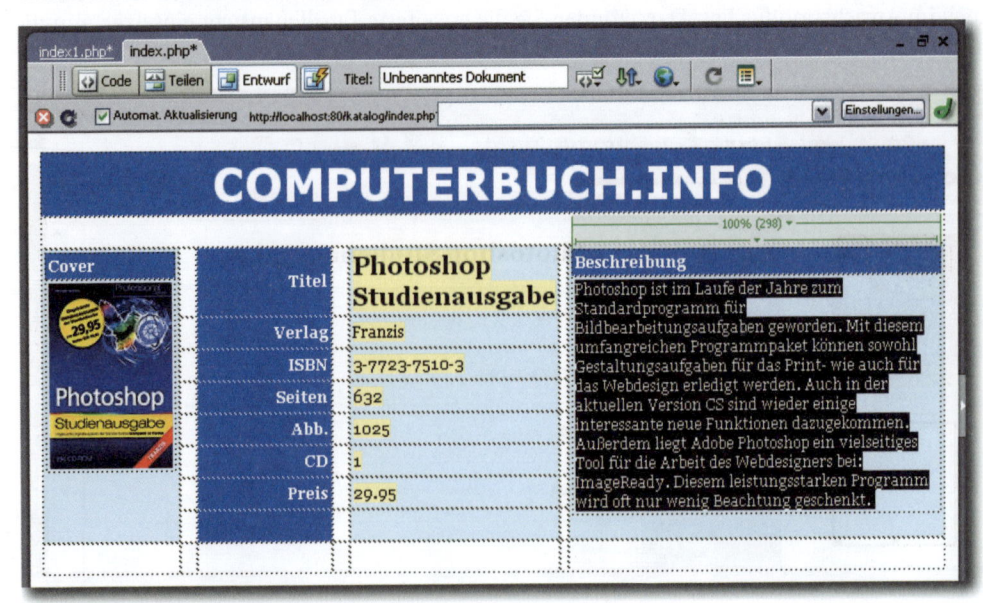

Abb. 7.54 Die Elemente wurden verschoben

Neue Formatierungen

Im folgenden Arbeitsschritt sollen die bereits formatierten Stile angepasst werden. Jetzt, da die Inhalte angezeigt werden, fällt die Formatierung leichter. Den Buchtitel reduzieren wir auf 18 PIXEL. Außerdem verwenden wir hier als Farbe das dunkle Blau.

Beim Stil des Beschreibungstextes weisen wir eine neue ZEILENHÖHE von 17 PIXEL zu. Wenn Sie die ANWENDEN-Schaltfläche anklicken, können Sie die Auswirkungen gleich im Dokument überprüfen. Verschieben Sie gegebenenfalls das Dialogfeld, sodass der Beschreibungstext zu sehen ist.

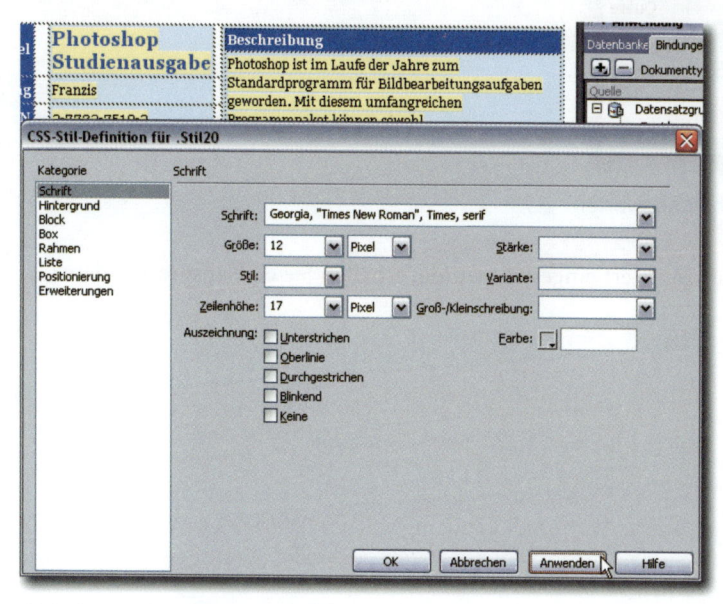

Abb. 7.55 Begutachten des neuen Werts

Wenn Sie die visuellen Hilfsmittel ausblenden, sehen Sie, dass noch einige Anpassungen bei den Spaltenbreiten nötig sind.

Abb. 7.56 Ein weiteres Zwischenstadium

Abstandswerte verwenden

Das Foto soll etwas Abstand zum Zellenrand erhalten. Dies könnten Sie natürlich über die Zellauffüllung erreichen. Es gibt aber eine andere interessante Möglichkeit. Im EIGENSCHAFTEN-Bedienfeld können Sie nämlich einen horizontalen und/oder vertikalen Abstand für Bilder einstellen. Stellen Sie hier jeweils einen Abstand von 7 Pixeln ein.

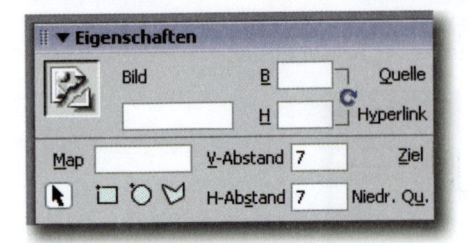

Abb. 7.57 Eintragen von Abstandswerten

Nachdem die Überschriftzeile zentriert eingestellt wurde, erhalten Sie eine ansprechendere Gestaltung.

Abb. 7.58 Der größere Randabstand

Neue Spaltenbreiten

Erst jetzt können die Elemente gut beurteilt werden. Die zuvor eingestellten Spaltenbreiten stellen sich jetzt als ungünstig heraus. Um die bestehenden Spaltenbreiten zu entfernen, können Sie die Funktion SPALTENBREITE LÖSCHEN verwenden, die Sie im Menü der Tabellenlinien finden. Sie sehen dies nachfolgend.

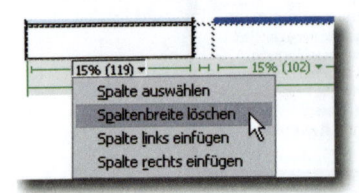

Abb. 7.59 Löschen der Spaltenbreiten

Wenn Sie dies bei den anderen Spalten wiederholen, sehen Sie anschließend keine Werte mehr in der oberen Tabellenlinie. Die untere Linie bezieht sich auf die Gesamttabelle – den Wert lassen wir hier bestehen.

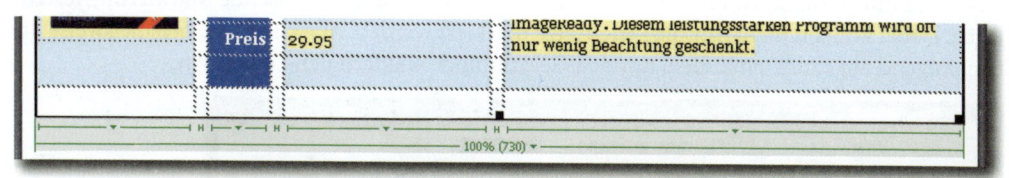

Abb. 7.60 Die Spaltenbreiten sind entfernt

> Das Löschen der Spaltenbreiten ist oft einfacher, als wenn die Werte der einzelnen Zellen angepasst werden. Verbleibt nur in einer der Zellen ein falscher Wert, entsteht ein falsches Bild. Das Auffinden der betreffenden Zelle kann dann unnötige Zeit in Anspruch nehmen.

Stellen Sie für die weißen Spalten jeweils eine absolute Breite von 10 Pixel ein. Die COVER-Spalte wird 120 Pixel breit, die Spalte der Bezeichnungen erhält den Wert 70 und zusätzlich eine zentrierte Ausrichtung. Der Datensatzspalte wird der Wert 160 zugewiesen. Für die beiden Spalten stellen wir außerdem als vertikale Ausrichtung den Wert OBEN ein.

Der BESCHREIBUNG-Spalte wird keine Breite zugewiesen, sodass die Spalte variabel bleibt. So ergibt sich in der Webbrowser-Ansicht folgendes Zwischenstadium. Sieht schon interessanter aus, nicht wahr?

Abb. 7.61 Die veränderten Spaltenbreiten

7.5.1 Mehrere Datensätze anzeigen

Nun wollen Sie ja nicht nur den ersten Satz der Daten sehen. Um alle anderen Datensätze anzuzeigen, ist nur wenig Aufwand nötig. Es kommt nur darauf an, die passende Markierung festzulegen. Dabei können nicht nur die Datensätze markiert werden. Markieren Sie beispielsweise die nachfolgend abgebildeten Zellen, um den Gesamtblock wiederholen zu können.

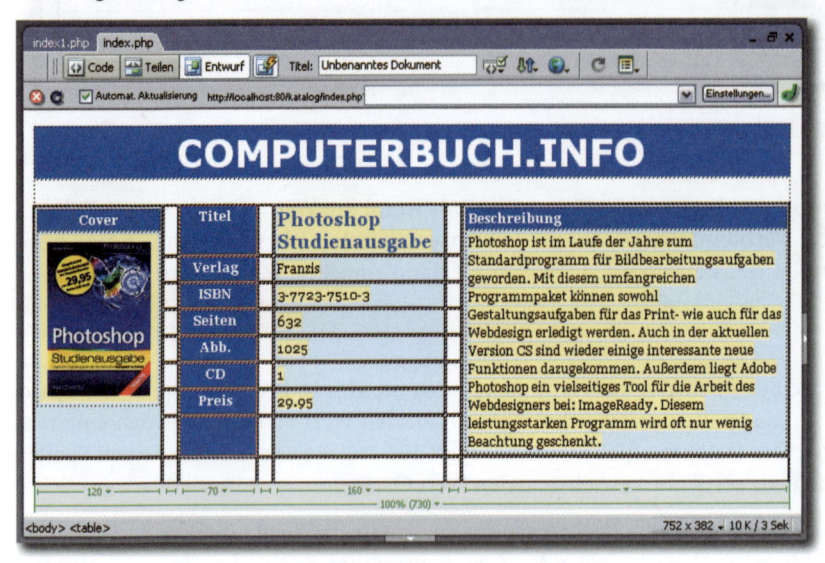

Abb. 7.62 Markieren der zu wiederholenden Bereiche

Rufen Sie aus dem Plussymbol-Menü des SERVERVERHALTEN-Bedienfelds die Option BEREICH WIEDERHOLEN auf.

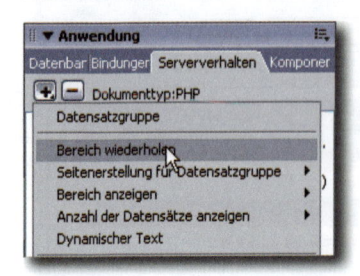

Abb. 7.63 Bereiche wiederholen

Im folgenden Dialogfeld legen Sie dann fest, wie viele Datensätze angezeigt werden sollen.

Abb. 7.64 Angeben der anzuzeigenden Datensätze

Nach dem Bestätigen sehen Sie ein WIEDERHOLEN-Schildchen, wenn Sie die LIVE DATA-Ansicht nicht eingeschaltet haben.

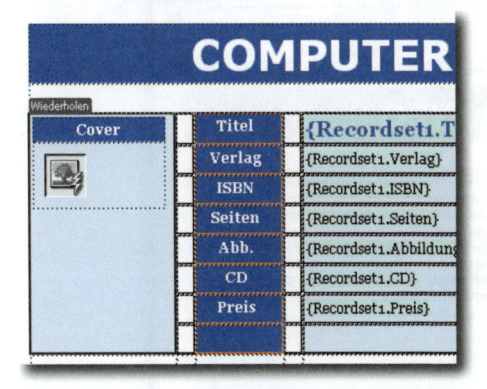

Abb. 7.65 Der zu wiederholende Bereich

Bei aktivierter LIVE DATA-Ansicht werden die weiteren Datensätze unter dem ersten Bereich wiederholt. Sie sind vollständig gelb markiert und können weder bearbeitet noch markiert werden. Sie dienen ausschließlich zur Ansicht.

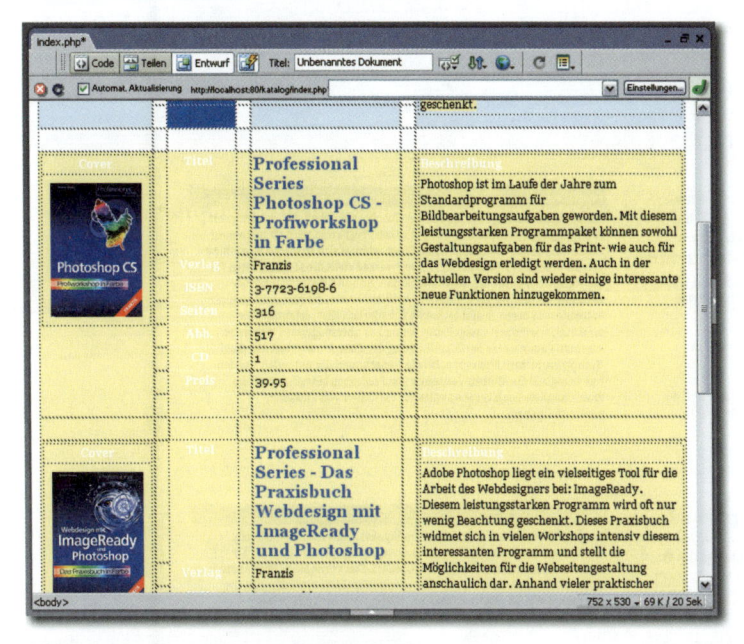

Abb. 7.66 Die nächsten Datensätze

Wird im Ausgangsbereich etwas verändert, werden die wiederholten Bereiche angepasst. Um die Ansicht manuell zu aktualisieren, verwenden Sie die Tastenkombination [Strg]+[R]. Im Kopfbereich des Dokumentfensters finden Sie auch eine Schaltfläche zur Aktualisierung. Dort sollte außerdem die Option AUTOMAT. AKTUALISIERUNG aktiviert sein.

Im Webbrowser sehen Sie dann folgendes Ergebnis.

Abb. 7.67 Das Ergebnis im Internet Explorer

Um weniger Umbrüche beim Titel zu erhalten, können Sie die Spaltenbreite beispielsweise auf 240 Pixel erhöhen. Damit entsteht folgendes Endergebnis.

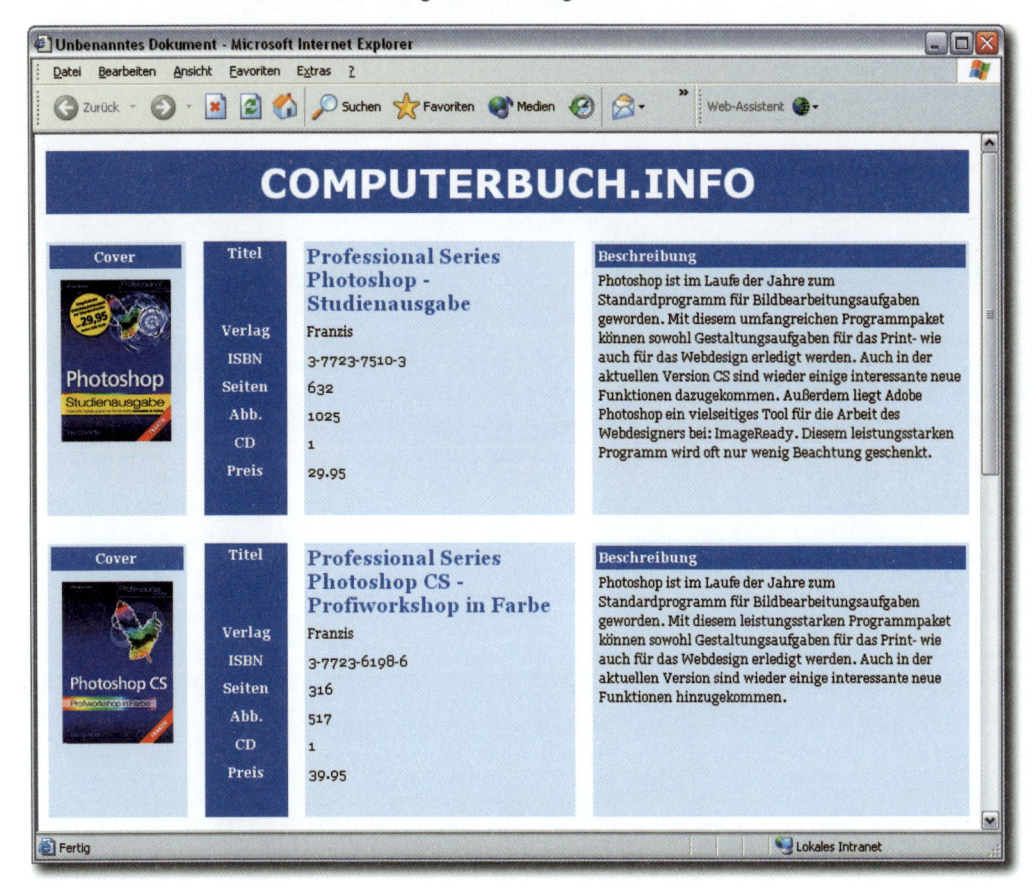

Abb. 7.68 Das Endergebnis mit einer geänderten Spaltenbreite

Kapitel 8

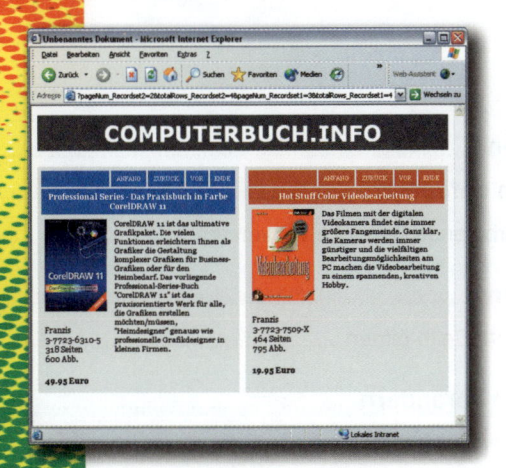

Formulare:
Den Katalog erweitern

In diesem Kapitel ...

8.1	**Was Sie erfahren werden**	273
8.2	**Neue Datensatzgruppen definieren**	273
	8.2.1 Mehrere sich wiederholende Bereiche verwenden	276
8.3	**Eine Navigation erstellen**	278
	8.3.1 Eine anders gestaltete Seite öffnen	282
8.4	**Datensätze per Webseite verändern**	284
	8.4.1 Formularelemente verwenden	286
	8.4.2 Das Formular testen	289
	8.4.3 Datensätze bequem verändern	291
8.5	**Weitere interessante Funktionen**	298
	8.5.1 Hotspots verwenden	298
	8.5.2 Interessante Rubriken des Einfügen-Bereichs	301

8.1 Was Sie erfahren werden

Im letzten Kapitel dieses Buchs wollen wir mit dem eben erstellten Ergebnis fortfahren und Ihnen einige weitere, interessante Möglichkeiten vorstellen, die Sie mit dynamischen Seiten haben. So erfahren Sie beispielsweise auch etwas über Formulare und deren Einsatzmöglichkeiten.

Außerdem widmen wir uns in diesem Kapitel einigen Features, die nicht unerwähnt bleiben sollten. Ein wenig „von allem" also.

8.2 Neue Datensatzgruppen definieren

Wir haben als Ausgangssituation die zuletzt gestaltete Vorlage stark überarbeitet. Wir haben nämlich ein weiteres Recordset hinzugefügt. Die Datenbank wurde um Bücher einer anderen Buchserie ergänzt.

Um die beiden Buchserien voneinander trennen zu können, klicken Sie im BINDUNGEN-Bedienfeld zunächst doppelt auf die vorhandene Datensatzgruppe. Dort wird nun eine Filterung vorgenommen. Sie sehen unsere Einstellungen im folgenden Bild.

Abb. 8.1 Die verwendeten Filter-Einstellungen

Rufen Sie dann über das Plussymbol-Menü die Funktion DATENSATZGRUPPE (ABFRAGE) auf, um ein weiteres Recordset zu erstellen. Dabei wird auf dieselbe Datenbank zugegriffen. Die Einstellungen für die Filterung werden aber verändert. Dies bietet sich in unserem Beispiel an, da im Titel die Buchserie angegeben ist. Stellen Sie daher die folgenden Optionen für die Filterung ein.

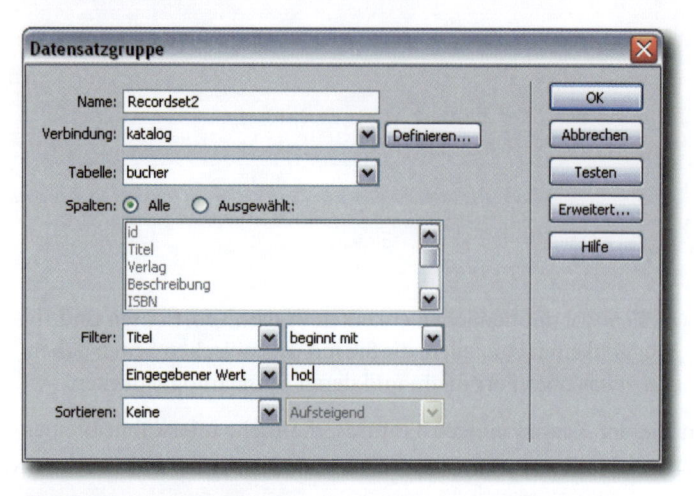

Abb. 8.2 Die Einstellungen der zweiten Datensatzgruppe

Wenn Sie die TESTEN-Schaltfläche anklicken, können Sie erkennen, dass nur ein Teil des Datenbankinhalts verwendet wird. Die Werte, die in der Spalte ID automatisch eingefügt werden, beginnen nämlich erst bei 5. Die ersten vier Datensätze betrafen die andere Buchreihe.

Abb. 8.3 Testen der gefilterten Daten

Nach dem Bestätigen finden Sie die beiden Datensatzgruppen im BINDUNGEN-Bedienfeld vor. Sie können nun – je nach Bedarf – die eine oder andere Filterung verwenden.

Abb. 8.4 Zwei verschiedene Datensatzgruppen

Beim Einfügen erkennen Sie am ersten Teil des Namens, aus welcher Datensatzgruppe ein Eintrag stammt.

Im folgenden Bild sehen Sie übrigens auch, dass die Recordsets direkt neben „normalem" Text platziert werden können. Der Besucher der Webseite erkennt bei gleicher Formatierung nicht, woher welche Daten stammen.

Abb. 8.5 Daten aus verschiedenen Datensatzgruppen

In der erweiterten Tabellenansicht erkennen Sie den Aufbau der neuen Gestaltung. Den beiden äußeren Zellen wurde je eine Breite von 50 % zugewiesen. Die mittlere Spalte erhielt eine Breite von 10 Pixeln. Für die vertikale Ausrichtung der Zellen wurde übrigens die Option OBEN verwendet.

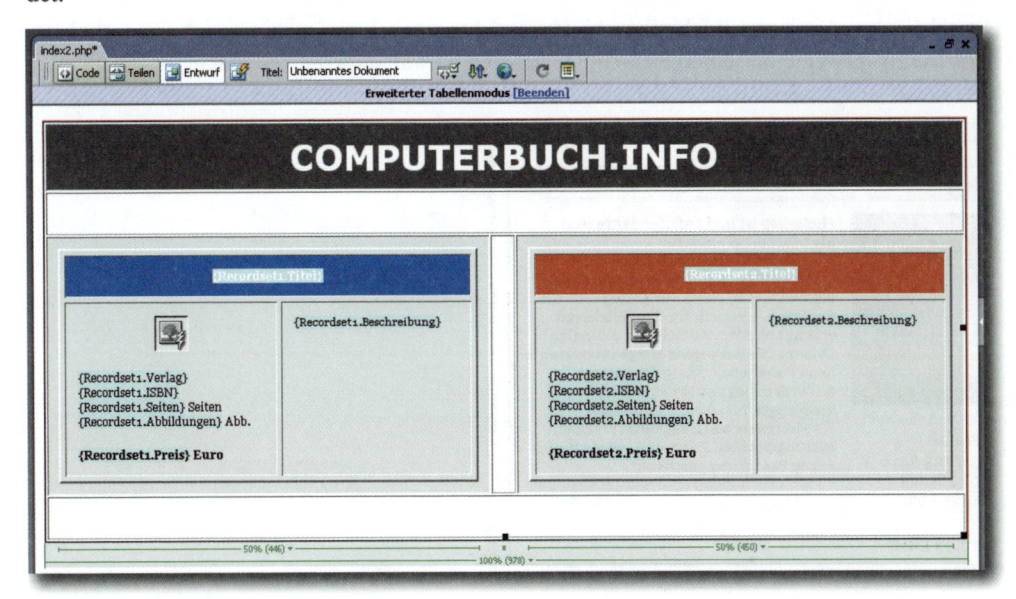

Abb. 8.6 Der neue Aufbau der Tabelle

Wird die LIVE DATA-Ansicht eingeschaltet, erhalten Sie die folgende Seitenansicht. Die beiden Buchbereiche haben wir durch verschiedene Balkenfarben gekennzeichnet.

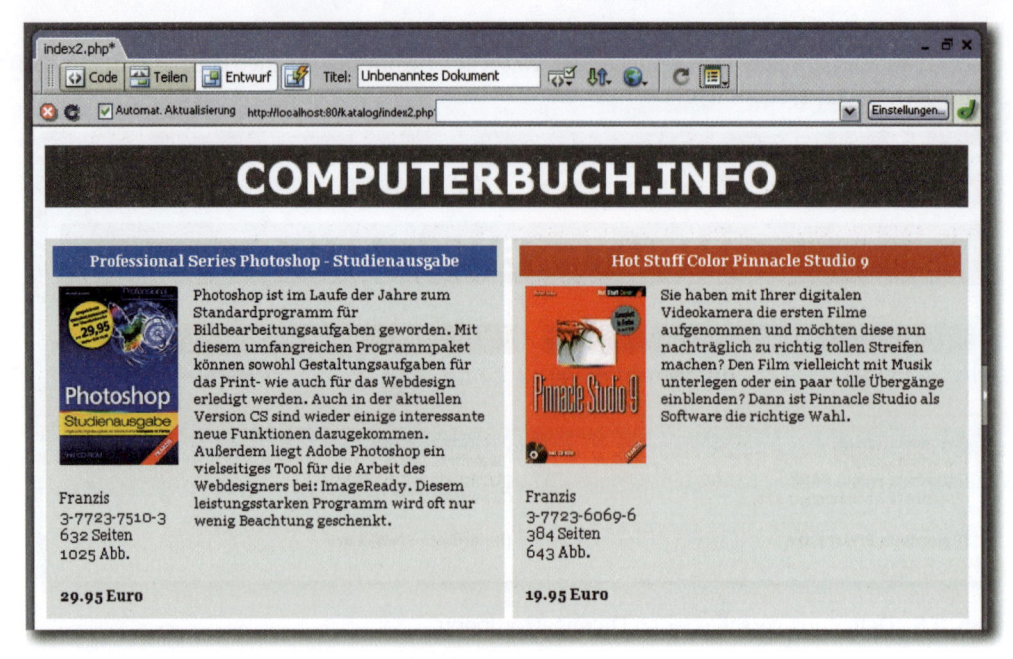

Abb. 8.7   Der neue Aufbau in der Live Data-Ansicht

8.2.1   Mehrere sich wiederholende Bereiche verwenden

Durch die verschiedenen Buchreihen bietet es sich natürlich an, mehrere sich wiederholende Bereiche zu verwenden. Achten Sie beim Markieren darauf, dass die verschachtelte Tabelle markiert wird.

Abb. 8.8   Markieren des ersten zu wiederholenden Bereichs

Rufen Sie aus dem Menü des Plussymbols im SERVERVERHALTEN-Bedienfeld die Funktion BEREICH WIEDERHOLEN auf. Verwenden Sie die erste Datensatzgruppe.

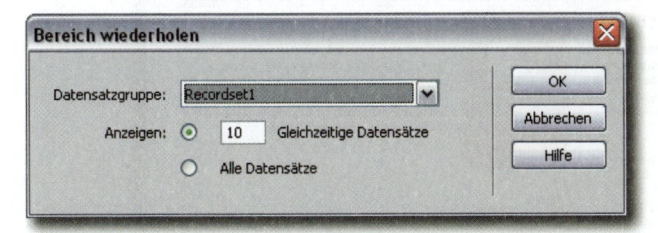

Abb. 8.9 Einstellen des sich wiederholenden Bereichs

Sie sehen bei einer Kontrolle im Webbrowser, dass nun nur der linke Bereich wiederholt wird – rechts ist immer noch ein einzelner Eintrag zu sehen.

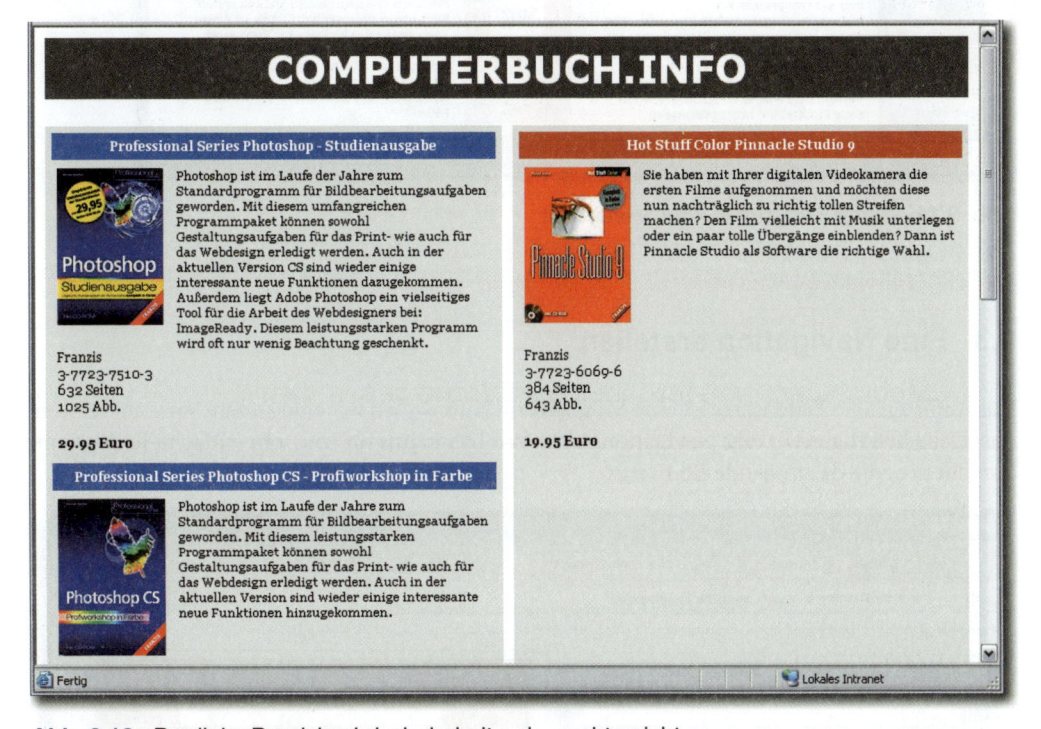

Abb. 8.10 Der linke Bereich wird wiederholt – der rechte nicht

> Sie sehen in der vorherigen Abbildung, dass das Layout erhalten bleibt. Dies ist durch den verschachtelten Tabellenaufbau möglich. Da die rechte Tabelle nicht ergänzt wird, ist hier die Füllungsfarbe der „Haupttabelle" zu sehen.

Markieren Sie anschließend die rechte Tabelle und fügen Sie dort ein weiteres Serververhalten ein. Hier wird dann die zweite Datensatzgruppe verwendet. In der ENTWURF-Ansicht erhalten Sie dann die folgende Anordnung.

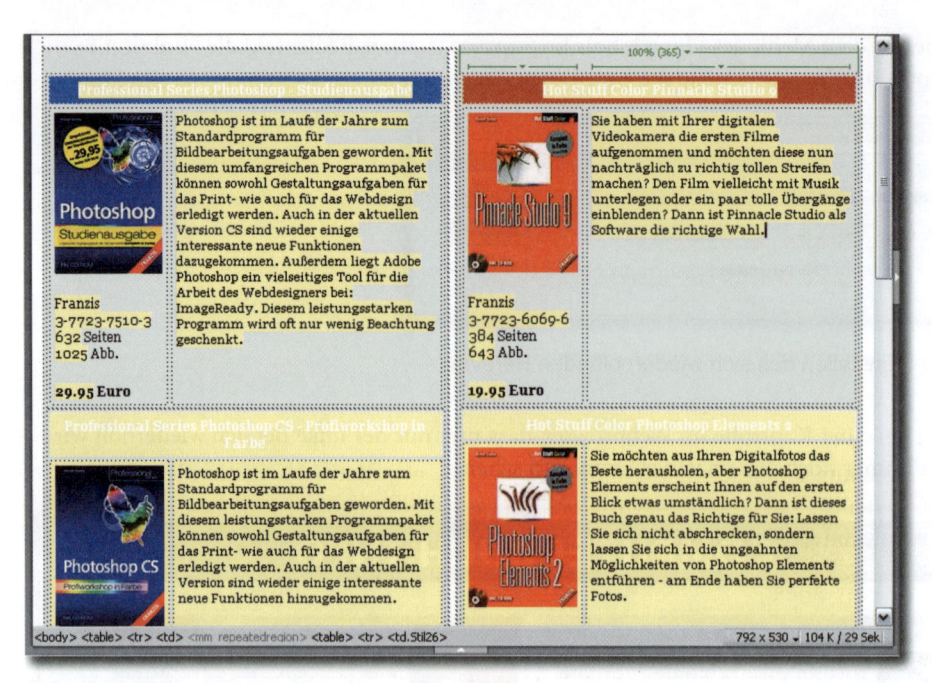

Abb. 8.11 Beide Bereiche wurden wiederholt

8.3 Eine Navigation erstellen

Das Auflisten aller Datensätze ist eine Möglichkeit. Nun wollen wir eine andere Variante verwenden. Dazu benötigen wir eine Navigationsleiste. Wir haben uns für eine sehr einfache Textvariante entschieden, die das folgende Bild zeigt.

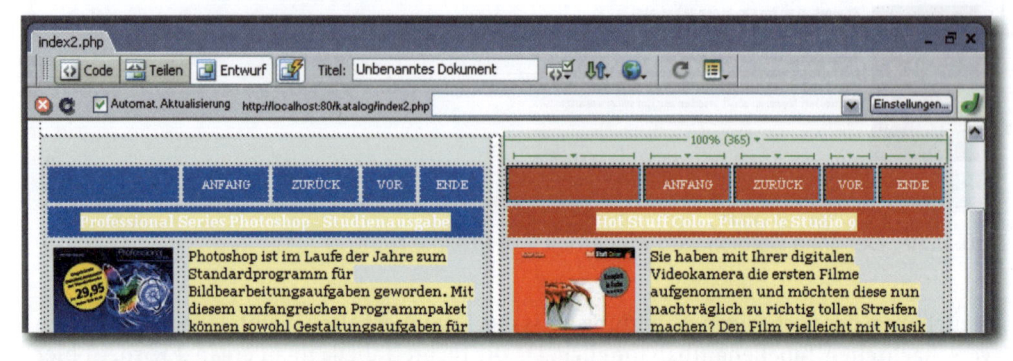

Abb. 8.12 Eine einfache Navigation

> Sie müssen beachten, wo die neue Zeile eingefügt wird. In unserem Fall befindet sie sich innerhalb des zu wiederholenden Bereichs. So würde die Navigation ebenfalls wiederholt werden.

8.3 Eine Navigation erstellen

Klicken Sie im SERVERVERHALTEN-Bedienfeld doppelt auf die Bereichswiederholung. Ändern Sie den Anzeigen-Wert auf 1. Damit wird der Bereich „gar nicht wiederholt". Sie sehen nur den ersten Datensatz. Ändern Sie das andere Recordset auf dieselbe Art.

Abb. 8.13 Ändern der Anzeigen-Optionen

Markieren Sie nun die Bezeichnung ANFANG in der neu gestalteten Navigationsleiste. Rufen Sie das Serververhalten SEITENERSTELLUNG FÜR DATENSATZGRUPPE/ZUR ERSTEN SEITE VERSCHIEBEN auf. Stellen Sie im folgenden Dialogfeld die dazugehörende Datensatzgruppe ein.

Abb. 8.14 Zur ersten Seite verschieben

Dreamweaver erstellt danach automatisch einen Link für das markierte Wort. Wenn Sie die automatische Stilerstellung aktiviert haben, können Sie über die Funktion MODIFIZIEREN/SEITENEIGENSCHAFTEN die Link-Farben verändern. Sie erreichen diese Funktion auch über die Tastenkombination [Strg]+[J].

Wechseln Sie zur VERKNÜPFUNGEN-Rubrik und stellen Sie die abgebildeten Optionen ein. Damit wird der Link beim Überfahren mit dem Mauszeiger lediglich unterstrichen – alle anderen Formatierungen bleiben gleich.

Abb. 8.15 Ändern der CSS-Stile über das Seiteneigenschaften-Dialogfeld

Sie finden im Menü SEITENERSTELLUNG FÜR DATENSATZGRUPPE weitere Funktionen, um auch die anderen Navigationselemente zu verlinken. Verlinken Sie auf diese Art alle acht Navigationstexte der beiden Bereiche. Achten Sie darauf, rechts das andere Recordset anzugeben.

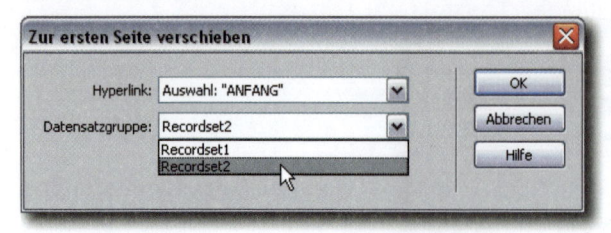

Abb. 8.16 Verlinken des anderen Recordsets

Wenn Sie das Ergebnis testen, sehen Sie, dass die Links beim Überfahren unterstrichen werden.

Abb. 8.17 Der Link wird unterstrichen

Testen Sie das Ergebnis. Wenn alles geklappt hat, können Sie nun beliebig zwischen den Datensätzen hin und herspringen. Und das völlig unabhängig von den beiden Datensatzgruppen.

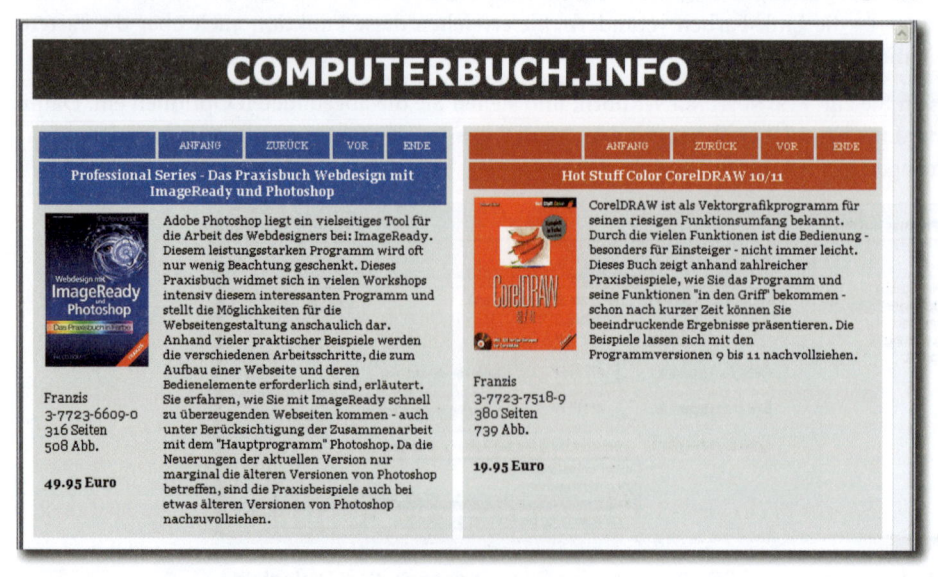

Abb. 8.18 Unterschiedliche Datensätze werden angezeigt

Links verschwinden lassen

Wenn der erste Datensatz angezeigt wid, ergibt die ZURÜCK-Navigation natürlich keinen Sinn. Sie könnten im Bedienfeld-Menü mit den Funktionen des Untermenüs BEREICH ANZEIGEN festlegen, dass Links nur angezeigt werden sollen, wenn bestimmte Bedingungen erfüllt sind. Da es in unserem Beispiel schlecht aussieht, wenn Links verschwinden, verzichten wir auf diese Option.

Damit ist das erste Endergebnis erreicht. Sie sehen nachfolgend eine neue Zusammenstellung bei veränderter Webbrowser-Fenstergröße.

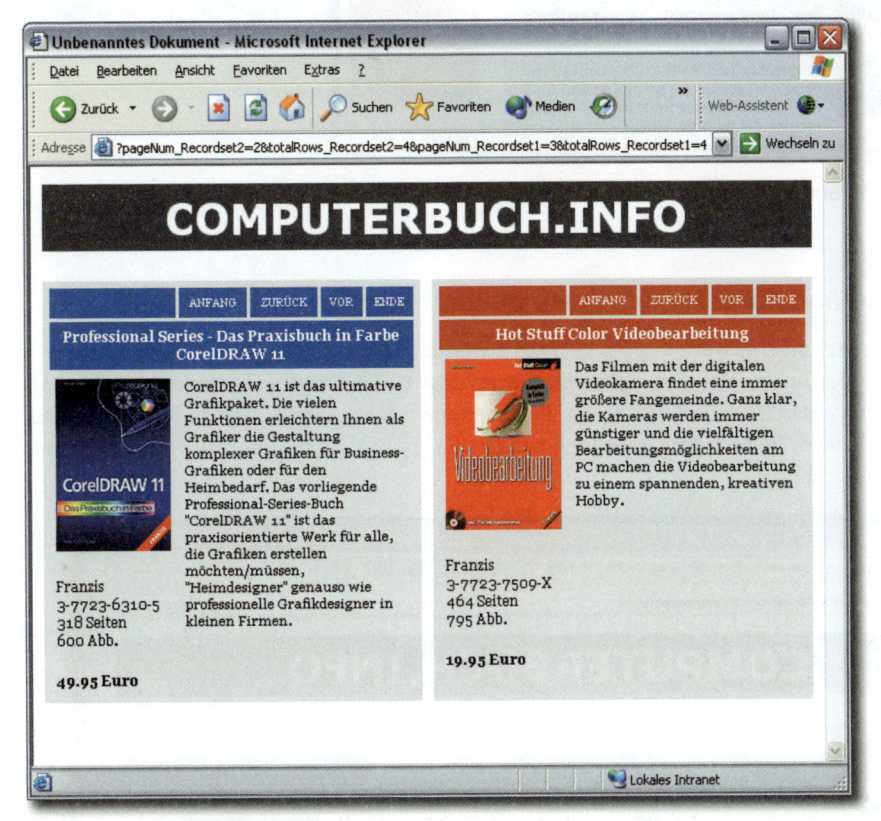

Abb. 8.19 Ein erstes Ergebnis

Wenn Sie die zweizeilige Darstellung in der Titelzeile vermeiden wollen, müssen Sie bereits bei der Dateneingabe in die Datenbank darauf achten, dass die eingegebenen Texte nicht zu lang sind.

Wenn Sie übrigens in Dreamweaver einen anderen Datensatz sehen wollen, tippen Sie diesen in das Eingabefeld oben im Dokumentfenster ein. Im folgenden Bild sehen Sie beispielsweise den zweiten Datensatz im linken Bereich.

Abb. 8.20 Ein anderer Datensatz im Arbeitsbereich

8.3.1 Eine anders gestaltete Seite öffnen

Nun soll die Seite um eine weitere Option ergänzt werden. Dazu gestalten wir zwei neue Seiten – für jede der beiden Buchserien eine eigene. Die Vorgehensweise mit den beiden getrennten Recordsets bleibt dabei erhalten, sodass nur die zur betreffenden Buchserie gehörenden Buchtitel in den sich wiederholenden Bereich aufgenommen werden. So ergibt sich für die „blaue Serie" folgende neue Ausgangssituation.

Abb. 8.21 Ein neues Dokument

Verlinken Sie anschließend die beiden Buchtitel mit der jeweiligen Datei. Dies können Sie im EIGENSCHAFTEN-Bedienfeld einstellen.

Abb. 8.22 Verlinken mit einem anderen Dokument

Beim Testen im Webbrowser erkennen Sie die neue Verlinkung, wenn Sie den Mauszeiger über die Überschrift halten.

Abb. 8.23 Der neue Link

Nach dem Anklicken wird die getrennte Webseite angezeigt.

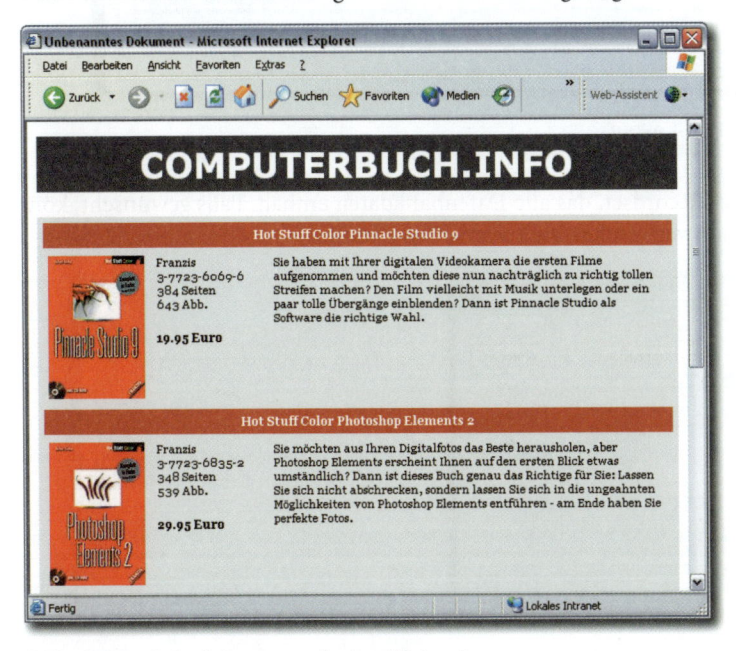

Abb. 8.24 Aufruf der gesonderten Webseite

8.4 Datensätze per Webseite verändern

Die bisherigen Wartungsarbeiten an der Datenbank wurden mit phpMyAdmin erledigt. Das Anlegen neuer Tabellen oder das Verändern der Strukturen sollten Sie auch weiterhin mit diesem Utility erledigen.

Die Bearbeitung der Daten oder das Ergänzen von Datensätzen können Sie aber auch anders ausführen. Dazu wollen wir zunächst eine neue Webseite erstellen, die ein Formular enthält, mit dessen Hilfe die Datenbankdaten verändert werden können. Gehen Sie dazu folgendermaßen vor:

1. Erstellen Sie eine neue Webseite und benennen Sie diese beispielsweise VERWALTUNG.PHP. Gestalten Sie die Seite nach Ihren Wünschen. Als Beispiel verwenden wir die folgende Tabellenkonstruktion, die auf den bisherigen Layouts basiert. In der erweiterten Tabellenansicht wird das Layout erkennbar.

Abb. 8.25 Das erste Grob-Layout

2. Definieren Sie ein neues Recordset, das alle Datenbankdaten enthält. Falls gewünscht, können Sie eine Sortieroption verwenden – wir verzichten darauf.

Abb. 8.26 Eine neue Datensatzgruppe

8.4 *Datensätze per Webseite verändern* | 285

3 Wechseln Sie im EINFÜGEN-Bereich zur Rubrik FORMULARE. Hier werden unterschiedliche Objekte aufgeführt, die Sie zur Formulargestaltung verwenden können.

Abb. 8.27 Verschiedene Formularelemente

4 Fügen Sie in der unteren Tabellenzelle ein Formularfeld ein. Dazu wird die erste Schaltfläche benötigt. Sie sehen dann eine rot gestrichelte Markierungslinie für das Formular. Im EIGENSCHAFTEN-Bedienfeld sehen Sie, dass das Formular automatisch den Namen FORM1 erhalten hat.

Abb. 8.28 Das eingefügte Formularfeld

5 Unterhalb des Formularfelds wird eine neue Tabelle eingefügt, die zwei Spalten enthält. Der linken Spalte wird zunächst eine Breite von 150 Pixeln zugewiesen.

Abb. 8.29 Die neue Tabelle innerhalb des Formularfelds

6 Fügen Sie in der linken Spalte Zeile für Zeile Beschriftungen ein, die die Datenbankfelder beschreiben. Das ID-Feld der Datenbank können Sie dabei weglassen. Es wird nämlich automatisch von der Datenbank gefüllt. Jeder Datensatz erhält hier eine fortlaufende Nummerierung. Formatieren Sie die Zellen.

So könnten Sie folgende Situation vorfinden.

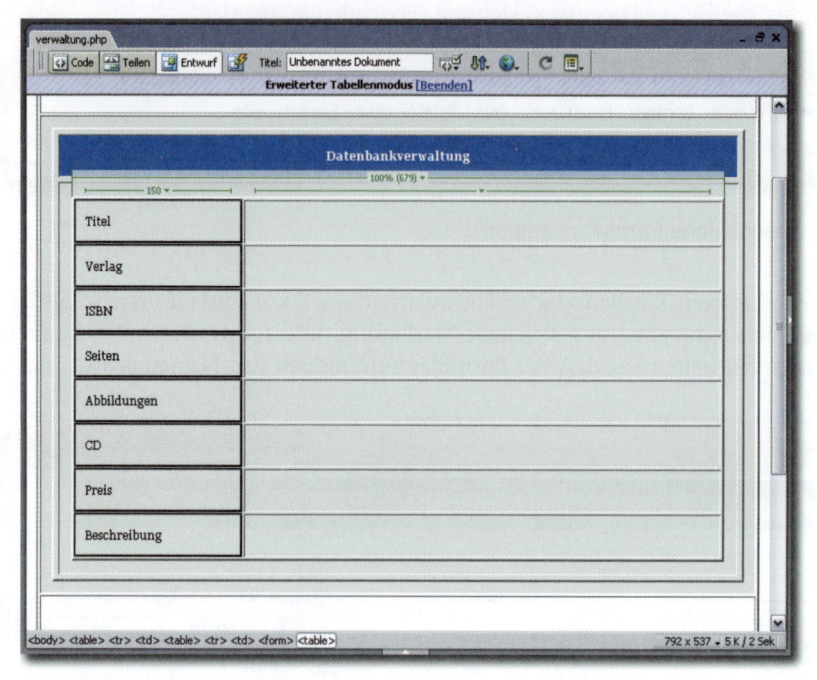

Abb. 8.30 Die fertigen Beschriftungen

8.4.1 Formularelemente verwenden

In der rechten Spalte sollen Felder verwendet werden, in denen der Webseitenbesucher Daten eingeben kann. Dazu eignet sich beispielsweise das Textfeld, das Sie über das zweite Symbol im EINFÜGEN-Bereich erreichen.

Abb. 8.31 Einfügen eines Textfelds

Nach dem Einfügen sehen Sie auch für das Textfeld eine gestrichelte Markierungslinie.

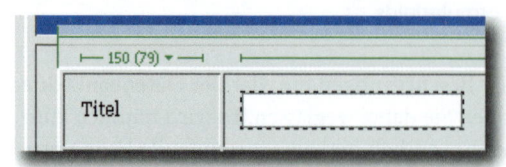

Abb. 8.32 Das neue Textfeld

Auch für die folgenden Eingabefelder werden Textfelder benötigt. Im EIGENSCHAFTEN-Bedienfeld sehen Sie, dass jedem Element ein eindeutiger Name zugewiesen wurde. Um allerdings die Felder eindeutiger unterscheiden zu können, sollten Sie sie mit den Namen der Datenbankfelder versehen. Da für die Beschreibung ein längerer Text eingegeben wird, sollten Sie ein Textbereich-Formularfeld verwenden.

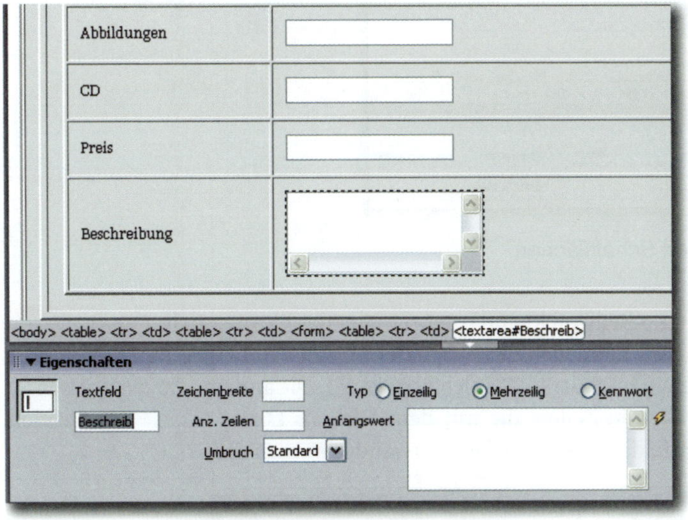

Abb. 8.33 Das neue Textbereich-Formularfeld

Im EIGENSCHAFTEN-Bedienfeld finden Sie unter anderem Optionen, um die Zeichenbreite und maximale Zeichenanzahl anzugeben. Variieren Sie die Breite der Felder nach Bedarf. Für den Titel haben wir beispielsweise 90 eingestellt – für die CD reichen dagegen 2. So ergibt sich nach dem Beenden der erweiterten Tabellenansicht folgende neue Situation.

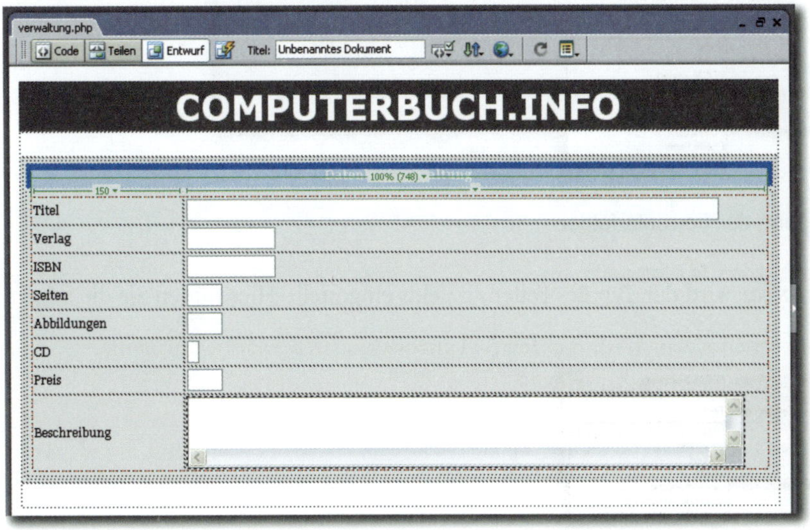

Abb. 8.34 Die fertigen Formularfelder

8 Formulare: Den Katalog erweitern

Zuletzt wird jeweils noch eine Schaltfläche zum Senden und Zurücksetzen benötigt. Nach dem Einfügen der Schaltflächen können Sie den Typ im EIGENSCHAFTEN-Bedienfeld einstellen. Sie sehen die Einstellungen der SENDEN-Schaltfläche im folgenden Bild.

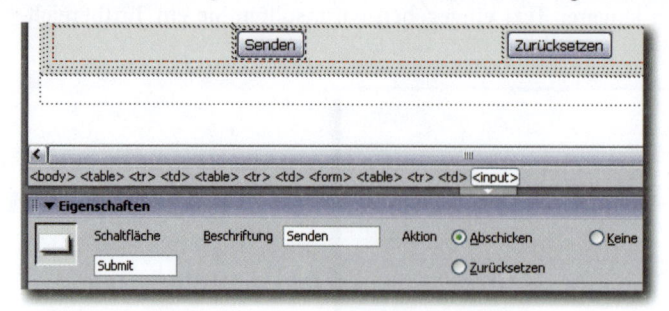

Abb. 8.35 Die neu eingefügten Schaltflächen

Wechseln Sie zum SERVERVERHALTEN-Bedienfeld und rufen Sie über das Plusmenü die Option DATENSATZ EINFÜGEN auf. Bei den Feldern, bei denen der Name der Datenbank eingegeben wurde, werden automatisch passende Namen im SPALTEN-Bereich verwendet. Die anderen Zeilen müssen Sie manuell verknüpfen. Suchen Sie die Zeilen, die mit dem Hinweis ERHÄLT KEINEN WERT enden. Stellen Sie hier im WERT-Listenfeld ein, welches Feld verwendet werden soll.

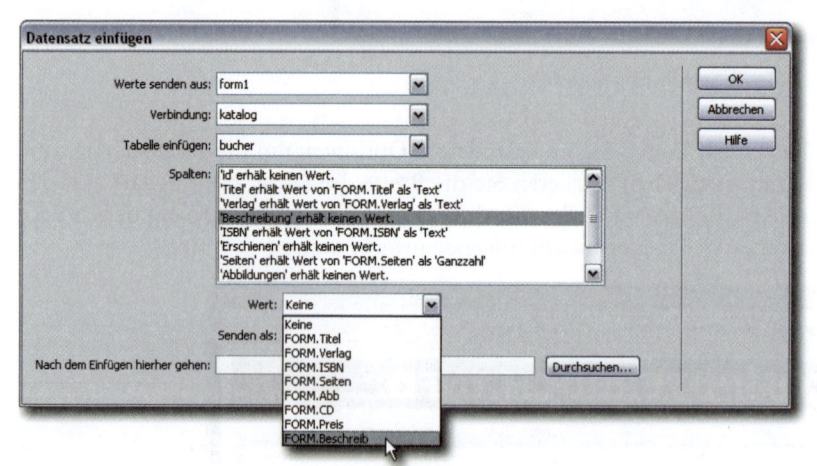

Abb. 8.36 Zuweisung der Formularfelder

Im Listenfeld SENDEN ALS wird der Typ des Datensatzfelds eingestellt. Hier finden Sie die folgenden Vorgabewerte.

Abb. 8.37 Zuweisung des Feldtyps

Sie müssen nicht alle Felder übernehmen, die Sie in der Datenbank verwendet haben. Wir haben beispielsweise das ERSCHIENEN-Feld nicht angegeben, da es in unserem Fall nicht benötigt wird.

8.4.2 Das Formular testen

Sie können nun das fertige Formular im Webbrowser testen. Tragen Sie die gewünschten Werte ein. Ein Beispiel sehen Sie im folgenden Bild. Bedenken Sie, dass zur fehlerfreien Aufnahme natürlich auch ein passendes Cover-Bild vorhanden sein muss.

Abb. 8.38 Testen des Formulars

Änderungen abschicken

Mit der SENDEN-Schaltfläche wird der neue Datensatz in die Datenbank aufgenommen. Sie sehen anschließend wieder ein leeres Formular und können so einen neuen Datensatz eingeben.

Bestimmt haben Sie es beim Testen bemerkt: Die zwei Zeilen des BESCHREIBUNG-Textbereichs reichen kaum zum komfortablen Arbeiten. Sie können den Wert für die Anzahl der Zeilen im EIGENSCHAFTEN-Bedienfeld anpassen. Erhöhen Sie den Wert beispielsweise auf 9.

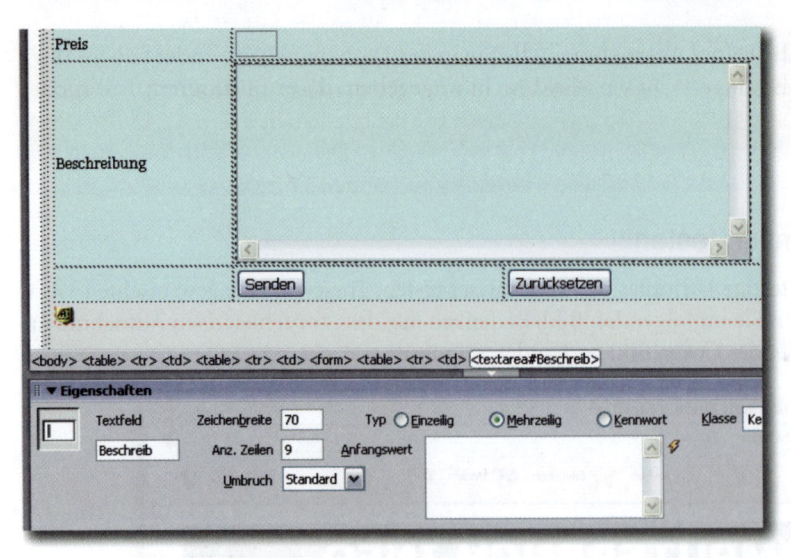

Abb. 8.39 Ändern der Zeilenanzahl

Der Datensatz wurde in der Datenbank gespeichert. Dies können Sie leicht testen, wenn Sie das zuerst erstellte Dokument aufrufen – dort wurde ja noch keine Filterung angegeben, sodass hier alle Datensätze erscheinen. Wie Sie im folgenden Bild sehen, wurde der neue Datensatz am Ende der Liste eingefügt.

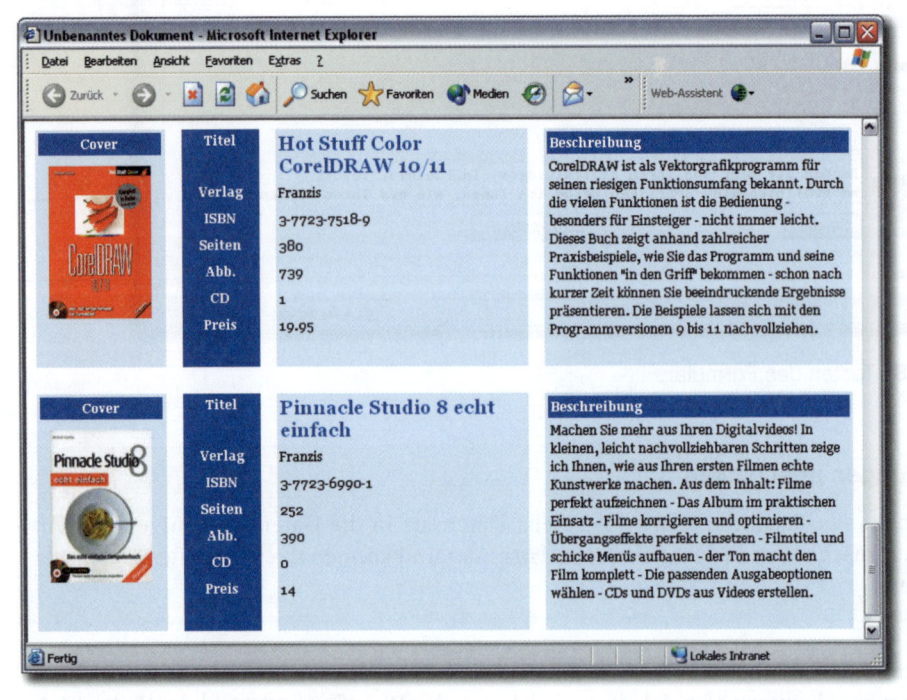

Abb. 8.40 Der neue Datensatz

8.4.3 Datensätze bequem verändern

Wir wollen nun eine weitere Webseite erstellen, mit der Sie bestehende Datensätze verändern und löschen können. Als Aufbau wird dabei die zuletzt bearbeitete Variante verwendet. Allerdings wird die zweite Schaltfläche gelöscht und die erste umbenannt. Die erste Schaltfläche erhält nun die Bezeichnung SPEICHERN – die Schaltflächen-Bezeichnung können Sie im EIGENSCHAFTEN-Bedienfeld anpassen.

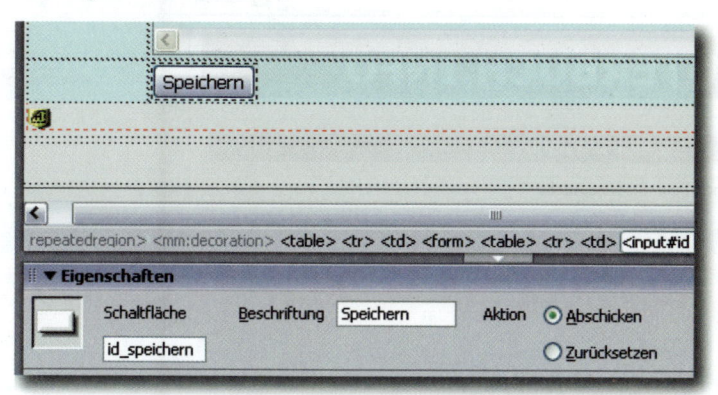

Abb. 8.41 Ändern der Schaltflächen-Bezeichnung

Sie können die Formularfelder auch verwenden, um bestehende Datensätze anzuzeigen. Dazu müssen Sie die Einträge aus dem BINDUNGEN-Bedienfeld per Drag & Drop auf das jeweilige Formularfeld ziehen. Sie sehen danach die bekannten Recordset-Bezeichnungen innerhalb des jeweiligen Formularfelds.

Abb. 8.42 Die gefüllten Formularfelder

Wenn Sie sich das Ergebnis im Webbrowser anschauen, sind dort alle Formularfelder mit den Daten des ersten Datensatzes ausgefüllt.

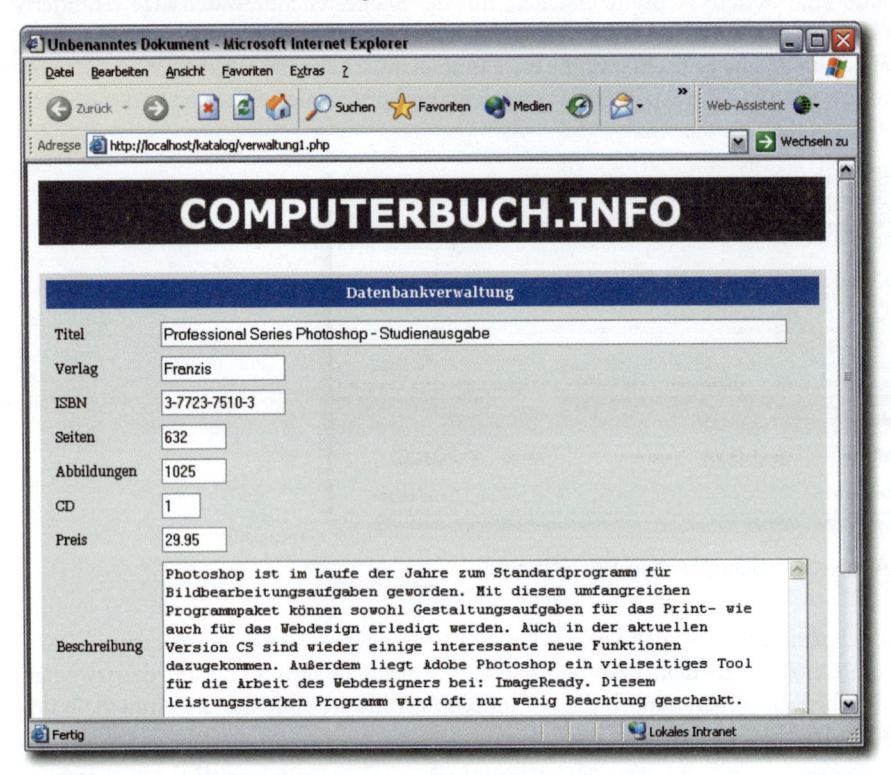

Abb. 8.43 Die automatisch gefüllten Formularfelder

Versteckte Felder verwenden

Um Daten aktualisieren zu können, benötigen Sie das ID-Feld der Datenbank, das bisher noch nicht verwendet wurde. Es dient dazu, den zu aktualisierenden Datensatz eindeutig zu identifizieren.

Klicken Sie dazu irgendwo in das Formular und rufen Sie aus dem EINFÜGEN-Bereich ein verstecktes Feld auf. Im Dokumentfenster sehen Sie dann ein kleines Symbol – das nächste Bild zeigt es. Benennen Sie es anschließend über das EIGENSCHAFTEN-Bedienfeld.

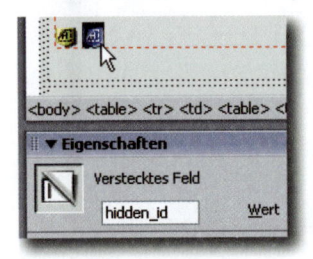

Abb. 8.44 Einfügen eines versteckten Felds

8.4 Datensätze per Webseite verändern

Öffnen Sie über das Blitzsymbol des WERT-Eingabefelds das folgende Dialogfeld und wählen Sie hier die ID-Option aus dem Recordset aus.

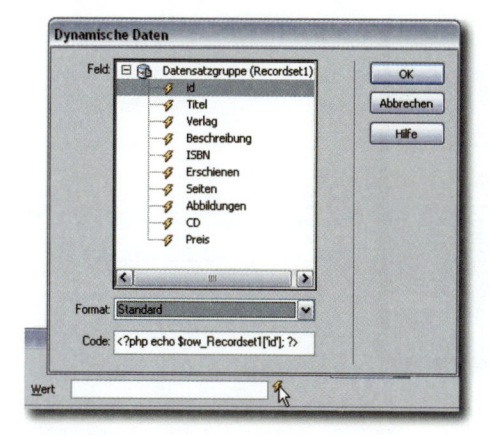

Abb. 8.45 Festlegung des id-Werts

Rufen Sie nun über das Plusmenü des SERVERVERHALTEN-Bedienfelds die Option DATENSATZ AKTUALISIEREN auf. Weisen Sie hier wie bereits beschrieben die Werte zu. In diesem Fall muss auch dem ID-Eintrag ein Wert zugewiesen werden. Verwenden Sie dazu aus dem Listenfeld das gerade erstellte versteckte Feld.

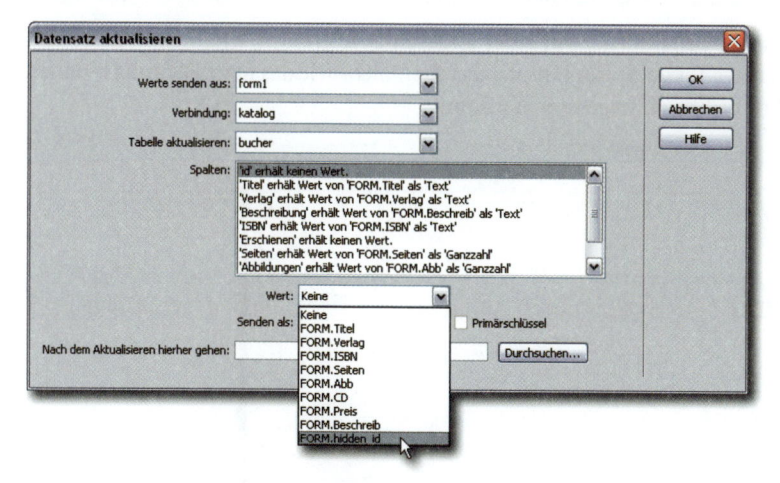

Abb. 8.46 Verwendung des versteckten Felds

Stellen Sie im Listenfeld SENDEN ALS die Option GANZZAHL ein und aktivieren Sie die Option PRIMÄRSCHLÜSSEL.

Abb. 8.47 Die id-Einstellungen

Nach dem Bestätigen sehen Sie, dass Dreamweaver automatisch ein weiteres verstecktes Feld eingefügt hat, das die Einträge aktualisiert.

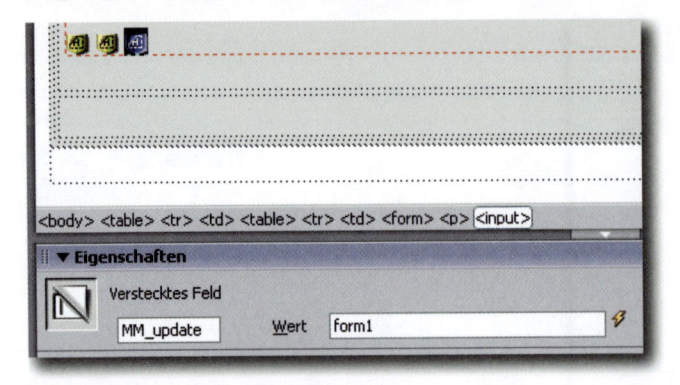

Abb. 8.48 Ein neu eingefügtes Feld

Löschen von Datensätzen

Nun soll noch eine Schaltfläche hinzugefügt werden, mit der Sie den aktuellen Datensatz löschen können. Erstellen Sie dazu eine neue Zeile, in der ein neues Formular eingefügt wird. Der Aufbau der neuen Tabelle in dieser Zeile entspricht der ersten Tabelle.

Hier wird allerdings nur die Schaltfläche mit einer anderen Bezeichnung eingesetzt. Außerdem kommt ein neues verstecktes Textfeld zum Einsatz, das ebenfalls – wie das neue Formular – einen neuen Namen erhält. So ergibt sich folgendes Stadium.

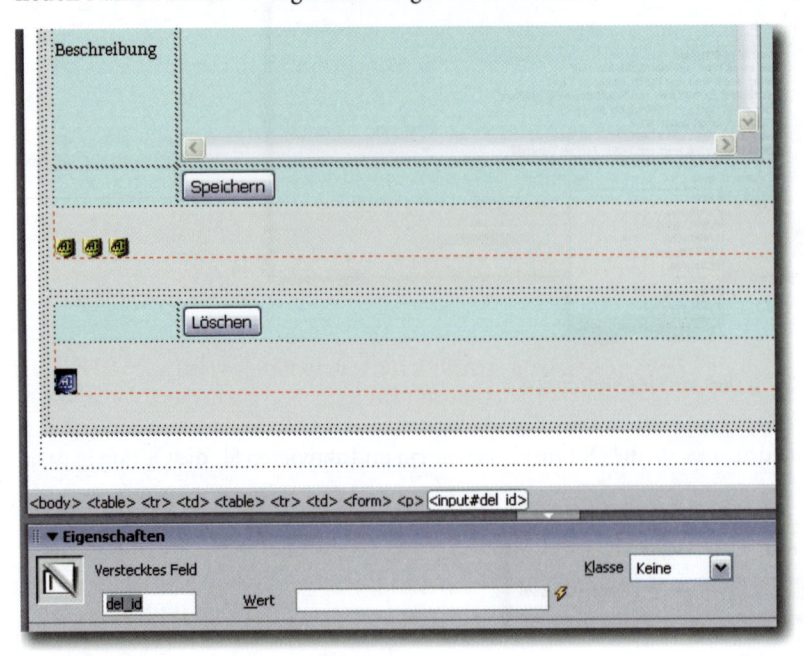

Abb. 8.49 Ein weiteres Formular

8.4 Datensätze per Webseite verändern

Weisen Sie im EIGENSCHAFTEN-Bedienfeld erneut den ID-Wert zu.

Abb. 8.50 Der zugewiesene Wert

Wechseln Sie wieder zum SERVERVERHALTEN-Bedienfeld. Rufen Sie aus dem Plussymbol-Menü die Funktion DATENSATZ LÖSCHEN auf. Wichtig sind hier die nachfolgend abgebildeten Einstellungen. Dabei wird das zweite versteckte Textfeld überprüft.

Abb. 8.51 Die Angaben zum Löschen eines Datensatzes

> **Nötige Angaben**
>
> Das zweite versteckte Feld und das neue Formular sind notwendig, damit später erkannt wird, was der Benutzer wollte. Nach dem Anklicken einer Schaltfläche kann so unterschieden werden, zu welchem Formular – und dem darin enthaltenen versteckten Textfeld – die Schaltfläche gehört. Die Schaltfläche schickt nämlich die Daten immer an das Formular, in dem sie enthalten ist.

Bereiche wiederholen

Nun wollen Sie natürlich nicht nur den ersten Datensatz der Datenbank bearbeiten. Daher sollten Sie zum Abschluss die beiden Tabellen mit den Formularen markieren. Verwenden Sie dann im SERVERVERHALTEN-Bedienfeld die Option BEREICH WIEDERHOLEN – die Funktion kennen Sie ja bereits.

> Soll die Tabellenüberschrift nicht mit in den sich wiederholenden Bereich aufgenommen werden, müssen Sie keine Tabellenverschachtelung vornehmen, sondern zwei getrennte Tabellen einsetzen. Wir wollen aber zur besseren optischen Trennung den blauen Balken zwischen den verschiedenen Datensätzen belassen.

8 Formulare: Den Katalog erweitern

Sie erhalten so folgenden neuen Aufbau.

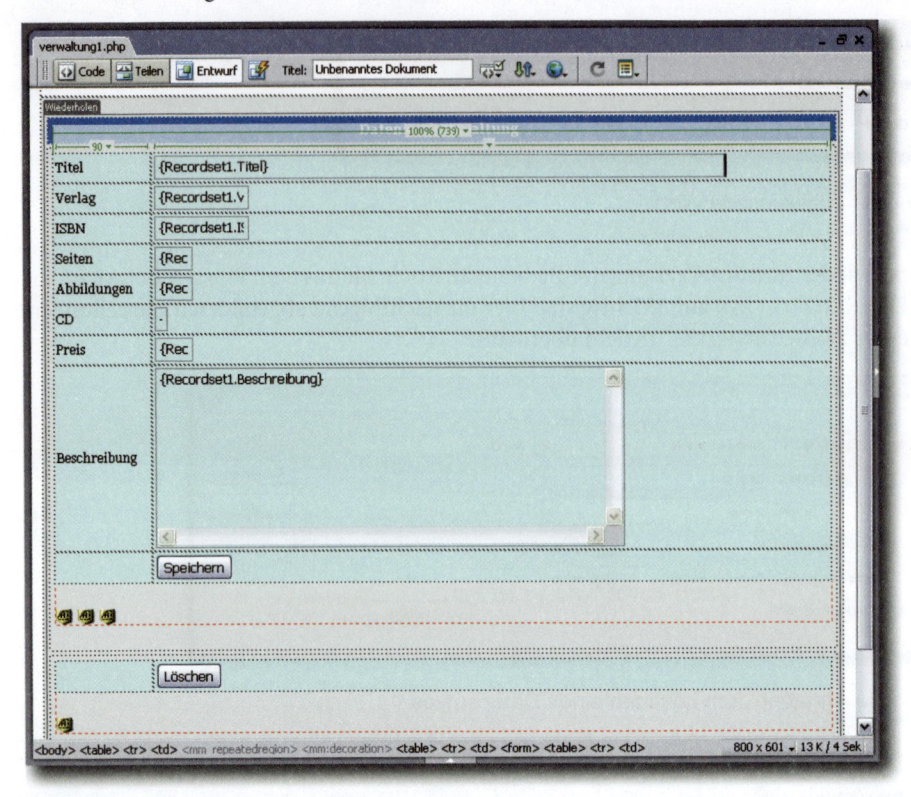

Abb. 8.52 Der neue Aufbau der Formulare

Im SERVERVERHALTEN-Bedienfeld ist es inzwischen ziemlich voll geworden. Dort sollten jetzt die folgenden Einträge zu sehen sein.

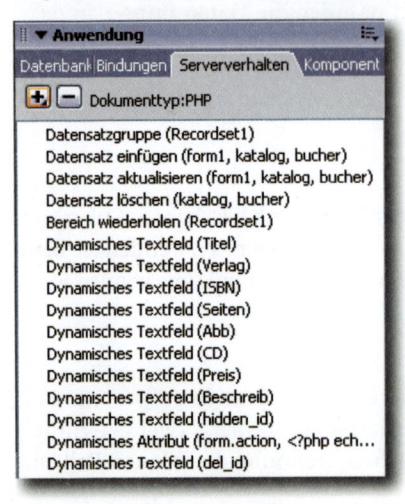

Abb. 8.53 Die vorhandenen Serververhalten

Nun können Sie das Ergebnis im Webbrowser testen. Wird ein Datensatz verändert oder gelöscht, wird anschließend automatisch die Seite aktualisiert, sodass Sie jederzeit den Überblick über die Datenbank behalten.

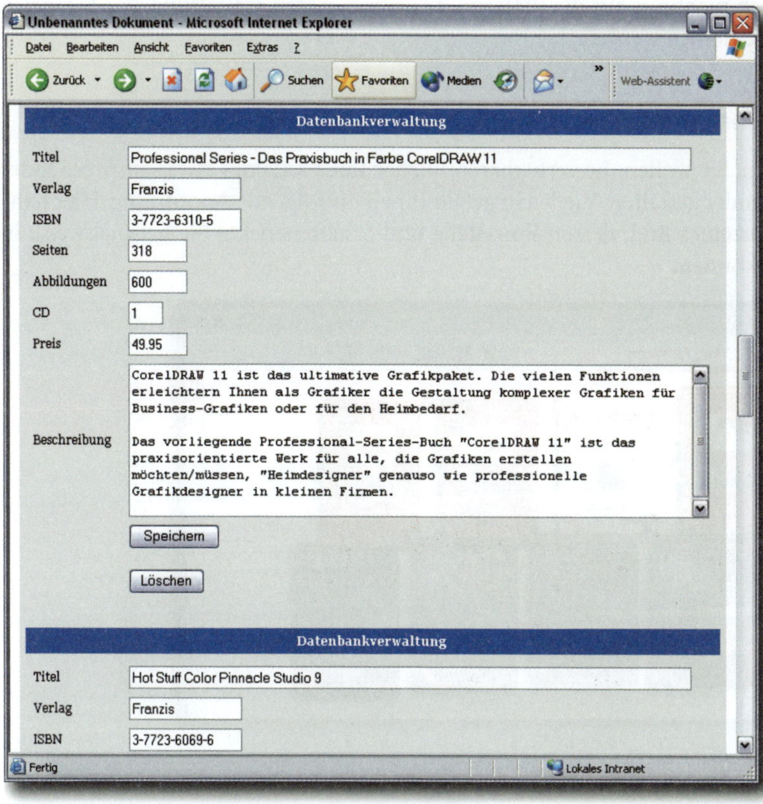

Abb. 8.54 Testen der Datenbankverwaltung

Ein Zwischenergebnis

Bei diesem Stadium wollen wir es belassen. Sie könnten nun mit den erstellten Formularen die Datenbank ohne den Einsatz von phpMyAdmin ergänzen und verwalten. Kontrollieren Sie beim ersten Mal, wenn Sie Daten verändert haben, das Ergebnis in phpMyAdmin. Hat alles geklappt, können Sie künftig darauf verzichten, solange Sie die grundsätzliche Tabellenstruktur nicht verändern wollen.

> **Sinnvolle Erweiterungen**
>
> Natürlich haben Sie verschiedene Ergänzungsmöglichkeiten. So liegen nun unterschiedliche Einzelformulare vor, die Sie auch über ein Sammeldokument steuern könnten. Außerdem könnten Sie die Auflistung platzsparender gestalten. Hier haben Sie viel kreativen Freiraum. Viel Spaß!

8.5 Weitere interessante Funktionen

Im letzten Teil dieses Kapitels wollen wir Ihnen noch einige erwähnenswerte Funktionen vorstellen. Diese beziehen sich nicht nur auf die PHP- oder Formularseiten-Gestaltung, wie Sie gleich beim ersten Beispiel bemerken werden.

8.5.1 Hotspots verwenden

Nehmen wir einmal an, Sie wollen die verfügbaren Bücher Ihres Katalogs etwas ansprechender und zusammengehörender gestalten. Vielleicht gefällt Ihnen die folgende Anordnung. Hier handelt es sich um ein einzelnes Bild, dessen Einzelteile und Schatteneffekte Sie beispielsweise in Fireworks bearbeiten können.

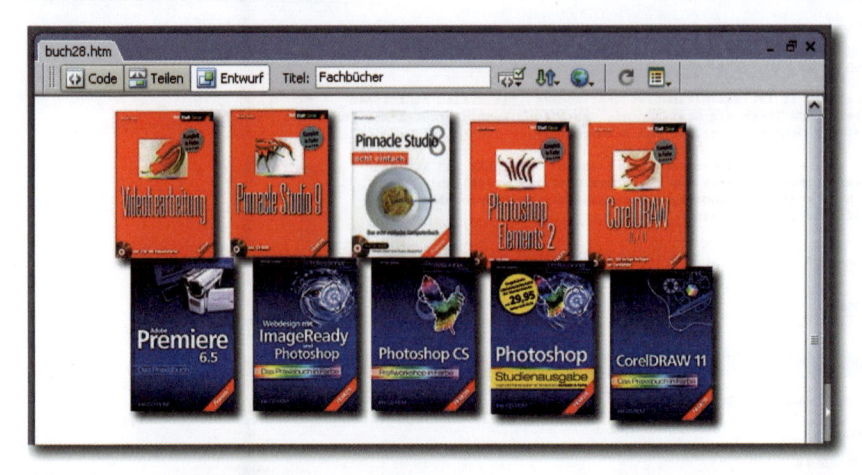

Abb. 8.55 Die Bildvorlage

Nun bietet es sich an, die einzelnen Buchcover mit Detailseiten zu verknüpfen. Da es sich um ein einzelnes Bild handelt, müssen Sie hier etwas anders vorgehen. Ist das Bild markiert, finden Sie die folgenden Optionen im EIGENSCHAFTEN-Bedienfeld.

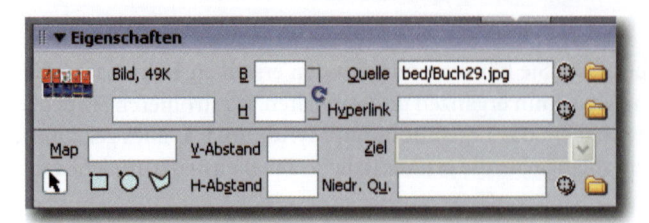

Abb. 8.56 Eigenschaften des markierten Bilds

Unten links sehen Sie die MAP-Optionen. Damit können Sie so genannte Hotspots erstellen. Die Hotspots können dann zum Verlinken verwendet werden. Es gibt drei verschiedene Hotspot-Werkzeuge, mit denen Sie rechteckige oder runde Formen erstellen können. Das letzte Werkzeug wird verwendet, um eine freie Form zu konstruieren. Gehen Sie dabei wir nachfolgend beschrieben vor:

1 Klicken Sie nach dem Markieren des Bilds eines der Werkzeuge im EIGENSCHAFTEN-Bedienfeld an. Sie sehen dann im Dokumentfenster einen Kreuz-Mauszeiger. Wir haben das Polygon-Werkzeug aufgerufen.

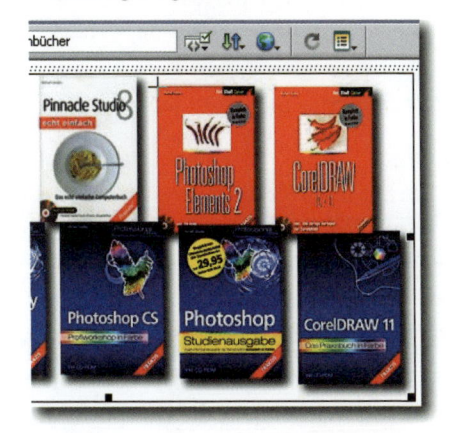

Abb. 8.57 Startpunkt des Hotspots

2 Klicken Sie auf die Position, wo die Hotspotform beginnen soll. Sie sehen danach einen hellblauen Markierungspunkt. Klicken Sie nun auf alle Positionen, an denen sich die Hotspotform verändern soll. Dabei verbindet Dreamweaver den jeweils aktuellen Punkt automatisch mit dem Anfangspunkt. Ein solches Zwischenstadium sehen Sie nachfolgend in der rechten Abbildung.

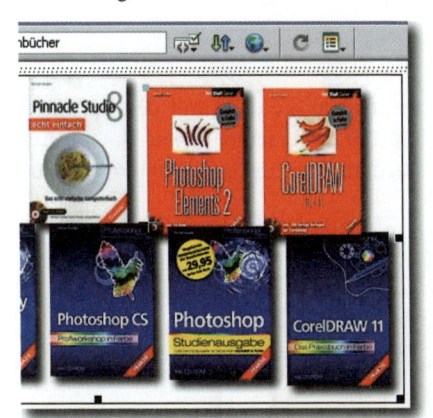

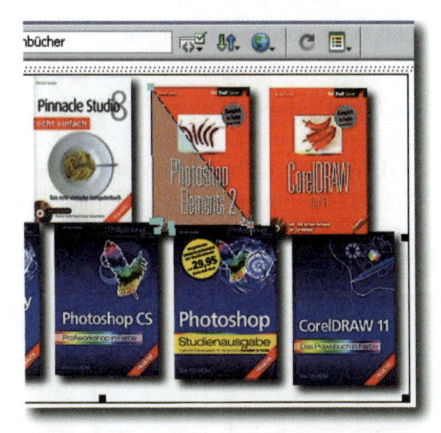

Abb. 8.58 Der erste Markierungspunkt der Hotspotform

3 Klicken Sie weitere Positionen an, bis die gewünschte Endform des Hotspots erreicht ist. Eine solche Form sehen Sie in der folgenden Abbildung.

> Wenn Sie eine neue Hotspotform erstellen wollen, rufen Sie nach dem Fertigstellen der ersten Form das Mauszeiger-Werkzeug aus dem EIGENSCHAFTEN-Bedienfeld auf. Andernfalls wird nämlich die bestehende Form verändert.

Abb. 8.59 Der erste fertige Hotspot

4 Im HYPERLINK-Eingabefeld können Sie jetzt angeben, mit welcher Seite die Hotspotform verlinkt werden soll.

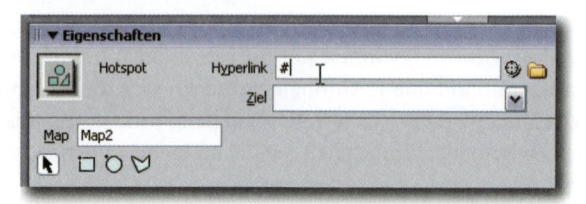

Abb. 8.60 Verlinken des Hotspots

5 Erstellen Sie auf diese Art weitere Hotspots und verlinken Sie diese mit den gewünschten Seiten. So könnte ein Ergebnis wie folgt aussehen. Die unterschiedlichen Hotspotformen können dabei innerhalb eines Bildes verwendet werden. Die Zusammenstellung der unterschiedlichen Hotspots wird Imagemap genannt.

Abb. 8.61 Verschiedene Hotspots im Imagemap

8.5.2 Interessante Rubriken des Einfügen-Bereichs

Einige interessante Rubriken des EINFÜGEN-Bereichs haben Sie beim Erstellen von Tabellen und Formularen bereits kennen gelernt. Auch in den anderen Bereichen verbergen sich erwähnenswerte Funktionen. Folgende Kategorien finden Sie im Menü.

Abb. 8.62 Verschiedene Rubriken im Einfügen-Bereich

In der ANWENDUNG-Rubrik finden Sie viele der Funktionen, die wir über das SERVERVERHALTEN-Bedienfeld aufgerufen haben.

Abb. 8.63 Optionen der Anwendung-Rubrik

Mit der folgenden Schaltfläche können Sie automatisch eine Navigationsleiste erstellen. Wir hatten Ihnen bereits in unserem Beispiel die „manuelle" Variante zur Navigation innerhalb der Datensätze vorgestellt.

Abb. 8.64 Eine Datensatz-Navigation erstellen

Nach dem Aufruf wählen Sie im folgenden Dialogfeld aus, ob Dreamweaver eine Text- oder Bild-Variante generieren soll. Probieren Sie die Wirkung einmal aus, es lohnt sich. Außerdem muss das verwendete Recordset angegeben werden.

Abb. 8.65 Die Optionen der Datensatz-Navigation

Dreamweaver fügt nach dem Bestätigen automatisch eine Tabelle an der aktuellen Position ein und versieht diese mit entsprechenden Breiten-Angaben. Außerdem wird selbstständig eingestellt, wann die Bedienelemente angezeigt werden sollen. Dies erkennen Sie an den Schildchen über den Navigationselementen.

Abb. 8.66 Die automatisch erstellte Datensatz-Navigation

Interessant ist auch die Funktion DATENSATZGRUPPEN-NAVIGATIONSSTATUS, die Sie wie folgt aufrufen.

Abb. 8.67 Anzeige der Datensatzgruppen

Nach dem Einfügen erstellt Dreamweaver eine Zeile, die anzeigt, welcher Datensatz von wie vielen Datensätzen insgesamt gerade angezeigt wird. Ohne weitere Formatierung entsteht das folgende Ergebnis.

Abb. 8.68 Anzeige des Datenbankstatus

Master-Detailseiten

Oft werden Sie eine Übersichtsseite verwenden, von der der Webbesucher zu Detailseiten wechseln kann. Auch für diese Aufgabenstellung bietet Dreamweaver eine Hilfestellung in der ANWENDUNG-Rubrik des EINFÜGEN-Bedienfelds an. Rufen Sie dazu die Funktion MASTER-DETAILSEITENSATZ auf. Im folgenden Dialogfeld werden die dazugehörenden Einstellungen vorgenommen.

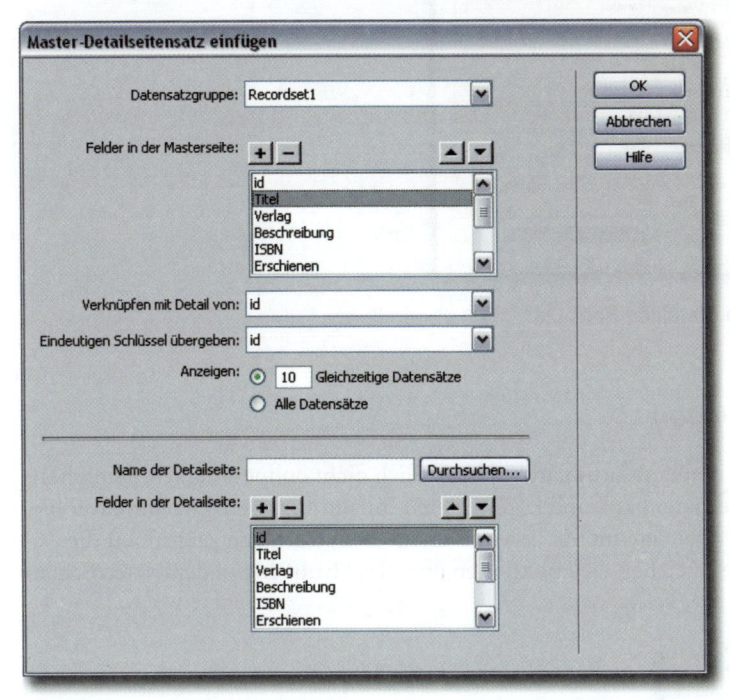

Abb. 8.69 Optionen der Funktion Master-Detailseitensatz

Auch für das Formular zum Einfügen der Datensätze bietet Dreamweaver eine automatische Funktion an – ebenso wie für das Aktualisieren und Löschen der Datensätze. Sie erreichen diese Funktionen über die letzten Schaltflächen der ANWENDUNG-Rubrik.

Abb. 8.70 Formularoptionen

> ### Die Grundlogik verstehen
> Trotz der vorhandenen Hilfsfunktionen haben wir unsere Formulare „per Hand" aufgebaut, da so der grundsätzliche Aufbau und die Logik besser zu erfassen sind. Hat man das Prinzip einmal verstanden, ist der Umgang mit den Formularen deutlich leichter.

Beim automatisch erstellten Aktualisierungsformular erhalten Sie beispielsweise das nachfolgend gezeigte Ergebnis.

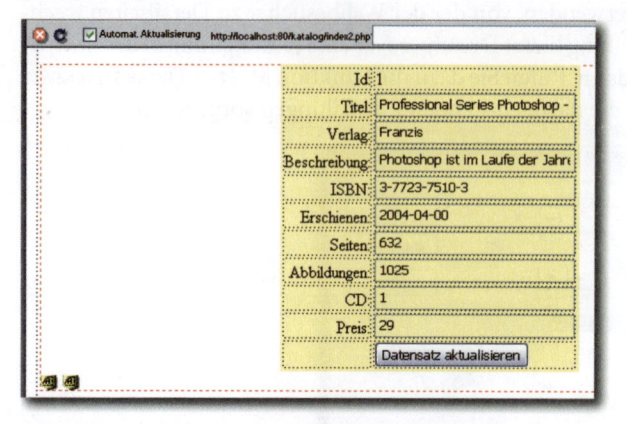

Abb. 8.71 Ein automatisch erstelltes Formular

Benutzereinschränkungen

Die von uns vorgestellten Datenbankformulare sind natürlich nicht online-tauglich. Dann hätte ja jedermann Zugriff auf die Datenbank und könnte deren Inhalte anpassen. Dreamweaver bietet aber natürlich auch Optionen an, um nur „erwünschten" Benutzern den Zugriff auf die Datenbank zu ermöglichen. Sie erreichen die Funktionen über das Flyout-Menü der letzten Schaltfläche.

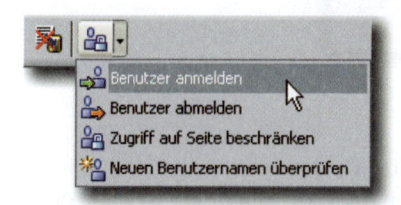

Abb. 8.72 Benutzerkontroll-Funktionen

Im folgenden Dialogfeld, das Sie mit der Funktion ZUGRIFF AUF SEITE BESCHRÄNKEN öffnen, können Sie neben dem Benutzernamen und -kennwort auch Ebenen definieren, auf die der Zugriff beschränkt sein soll.

Abb. 8.73 Beschränkter Seitenzugriff

In dem Formular müssen Felder zur Eingabe des Nutzernamens und des Kennworts vorhanden sein. Außerdem müssen Validierungsdaten in der Tabelle vorhanden sein. Über die Funktion BENUTZER ANGEBEN werden dann im folgenden Dialogfeld die Benutzerdaten festgelegt. Hier werden auch die Webseiten angegeben, zu denen nach erfolgreicher oder fehlgeschlagener Anmeldung gewechselt wird.

Abb. 8.74 Festlegung der Benutzerangaben

Erleichterung für PHP-Optionen

Unter den Rubriken des EINFÜGEN-Bedienfelds ist auch eine für PHP-Funktionen. Dort finden Sie die folgenden Optionen vor.

Abb. 8.75 PHP-Funktionen

> **Viele Wege führen nach Rom**
>
> Einige der dort angebotenen Funktionen haben wir bereits im vergangenen Kapitel verwendet – allerdings über die Funktionen des ANWENDUNG-Bedienfelds. In einigen Fällen bietet Dreamweaver unterschiedliche Verfahren an, um zum selben Ziel zu kommen. Es bleibt Ihren Arbeitsgewohnheiten überlassen, welches der Verfahren Sie wählen.

Weitere Komponenten einfügen

In der ALLGEMEIN-Rubrik finden Sie verschiedene Optionen zum Einfügen weiterer Komponenten – beispielsweise von Flash-Filmen. Die Zusammenarbeit mit Flash MX 2004 klappt dabei genauso gut, wie mit Fireworks.

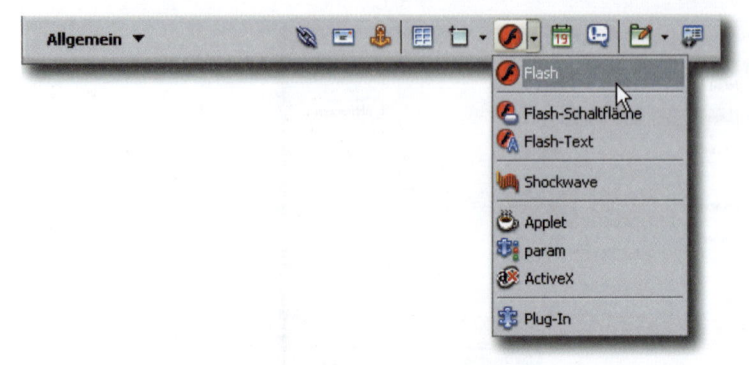

Abb. 8.76 Einfügen von Flash-Filmen

Wurde ein Flash-Film in das Dokument eingefügt, stehen im EIGENSCHAFTEN-Bedienfeld die folgenden Optionen zur Verfügung. Hier sind Funktionen zum Bearbeiten und auch zum Abspielen des Films vertreten.

Abb. 8.77 Optionen eines Flash-Films

Kompatibilität

Viele – nach Macromedias Angaben sogar sehr viele – Websurfer haben das Flash-Player-PlugIn-Modul installiert. So sollte eigentlich jeder Websurfer Flash-Filme betrachten können. Solange dies aber im Konjunktiv gesagt werden muss, kann der Einsatz nur bedingt empfohlen werden. Oder wollen Sie beispielsweise als Betreiber eines Webshops auf „x Prozent" Ihrer Kunden verzichten, die das PlugIn-Modul nicht installiert haben?

Datum einfügen

Im ALLGEMEIN-Bereich finden Sie auch eine Option zum Einfügen eines Datums. Im folgenden Dialogfeld werden die Datum-Formatierungen vorgenommen. Wenn Sie die Option BEIM SPEICHERN AUTOMATISCH AKTUALISIEREN bei automatisch generierten PHP-Seiten verwenden, erhalten Sie das aktuelle Datum des Seitenaufrufs.

Ansonsten wird lediglich das aktuelle Datum in die Seite eingefügt.

Abb. 8.78 Einfügen des aktuellen Datums

Stichwortverzeichnis

2fach-Ansicht 15
4fach-Ansicht 15

A

Abstände
   anpassen 230
   verändern 264
Abstandhalter
   einfügen 212
   einsetzen 102
Änderung, variable 122
Ansicht, Live Data 259
Ansichtsoptionen 13
Anwendung-Rubrik 301
Anzeigeoptionen 19
Apache Server 239
Arbeitsbereich
   ändern 40
   Dreamweaver 36
   Fireworks 12
Arbeitsfenster
   Dreamweaver 38
   Fireworks 12
   verschieben 16, 40
Arbeitsschritt wiederholen 97
Arbeitsumgebung speichern 35
Ausrichten
   am Raster 39
   an Hilfslinien 160
   Objekte 136
   Tabelle 211
Ausrichtung
   ändern 65, 108
   anpassen 101, 113
Ausrichtung-Bedienfeld 137
Auswahlmarkierung 109

B

Bearbeitbarer Bereich 188
Bearbeiten, Codefragmente 192
Bedienelemente ein-/ausblenden 43
Bedieneroberfläche anpassen 242

Bedienfelder
   Dreamweaver 43
   gruppieren 27
   Layouts 35
   verschieben 23, 45
   zuklappen 22
Bedienfeldgröße anpassen 24
Beispieldateien 57
Benutzer einstellen 245
Benutzereinschränkungen 304
Bereich
   aktiver 166
   bearbeitbarer 188
   wiederholen 266, 276, 295
Bereichswiederholung verändern 279
Bibliothek-Bedienfeld 32, 164
Bild
   austauschen 182
   einfügen 110, 177, 257
   exportieren 104, 126
   schärfen 125
Bild-Eigenschaften 298
Bild-Platzhalter 102, 258
Bildausschnitt ändern 14
Bildbearbeitung 102
Bildbearbeitungsfunktionen 71
Bildgröße
   ändern 124
   anpassen 103
Bildoptimierung 121
Bindungen einstellen 254
Bindungen-Bedienfeld 255
Blickfang erstellen 126
Blind-GIF 100
   erstellen 102, 179
   verarbeiten 105
Boxbreite ändern 223
Breite, variable 92
Browserunterstützung prüfen 38

C

Cascading Stylesheets 45
Codefragmente 116

einsetzen 192
Codefragmente-Bedienfeld 47
Codeinspektor 52, 77
CSS aktivieren 176
CSS-Datei erstellen 215
CSS-Optionen 185
CSS-Stil
   ändern 263
   bearbeiten 220, 235
   duplizieren 227
   erstellen 217, 214
   formatieren 186
   neuer 215
CSS-Stile-Bedienfeld 45, 185, 215
CSS-Vorlagen 209

D

Darstellungsgröße ändern 14
Datei
   erstellen 126
   exportieren 68, 142
   öffnen 57
   öffnen, Dreamweaver 69
Dateien-Bedienfeld 48, 251
Dateiformate, Web 27
Dateitypen 57
Daten aktualisieren 292
Datenbank
   anlegen 246
   erstellen 244
   gestalten 259
Datenbanken-Bedienfeld 47, 252
Datenbankfelder ändern 249
Datenbankprogramm installieren 241
Datenbankstatus einfügen 302
Datenbankverbindung
   aufbauen 252
   einrichten 250
Datenbankverwaltung
   erstellen 284
   testen 297
Datenquellen angeben 257
Datensätze
   ändern 284, 291
   anzeigen 266
   einfügen 248, 288
   formatieren 256
   löschen 294
   verschieben 262

Datensatzgruppe
   (Abfrage) 254
   definieren 273, 284
   einsetzen 275
Datensatzgruppen-Navigationsleiste 302
Datum einfügen 306
Deckkraft ändern 128
Dialogfelder 17, 42
Dokument
   analysieren 58
   ändern 63
   erstellen 88
   exportieren 174
Dokumentinformationen 21
Down-Status ändern 170
Dreamweaver-Site erstellen 250
DWT-Datei 187

E

Ebenen
   bearbeiten 194
   ein-/ausblenden 59, 197
   einsetzen 197
   erstellen 191
   kopieren 195
   markieren 59
   sperren 206
Ebenen-Bedienfeld 29, 45, 195
Ebenenanordnung 58
Ebenenreihenfolge ändern 196
Effekte
   anpassen 132
   anwenden 165
   ausblenden 123
   einsetzen 122
   Glühen 132
   hinzufügen 168
   Text 239
   zuweisen 172
Effekteigenschaften 61
Effektreihenfolge ändern 170
Effektvorlagen auswählen 31
Eigenschaften, Text 129
Eigenschaften-Bedienfeld 25, 43, 70
Einfügeformular für Datensätze 303
Einfügen
   Bild 110, 147
   Formulare 285
   Formularelemente 286
   PHP 305

Einfügen-Bereich 42
Einfügen-Rubriken 301
Elemente-Bedienfeld 49
ems-Wert 235
Entwurf-Ansicht 38
Ergebnisse-Bedienfeld 44
Erscheinungsbild anpassen 67, 89
Erweitert-Stil erstellen 233
Erweiterungen-Kategorie 234
Exporteinstellungen 62, 142
Exportieren, Segmente 141, 208
Exportvorschau 15, 71, 175

F

Farben
 anpassen 122
 aufnehmen 172
 auswählen 26, 161
 übernehmen 110
 zuweisen 96, 224
Farbfelder-Bedienfeld 33
Farbfüllung 128
Farbhelligkeit ändern 225
Farbmischer-Bedienfeld 33
Farbmodell wählen 33
Farbpalette aktualisieren 141
Farbstil erstellen 224
Farbton ändern 168
Felder, versteckte 292
Feldtyp
 ändern 249
 zuweisen 288
Filmbilder verwalten 30
Filter-Effekte 234
Filter-Funktionen 122
Filterung einstellen 273
Flash-Filme einfügen 306
Formatieren
 CSS-Stil 186
 per CSS 214
 Tabelle 193, 226
 Text 171, 207
Formatierung anpassen 263
Formen konstruieren 161
Formen-Bedienfeld 31
Formular
 Datenaktualisierung 304
 einfügen 285
 testen 289, 297
Formularelemente einfügen 286

Formularfelder
 anpassen 291
 einfügen 285
Foto-Webseite erstellen 121
Frame-Bedienfeld 30
Frame-Dateien bearbeiten 154
Frames anpassen 145
Frames-Bedienfeld 51
Frameseiten speichern 144
Framesets
 einsetzen 143
 modifizieren 155
Füllmuster einsetzen 239
Fußzeile formatieren 152

G

Gestaltung 81
GIF, transparentes 103
GIF-Datei 208
 erstellen 141, 174
Grafik
 erstellen 205
 übernehmen 147
 verzerren 148
Größenänderung ausschließen 146
Gruppen erstellen 134
Gruppierung aufheben 135

H

Hauptframe bearbeiten 149
Hilfslinien
 einrichten 160
 platzieren 21
Hilfsmittel
 ausblenden 114
 visuelle 39, 72
Hilfsprogramme installieren 239
Hintergrund gestalten 205
Hintergrundfarbe
 ändern 96, 193, 224
 festlegen 227
 zuweisen 139
Hotspotform festlegen 299
Hotspots erstellen 298
HTML-Seite erstellen 89
HTML-Tags verwenden 88
Hyperlink
 einstellen 300
 erstellen 280

I

Imagemap 300
Index-Seite erstellen 251
Indextransparenz 103
Info-Bedienfeld 34
Informationen, Statuszeile 41
Innen geschliffen-Effekt 172
Installationsanleitung 243
Instanzen 163
   einsetzen 167
   verändern 168

J

JavaScript 46
JPEG-Datei erstellen 126
JS-Datei 68

K

Klassen-Stil erstellen 216
Kontrast
   anpassen 165
   optimieren 122
Kopieren
   Ebenen 195
   Zeilen 181

L

Layout-Modus 87
Layouttabellen 86
Leerzeichen, geschützte 180
Leinwandgröße ändern 138
Lineale verwenden 13
Lineale/Raster einblenden 39
Linien erstellen 212
Linienart wählen 226
Linkdarstellung 233
   ändern 279
Links
   erstellen 283
   verwalten 32
Listenfelder 26
Listenpunkt einfügen 212
Live Data-Ansicht 259

M

Map-Optionen 298
Markieren, Frames 146
Markierung, Objekte 60
Maske weichzeichnen 125
Maße ändern, CSS 223
Master-Detailseitensatz erstellen 303
Menü
   erstellen 197
   testen 200
Menüfunktionen 17
   Dreamweaver 41
Menüs ausblenden 20
Miniaturbildgröße 29
Modifizieren
   Seiteneigenschaften 279
   Tabelle 94
MySQL installieren 241
MySQL-Verbindung 253

N

Navigationsleiste erstellen 138, 278, 301
Navigationsstatus einfügen 302
Navigationstexte eingeben 150
Navigationszeile erstellen 212
Nullpunkt versetzen 13

O

Objekte
   ausrichten 136
   einfügen 42
   gruppieren 134
   markieren 60
   verschieben 133
onMouseOver 178
Optimieren, JPEG 126
Optimieren-Bedienfeld 27, 141
Optionen
   Ansicht 19
   CSS 216
   Frames 145
   Hilfslinien 161
   Seitenbenutzer 304
   Suchen 34
   Tabelle 101
   Tags 75
Optionsvorschau 26

P

Pfeilmenü 101
PHP installieren 242
PHP-Befehl ergänzen 257
PHP-Optionen 305
phpMyAdmin installieren 242
Platzhalter einsetzen 179
PNG-Datei 67
Polygon-Werkzeug 299
Popupmenü bearbeiten 61, 66
Position festlegen 167
Programmiersprache 242
Programmstart
   Dreamweaver 36
   Fireworks 11
Programmwechsel 16

Q

Quellcode
   begutachten 76
   Framesets 144
Quelltext überprüfen 52

R

Rahmen erstellen 226
Randabstände anpassen 106
Rechteck
   erstellen 162
   konstruieren 127
Referenz-Bedienfeld 47
Relevante CSS-Bedienfeld 51, 221
Rollover-Bild einfügen 178
Rollover-Schaltflächen 159
Rollover-Status ändern 164, 182
Rückgängig-Schritte angeben 30

S

Sättigung
   ändern 170
   anpassen 123
Scanlinien erstellen 128
Schaltfläche
   ändern 291
   austauschen 182
   einfügen 169, 177, 288
   erstellen 159, 163
   hinzufügen 294
   testen 166
Scharf stellen 125
Schieberegler 26
Schrift
   auswählen 129
   gesperrte 207
   sperren 131
Schrifteinstellungen 98
Schriftfarbe wählen 98
Schriftgröße ändern 185
Scrollbalken einblenden 146
Segmente
   auswählen 61
   einfügen 173
   erstellen 137, 207
   exportieren 62, 141, 174, 208
   markieren 141
Segmentierwerkzeug 137
Seite
   einrichten 273
   erstellen 176, 282
   testen 114
Seitenaufbau 86
Seitenaufteilung 83
Seitendesign (CSS) 209
Seiteneigenschaften
   ändern 146
   modifizieren 279
Seitenelemente anordnen 230
Seitengestaltung 81
Seitenprüfung 44
Seitentitel
   eingeben 90
   gestalten 126
Seitenverwaltung 48
Selektor-Typ 216
Senden als 293
Serververhalten
   einfügen 277, 279, 288, 293, 295
Serververhalten-Bedienfeld 277
Site-Definition 250
Sitemap-Ansicht 49
Slices anzeigen 19
Spalten einfügen 260
Spaltenbreite
   ändern 109
   fixieren 150
   löschen 264
Spaltenfunktionen 72

Speichern
 als Vorlage 187
 Frameseiten 144
 unter 67
SQL-Anweisung testen 274
Standardeinstellungen festlegen 68
Startdatei erstellen 240
Statuszeile 21, 41
Stil
 ändern 220
 erstellen 219
 Farbe zuweisen 224
 testen 228
 umbenennen 217
 zuweisen 185, 186, 218, 232
Stile-Bedienfeld 31
Stileigenschaften 221
Stylesheet 215
Suchen-Bedienfeld 34
Symbolbearbeitungsmodus 164
Symbole 32
 einfügen 135
 erstellen 163
Systemfarbpalette öffnen 224

T

Tabelle
 Datenbank 246
 einfügen 90, 147, 149, 177, 184, 261
 erstellen 107, 209
 formatieren 193
 vergrößern 92
 verschachteln 106, 210
Tabellenaufbau 70
Tabellenbeschriftung 99
Tabellenfunktionen 73
Tabelleninhalt verschieben 262
Tabellenmodus, erweiterter 87, 91, 261
Tabellenoptionen 101
Tabellenstil erstellen 226
Tabellenstrukturen 86
 festlegen 248
 verändern 94
Tabellenvorlagen 116
Tag
 auswählen 218
 bearbeiten 74
Tag-Editor 75
Tag-Inspektor 50
Tag-Stil erstellen 231

Tag-Zusatzfunktionen 41
Tastenkürzel 17
Teilen-Ansicht 76
Testserver einstellen 250
Text
 austauschen 63
 einfügen 97, 111
 formatieren 64, 98, 113
 in Pfad konvertieren 136
Textbereich-Feld vergrößern 289
Textbereich-Formularfeld 287
Textebenen 130
 erstellen 140
Texteffekte 239
 einsetzen 132
Textelemente erstellen 171
Textfeld einfügen 286
Textfluß einstellen 211
Textformatierung 83
Textobjekte
 erstellen 129, 206
 formatieren 131
Textrahmen ändern 64
Textur auswählen 128
Tonwerte anpassen 122
Transparenz hinzufügen 103
Trend 84

U

Unterschneidung erhöhen 131, 207
URL-Bedienfeld 32

V

Verbindung definieren 273
Verhalten
 anpassen 198
 austauschen 199
 zuweisen 197
Verhalten-Bedienfeld 34, 46, 178
Verhaltensweisen 61
Verknüpfungen anpassen 279
Verlauf-Bedienfeld 30, 51
Verstecktes Feld 292
Visuelle Hilfsmittel 39
Vollbildmodus 20
Voreinstellungen 17, 42
 anpassen 88
 Datenbank 250

Vorlagen
  abtrennen 190
  einsetzen 36, 190
  Framesets 143
  Füllmuster 239
  Tabellen 116
Vorschau
  Datenbank 259
  in Browser 73, 115
Vorschau-Ansicht 14

W

Web-Dateiformate 27
Webbrowser definieren 115
Webbrowser-Vorschau 268
Webdesign 81
Webseite
  dynamische 239, 256
  gestalten 205, 259
  speichern 86
  verwalten 251
Webseitengestaltung 81
Webserver
  anpassen 240
  einrichten 239

Werkzeug auswählen 18
Werkzeuge-Bedienfeld 18
Wiederholen, Bereiche 266, 276
Windows-Farbwähler 161

Z

Zeichenabstand
  einstellen 229
  verändern 222
Zeigerwerkzeug 60
Zeilen einfügen 93, 151, 181
Zeilenhöhe anpassen 100, 180
Zellabstand/-auffüllung 91
Zellauffüllung ändern 229
Zellen
  einfärben 96
  teilen 95
  verbinden 94
Zellenbreite ändern 93
Ziel festlegen 66, 154
Zielbrowser vorgeben 53
Zoom-Werkzeug 124
Zur ersten Seite verschieben 279

Das Praxisbuch zu Dreamweaver MX 2004 wendet sich sowohl an Einsteiger als auch an erfahrene Profis, die mit den neuen MX 2004 Features effizient und produktiv arbeiten möchten. In zahlreichen detailliert aufbereiteten und nachvollziehbaren Beispielen zeigt die Autorin – neben einer Einführung in Basis-Arbeiten – den praxisnahen Einsatz der Software u.a. auch für Layout mittels CSS und Arbeiten mit Layern (z.B. Drop-down Navigation). In den Workshops zu serverseitigen Skripten und dynamischen Webseiten erlernen Sie sowohl mit ASP als auch PHP das Senden von Formulardaten, Erstellen von passwortgeschützten Seiten und dynamisch generierten News-Bereichen.

Dreamweaver MX 2004

Belik, Jolantha; 2004; ca. 500 Seiten + CD-ROM

ISBN 3-7723-**6079**-3   € **39,95**

Besuchen Sie uns im Internet – www.franzis.de

Photoshop ist im Laufe der Jahre zum Standardprogramm für Bildbearbeitungsaufgaben geworden. Mit diesem leistungsstarken Programmpaket können sowohl Gestaltungsaufgaben für das Print- , als auch für das Webdesign erledigt werden. Auch die aktuelle Version beinhaltet wieder einige neue, interessante Funktionen. Der Photo-shop-Spezialist Michael Gradias zeigt Ihnen, wie Sie die Funktionsvielfalt von Photoshop in den Griff bekommen können, um anschauliche Ergebnisse zu erzielen. In jedem der Workshops wird schwerpunktmäßig ein anderer Funktionsbereich des Programms vorgestellt.

Photoshop CS

Gradias Michael; 2004; ca. 320 Seiten + CD-ROM

ISBN 3-7723-**6198**-6

€ 39,95

Besuchen Sie uns im Internet – www.franzis.de

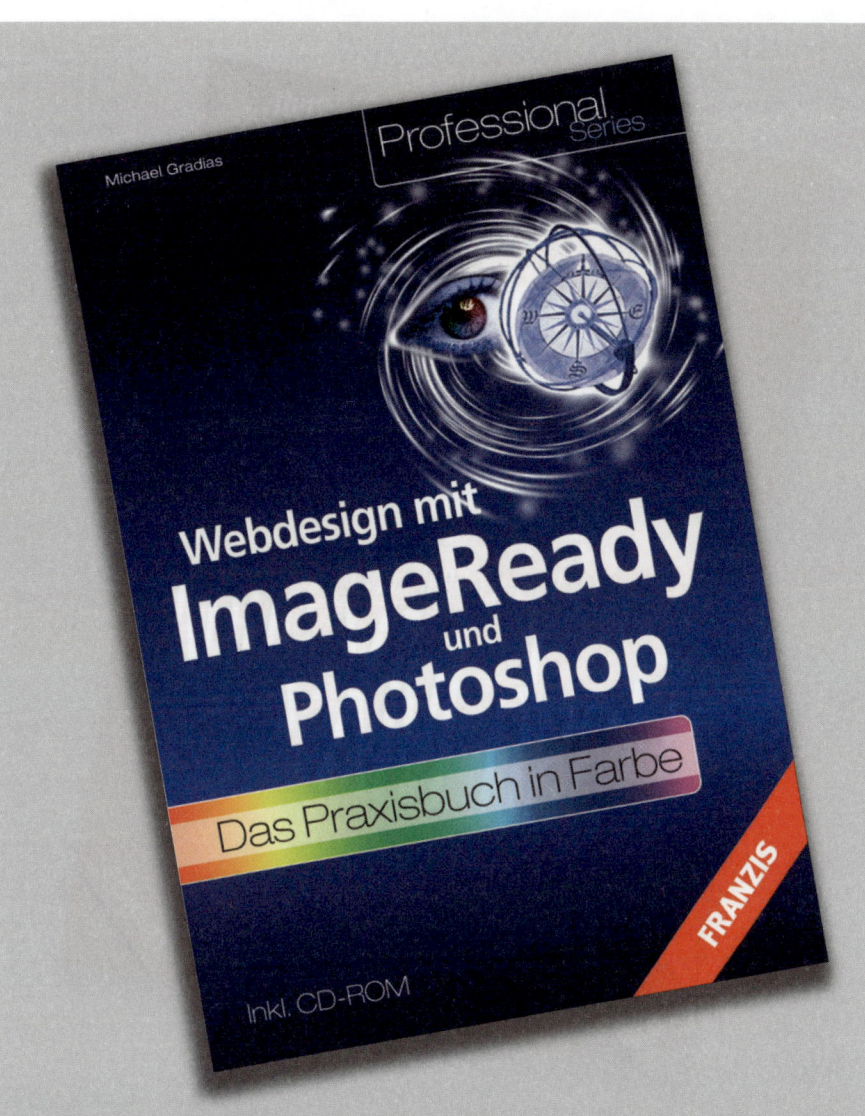

Dieses Praxisbuch zeigt, was an Möglichkeiten in ImageReady steckt – auch unter der Berücksichtigung der Zusammenarbeit mit dem „Hauptprogramm" Photoshop. Da die Neuerungen der aktuellen Version nur marginal die älteren Versionen von Photoshop betreffen, sind die Praxisbeispiele auch bei etwas älteren Versionen von Photoshop nachzuvollziehen.

Webdesign mit ImageReady und Photoshop
Gradias, Michael; 2003; ca. 350 S. + CD-ROM
ISBN 3-7723-6609-0 € **49,95**

Besuchen Sie uns im Internet – www.franzis.de

In dem vorliegenden Buch ermöglichen die Autoren Caroline und Matthias Kannengiesser dem Leser einen umfassenden Einblick in die Anwendung von Flash MX 2004. Der Aufbau des Buchs wurde sorgfältig aufbereitet, so dass der Leser jederzeit die einzelnen Erläuterungen und Schritte klar nachvollziehen kann. Themen, wie Zeichnen, Animationen mit Flash, Interaktivität und Projektphasen stellen hierbei den Schwerpunkt dar. Die Neuerungen zu Flash MX 2004 wie auch die Einsatzmöglichkeiten werden anhand von praxisbezogenen Beispielen beschrieben und ermöglichen es dem Leser, Flash MX 2004 kennen zu lernen, mit dem Programm zu arbeiten und zu experimentieren.

Durchstarten mit Flash MX 2004

Kannengiesser, Matthias & Caroline; 2004; ca. 400 Seiten + CD-ROM

ISBN 3-7723-**7903**-6

€ 24,95

Besuchen Sie uns im Internet – www.franzis.de